一部讲述中国汉字文化根源的科普图书

# 双法字理

第六辑 字部 动物

白双法◎著

光明日报出版社

**图书在版编目（CIP）数据**

双法字理．动物／白双法著．— 北京：光明日报
出版社，2018.2

ISBN 978-7-5194-3972-9

Ⅰ．①双… Ⅱ．①白… Ⅲ．①汉字—文字学—研究
Ⅳ．① H12

中国版本图书馆 CIP 数据核字（2018）第 024071 号

**双 法 字 理** 丛书 **· 动 物**

著　　者：白双法

责任编辑：李壬杰

装帧设计：丁　瑶　杨孟迪　　　责任校对：张　彬

策 划 人：邱德辉　贺　铮　陈忠坤　责任印制：曹　诤

出版发行：光明日报出版社

地　　址：北京市西城区永安路 106 号，100062

电　　话：010-67078250（咨询），010-63131930（邮购）

传　　真：010-67078227，67078255

网　　址：http://book.gmw.cn

E - mail：gmcbs@gmw.cn lirenjie111@126.com

法律顾问：北京德恒律师事务所龚柳方律师

印　　刷：厦门市明亮彩印有限公司

装　　订：厦门市明亮彩印有限公司

本书如有破损、缺页、装订错误，请与本社联系调换，电话：010-67019571

开　　本：226mm×152mm

字　　数：310 千字　　　　　　　印　　张：21.25

版　　次：2018 年 5 月第 1 版　　印　　次：2018 年 5 月第 1 次印刷

书　　号：ISBN 978-7-5194-3972-9

定　　价：50.00 元

# 出版说明

本书是根据白双法教授于 2015 年 6 月期间，在厦门市爱和乐教育服务有限公司的莲花书院录制的"双法字理讲说"视频资料的整理。

白双法教授多年致力于中国汉字文化的研究，对中国汉字文化造诣颇深，早年曾有多种著作，也出版了不少影视作品。在这次讲说中，白双法教授并不站在与其他汉字文化和西方文字学的对立面，而是以"有所不同"的文化观做细致分析，这种思想和思维方式，是值得我们学习的。其独具见解的汉字"表意说""文心说""七字根""九字经""字族论"等，对当今学习汉字及认识中国文化，都有重要启示。

汉字有 5000 多年历史，对于岁不过百的今人，我们除了敬仰和尊重之外，没有过多评说的资格。

一个汉字虽然能从不同角度解说它，但数万个汉字，却不能一个字一个字单独解说清楚，它们之间是互有联系的。如何合理地将这数万个汉字有机联系起来？白双法教授很好地给我们展现了汉字之间的内在联系，由简明的"七字根"，到深厚的"汉字家族"，数十万汉字浑然一体，"小而无内，大而无外"。他将自己的这套理论，称之为"双法字理"。这种看似简单的理论，却常常被我们遗忘：它是那么明显地摆在眼前，而我们却从来没有发现过；它是那么浅显易懂，而我们却从来没有明白过；它是那么彻底地源于生活，而我们却从来没有体会过。

出版本书，因为这是一本还原汉字原本面貌的经典科普图书，是现代汉字研究中的一份难能可贵的资料。本书在录影资料整理稿的基础上，由贺铮主持编撰、配图。但因其内容博大精深，编撰人员能力有限，编撰过程对白教授的汉字学问难免有所疏漏，不当之处，还请读者谅解。

2015 年 10 月

# 作者弁言

汉字是中国古老的文字，经过数千年的发展，一路由甲骨文、金文、小篆、隶书、楷书、草书、行书走来，直到我们今天所使用的简化字。汉字有其自身特有的造字规律和原则，我们称之为"汉字字理"，它有别于西方拼音文字。然而今天很少有人去重视这点，仅仅认为中国的汉字是一种文字符号而已。这不能说是一种错误，至少有一些偏差。汉字除了本身的符号性以外，还有非常重要的意义性在其背后，是数千年来中国古人劳动的结晶，智慧的体现，是中国文化灵魂的载体。

汉字有多少个呢？

汉代许慎的《说文解字》是我国最早的字典，它记录了早期汉字9353个。在我国古代有专门的"小学"，就是以学习汉字为主的学问。关于汉字的数量，今天有很多有志之士做过统计，都很难有个准确的数字，其大概数量为十万多。我个人的研究范围是八万五千多，这么多的汉字别说孩子们，就是专家教授也没办法把握。

那么汉字应该怎么学呢？

今天大多数人对汉字实际是"认而不识"，怎么能让人们，特别是让孩子们从小就把很多字认识了，而不是仅仅"认"？甚至是让更多的外国友人，更容易地学习汉字？这就要以汉字的基本造字理论为基础，结合中国本身传统文化，来认识古人造字的思想，并把它转化为我们今天学习汉字的方法。

关于如何认识汉字，今天普遍有两种方法。一是，这个字怎么写，横竖撇捺，念什么，什么意思，这是教知识。二是，还要说为什么，那就是教智慧的，要告诉汉字背后的故事，这是一个唤起大脑中古老的记忆、开启孩子的智慧过程。

在本书，读者将认识的就是双法字理识字法的体现。

2012 年 4 月 6 日

# 汉字家族

双法字理有两个大的概念，分别是"理"和"法"。理的概念在《双法字理》（第一辑·理部，后文简称《理部》）一书中介绍过的"字理"；法的概念则被分为两部分，"文"部、"字"部。关于"文"，在《双法字理》（第二辑·文部，后文简称《文部》）一书中，我们已经讲完了。从第三辑开始，我们便进入"字"部，重点介绍字的产生和字的家族，是"双法字理"继"理部""文部"之后的第三部分——"字部"。

双法字理中，"字"是按照家族——"字族"来讲。字族的顺序，我们还是要按照七字根中"文"的顺序来讲，仍旧是天文、地理、植物、动物、人体、器物、符号这个顺序。但要真正理解"字族"，我们的第一件事就是要把握"造字法"，就是"双法字理"的"双法"二字。

## 何为"双法"

双法字理涵盖的内容很多，"双法"其中主要的一项就是指"造字法"。所谓造字法，就是人们学了"文"以后，由"文"合成"字"的方法。造字法有两种，所以称为"双法"：一种是"形意"，指两个"文"在一起，合到一块用象形表达意思，没有声音辅助，这叫形意法；一种是"音意"，指两个"文"合在一块且其中有一个主管声音，并共同表达意思，这叫音意法。形意和音意这两种造字法，在《理部》中有过介绍，并提到过"九字经"。"七字根"和"九字经"是两个概念，七字根说的就是文的根，九字经说的就是造字法。

## "九字经"

"九字经"中有九个字，我们其实重点掌握五个字的范例就行。这五个字分别是"日、月、明、艹（草）"四个字，以及加了草字头（艹）后萌芽的"萌"字。只要把这五个字的联系掌握了，造字法就知道了。这五个字就能告诉我们，在"文"掌握了以后，造"字"就很简单了。

| 九字经（造字法） | | | | | | | | |
|---|---|---|---|---|---|---|---|---|
| 双法： | | 形意法（左手） | | | | | | |
| | | 音意法（右手） | | | | | | |
| 1 | 2 | 3 | 4 | 5 | 6 | 7 | 8 | 9 |
| 日 | 月 | 明 | 艹 | 萌 | 、 | 皿 | 血 | 盟 |

"日""月"为文，它们二字合起来组成光明的"明"，此为形意造字法；"明"与"艹（草）"组合成萌芽的"萌"，由"明"字管声音，此为音意造字法。以上便是造字的两种方法的具体展现。

关于汉字的造字法，它不是形意就是音意，不可能再有第三种，所以我们叫"双法"，一定要牢牢记住这两个造字法——形意法与音意法。学完"文"，接下来学"字"，尤其是字的家族，掌握了"文"，掌握了造字法，那么我们接下来就要用有限的"文"来造无数的"字"，来发现这无数汉字的秘密。

# 字族——汉字的家族观

什么是字族？

汉字是一个大的概念，每个字并不是零散的、一个一个的。整个汉字体系是按照一个一个的族群组合起来的庞大王国。所以我们识字法先讲了"文"要"单字看图"。"文"主要是象形字，所以要看图形，而且有顺序，然后再看"字"。那么关于字族中无数的"字"，则一定要按"族"来学，这为"群字分族"，而且也与"文"的顺序同样，共分"天文类、地理类、植物类、动物类、人体类、器物类、符号类"七类。

汉字的认识，首先我们要在脑子里建立这个"汉字家族"的概念。

汉字的家族和人的家族一样，有大家族，有小家族。有的家族可能几十号成员，甚至上百号成员，而有的家族可能只有一两个成员，有的延展得少，不能称其为家族，则更像是人口极少的家庭。有的虽然常用，但它没造什么字，特别是在常用字当中它没有再造字，但它的辈分很高，这样有些"字"就不像一个家族的概念，但这并不影响整个汉字系统的家族感。所以，我们在讲"字"的时候，着重以常用的、比较大的家族来讲。这是本书在讲汉字字族的时候，大家要注意的几个方面。

在"双法字理"中，造字法的概念我们清楚了，即形意法和音意法；用"文"造字时有必要的变体，我们也知道了；汉字家族的概念，以及汉字家族概念里所包含的大家族、小家族等，我们也清楚了。这几个问题清楚后，那么接下来，我们根据实际情况，再来看看在"七字根"指导下的一个一个"汉字家族"。

# 目录

# 动 物

　　"双法字理"内容分三部，第一部为"理法"，第二部为"文部——七字根"，第三部为"字部——七类字族"。本书为"双法字理"第三部"字部"中的第四类"动物部分"。

　　"字"的部分，我们按照七字根的顺序，先讲天文，后讲地理，第三个是植物，第四个就是我们本书要讲的"动物"部分。

　　动物部分共四章 ：第一章"天上飞的"、第二章"地上跑的"、第三章"水中游的"、第四章"肢体部位"。

# 第一章 天上飞的

　　"天上飞的"包含"飞鸟儿"和"鸟儿飞"两个含义，鸟儿飞行的样子给了人们很多启示，人们便借鸟的飞行构建了"飞"的概念和字形。

　　除了"飞鸟儿"，我们还将介绍"大鸟、小鸟"，以及鸟儿的"鸟巢"。

　　于是，"天上飞的"的鸟类我们分为四类：一是飞鸟——飞；二是大鸟——鸟；三是小鸟——隹；四是鸟巢——西。

# 第一节　飞鸟

关于鸟的飞行，古人造了两个字，分别是"飞"与"非"，读音都是"fēi"。它们实际都是鸟飞的样子，在《双法字理》对汉字的认识中有一个观点，"同音往往通意，音近往往意连"。

| 飞字家族 | 甲骨 | 石文 | 小篆 | 隶书 | 楷书 | 简化 |
|---|---|---|---|---|---|---|
| | 飞 | 飛 | 飛 | 飛 | 飛 | 飞 |
| 孔字家族 | 甲骨 | 金文 | 小篆 | 隶书 | 楷书 | |
| | | | 訊 | 迅 | 迅 | |
| | | 訊 | 訊 | 訊 | 訊 | 讯 |
| | | | 汛 | | 汛 | |
| 非字家族 | | 非 | 非 | 非 | 非 | |

上表中，我们把鸟儿飞行的各种样子都整理出来，实际上鸟的飞行不外乎就这三种：起飞、快飞、滑翔。

# 一、飞字家族

## 飞→飛

"飞"是鸟起飞的样子，主要指鸟由地面

往上飞。它的甲骨文正是鸟向上叠加的样子，两个层次一上一下，表现了飞鸟在云层中一层一层地往上飞的样子。石文和小篆近似，像一只向上飞冲的张开大翅的鸟。到了隶书，飞（飛）字的象形部分加入了"上升"的含意指示，仍旧是鸟展开两个翅膀上下扇动在飞升，左边部分用了一个上升、升起的"升"，进一步表明是鸟儿向上飞。楷书是根据隶书规范而来，明显地画了鸟上下扇动时看似两层的翅膀，并在天际中一层层地往上飞。

汉字简化的时候，我们只取了它文字原型特征中的一角，简化为"飞"。

此时的"飞"字，仍旧像鸟儿展开的大翅膀。鸟儿展翅之时，就是升飞之时，正所谓"展翅高飞"。

关于"汉字的繁简"，我在双法字理中曾不断说过，二者不是一种对立，仅仅文化传承中的不同，不是谁好谁坏的概念。如果人们知道了每个文字的创造渊源，就会使繁体与简体相互间建立起联系，而不是当做各自独立的符号来看待，免除徒增的烦恼。就好比"飞"字，从一开始鸟在空中升起的图案，到表意更为准确的"飛"，再到今天由展翅而联想到的向上"起飞"，都不是各自独立诞生的。知道这一过程，繁简就一起被认识了，其顺理成章的继承性，不存在任何障碍。

翻飞的"翻"，左边是个"番"字，右边是个"羽"字，它还有一个异体字为"飜"。

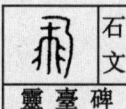

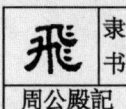

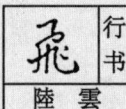

| | |
|---|---|
| 飛 | |
| 八 | 甲骨 乙·5328 |
| 飛 | 石文 靈臺碑 |
| 飛 | 小篆 说文飛部 |
| 飛 | 隶书 周公殿记 |
| 飛 | 行书 陸雲 |

# 二、卂字家族

## 卂→迅、讯（訊）、汛

鸟飞行的第二个字，就是"卂（xùn）"字，字形与"飞"字相似，故归在此处。但"卂"字现在已经不单独用了，仅被认为是古"迅"字。

由"卂"所造的字有"迅""讯""汛"等，都用它做读音符号，同为一个家族。迅速的迅，讯问、通讯的讯，汛期的汛，都有这个符号（卂），那么"卂"究竟指什么呢？

在今天，我们并没有在甲骨文中找到有关它的资料，在金文当中只找到了最早的"讯"。其金文的字形由"口、鸟、糸"组成，似在鸟腿上绑着绳子让其飞行以传递口信、信息，这就是"讯息"。还有人认为字形中"口"除了表示人们的口信，还表示声音，指大雁在鸣叫，这就是古人的"鸿雁传书"。

"鸿雁传书"应该就是人类最早的快递方式了。而古人采用这种方式，正是看到了鸟儿能快速飞行的特性——迅。

到了小篆时，人们把"卂"字的使用详细分类，表示快速则加了走之旁（辶）为"迅"，表示信息、口信则加了言字旁（讠）为"訊（讯）"，表示水势快速漫延则加了水字旁（氵）为"汛"。这一详细的使用分类就使汉字的数量迅速增加。但在更早的文献经典中，这几个字仍然是混用

迅

訊 小篆
說文辵部

迅 隶书
蟄道人

逫 草书
王獻之

的，都与"快速"有关。

我们曾经讲过汉字的甲骨文、金文数量都比较少，大约 5000 个左右。但到了小篆时，其数量迅速扩大到近万个字，明白了由"卂"到"迅""讯""汛"的变化，尤其是数量上的增加，很好地解释小篆时汉字数量增加的原因。

"迅"字，汉代许慎在《说文解字》当中有所记载，其读音仍旧念"xùn"，与"卂"同音，表示鸟的疾飞。"卂"加走（辵）表示人行走急速，所以称为"迅速"。

"讯"有两种认识，一种指音讯，快速传递的信息；一种指审讯，快速逼问需要得到的信息。

"汛"指汛期，就是洪水期，一旦有洪水来临，水势迅速上涨，人们需要把信息快速报告，最快的信息传送就是"讯"。当然人们鸣锣、放炮，使报警的声音迅速散发出去，让人们好躲避，而鸿雁传信则可以把汛情快速报给中央政府。

正是因为它们之间的这种联系，也使得人们在最初的使用当中经常把它们混用。

此外，"卂"还造了一些字，但今天已经不常用了，如"芫（凳）""扟""阠"等。

訊
金文
兮白盤

訊
小篆
說文言部

訊
隶书
校官碑

许
草文
趙孟頫

汛
小篆
說文水部

# 三、非字家族

我们介绍了鸟起飞、上升的"飞"，鸟快飞的"卂"，随后还有一个鸟儿"不飞"的"非"。我们知道，今天的"非"字当做不、否定的意思来用，那它最初意思是什么呢？

| 非字家族 | 甲骨 | 金文 | 小篆 | 隶书 | 楷书 |
|---|---|---|---|---|---|
| | | 兆 | 兆 | 非 | 非 |

"非"字为什么写成这个形状，它的读音也为"fēi"，表示否定，似乎与鸟的飞行没有关系，为什么会出现在这里？

其实"非"恰恰正是鸟另外一种飞行的样子——滑翔。

我们还是来看看古人造字的过程。甲骨文中没有见到，但在金文里"非"字十分清晰，是鸟儿两个翅膀展开的样子。小篆与金文字形没有区别，隶书紧跟其后，直到楷书，基本一脉相承。

"非"是鸟飞行的第三种情况，当鸟从地面往上起飞后，来到空中快速飞行，此时的鸟儿不再上下扇动翅膀，而是顺着气流滑行——滑翔。古人在平时看到大雁在空中飞行，多展翅翱翔，所以"非"就是鸟展翅翱翔的样子，这就是"非"字的来历。

"翱翔"一词中的"翱"与"翔"两字是

两个意思。"翱"的左边是个"皋"字，指太阳升起光线照在高处，也有明亮的意思，翱就有了在高处飞翔的含义。"翔"左边是个"羊"字，是安详的"详"的省略，因为鸟儿飞得高，依靠气流与惯性飞行，不用再费力扇动翅膀，看似一动不动一副十分安详的样子，这就是翔。

古人就借用鸟翱翔的形象画了"非"的样子。而"非"也由"不动"进而用来表示否定，表示"不"的含义。同时也表示分开、排开的意思。

随后，古人用"非"所造的字都有展开翅膀，和向两边分而不合的意思。

### 1. 非→啡、诽、扉、匪、篚

"啡"字，今天仅仅用于音译英语 coffee 一词"咖啡"。

coffee 一词源自于埃塞俄比亚的一个名叫卡法（kaffa）的小镇，在希腊语中"Kawēh"的意思是"力量与热情"。

"啡"字很早就有，但一定不是"吗啡""咖啡"的"啡"，而与"呸"字通，都是语气词。在今天"啡"字多用于翻译外来语，其原本的意思就被"呸"彻底取代了。

"呸"与"啡"都是"ei"韵，读音相似，跟口的动作与发出的声音有关，拟声。

诽谤的"诽"，表示一种语言的诋毁，所以右边用了言字旁，在意义上古人则用了"非"

字表达，并作读音。"非"是鸟儿展开翅膀，在空中看似不动的样子，两个翅膀展开、排开于是有了各自背离的意思。

"诽"就有了用语言排挤，使人们与其相背离的意思，简单理解就是在一旁说他人的坏话，让人们远离、背弃他，这就是诽谤。

"扉"的读音为"fēi"，常用于"心扉"一词，我们看书时打开封面还会看到"扉页"，其实心扉和扉页都是比喻。字形左边的半包围是个"户"字，我们在《字理·文部》曾经讲过"门"字，两扇为门，一扇为户。门有两块扇板，合在一块就是"关（關）"，打开就成了"卯"，便是两个户的样子。那么再加上一个"非"字表示什么呢？指像鸟儿的两个翅膀一样可以不断翻动的两个门板，这就是扉的本意——门扉。

还有一个字与"扉"很相似，那就是"扇"，二者近似，所以门板也叫门扇。

那么，到底叫扇，还是叫扉呢？两扇门在转动的时候像鸟的翅膀扇动一样，所以有了加羽字的"扇"。当两个门板不动时，无论是关上，还是打开都叫扉，像鸟排开翅膀的样子。两个字分别代表了门的两种状态。

"打开心扉"就是像门被打开了一样，使心情释放出来，心扉指的是心的门扇。

诽
小篆
說文言部

隶书
螯道人

草书

扉
小篆
說文戶部

隶书
武榮碑

草书
祝允明

"匪"是用"非"作读音符号，左边是个方框（匚）。

"匚"本是"匡"字，是一种容量很大的容器，进而有囊括的意思，比如"匡扶天下"，顶部再加个竹字头为"筐"，则表示用竹子编成的竹筐，其加木字旁表示木质的外框。此时，一个"非"字在其内部，则表示"匚"中可排列盛放的东西为非常之物，"匪"便是一种类似"匡"的盛器。

"匪"后来加了竹字头，造了"篚"字，专指由竹子编织而成。但在古典经传中依旧写作"匪"，但不是我们今天常指的"土匪"。

那么，今天"匪"字主要用于"土匪"一词，这又是怎么来的呢？

土匪的"匪"另有意义的演变。在这之前，"匪"的本意就是一个盛放物品的"匚"，正是因为它盛放了人们非常重要的家用财物，这才引来了非法之徒的抢夺。抢夺之徒居无定所，而多隐秘山林，居于岩洞土穴之中，这些人没有很好的文化修养，行为低俗，故称为土匪。

此外，有个成语"匪夷所思"，出自《周易》"涣有丘，匪夷所思"，这个"匪"就是"非"，表示不同、不是的意思。

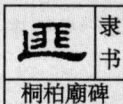

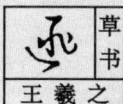

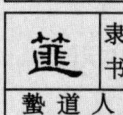

匪

匪 小篆 說文匚部

匪 隸書 桐柏廟碑

匪 草書 王羲之

篚

篚 小篆 說文竹部

篚 隸書 蟄道人

11

## 2. 非→痱、绯、菲、翡、罪

"痱"是一种病,故用了病字旁的"疒"归类。

古代"痱"指一种偏瘫症,人患此病而不能动,只能躺在床上四肢排开。今天则指痱子,是人身上长出排列密集的小红点,且发痒,用手抓挠后会出现一片红色——绯红。

"绯"字的认识,很多人大概都是从"绯闻"开始的,今天的八卦新闻都专注于各大名人的绯闻事件。那"绯"到底是什么呢?

"绯"字左边绞丝旁(纟)指明与丝线有关,说明它是一种纺织品,且被染成一片非常的红色,所以它的本意为绛红色的帛布。那怎么就有了"绯闻"意思呢?这就要说说唐玄宗与杨贵妃的故事。

杨贵妃是中国古代四大美女之一,唐玄宗即唐明皇李隆基,非常喜欢她,经常与其在宫廷中一起游玩。宫廷里有一种游戏就是扔骰(tóu)子,即色子,骰有六个面,分别是一到六个点,其中一面是一个红点,其他的都是蓝的。唐玄宗和杨贵妃另有个约定,第四个点算最大,而别人不知道,所以他们玩的时候旁人总是看不懂。无论上朝也好,寝室也好,他们总是玩得乐此不疲,而旁人茫然不知其所乐,时间长了大家慢慢发现原来杨贵妃和唐玄宗之间另有一种约定。

由于他们都穿的是紫红色的衣服,又约定

痱

小篆
說文疒部

隶书
孔廟碑

绯

小篆
說文系部

隶书
蟄道人

行书
王羲之

四点最大，代替了原本红色的一点，于是人们把二人亲密的事情以"绯"代之。后来，凡是男女之间亲密而不公开的传闻，都称为绯闻。

"绯"字本是红色帛布，但由于某些历史人物或历史事件进而另表它意，在汉字中这样的例子还很多。所以汉字不仅仅是一个文字符号，还储藏着浓厚的历史文化，反映了一定的历史变迁。

唐明皇的开元盛世是唐朝的极盛之世，但他后期宠爱杨贵妃，怠慢朝政，宠信奸臣，加上政策失误和重用安禄山等佞臣，导致了后来长达八年的安史之乱。期间的是是非非，都为唐朝中衰埋下隐患。

"菲"字用于成语"妄自菲薄"，且"菲薄"一词连用，菲和薄二者意思相近，但还有区别。

"菲"指的是什么呢？有一种草本俗称"菲菜"，其色紫花红，茎干苦涩而叶根可食。这种菜便是蔓菁或芜菁，俗称大头菜，在南北方都很常见，它的茎叶像一排排插在根上似的，这样一种植物叫菲。

草字头（艹）表明它是草本类，而它本身也是一种根茎植物，"非"作读音既表现了它的颜色，也表现了其外形特点。

菲的叶子长得很有特点，外形类似萝卜常被混淆，但萝卜的叶子是平于地面，横着生长，而"菲菜"的叶子则立于地面，竖着生长，看似排列有序，密集处像鸟排开的翅膀，根部今

| 菲 | |
| --- | --- |
| 菲 | 小篆 說文艸部 |
| 菲 | 隶书 趙君碑 |
| 菲 | 草书 趙孟頫 |

天分红色、白色两种。

古人很早就开始食用菲菜，在《诗经》中就有记载，《国风·邶风》第十篇中就有"采葑采菲、无以下体"的诗句。

这种植物可以用来充当食物，但并不多吃，农村常用它来喂猪，但古时在粮食短缺的时候也常被用来救急。古代三国时期蜀国军师诸葛亮就曾种植此物以作军粮。第一次世界大战时期的德国，也曾将芜菁作为主要的应急粮食解决军粮问题。古人就发现它虽不好吃，但容易保存，只在救急时才会使用，平时并不被问津，可见它不怎么值钱，这正是"菲薄"之用的由来。

《后汉书·桓帝纪》记载："永兴二年六月蝗灾为害，诏令所伤郡国种芜菁以助人食。"

正是因为"菲菜"平时没有很高的实用价值，于是有十分低贱的意思。"薄"则指草轻漫于地，没有分量。"菲"与没有分量的"薄"合在一起，就表达了既没有实用性，又没有分量，没有什么价值，这就是"菲薄"。

翡翠被认为是一种玉石，可它们二字为什么没有用"石"或"玉"做旁归类呢？因为它们最开始并不是指某种玉石，而是指鸟，一种羽毛色彩鲜艳的鸟，于是用了"羽"做旁。

"翡"指羽毛红色的鸟，上部为"绯"的缩写。"翠"指羽毛青色的鸟，古人狱卒的衣服多青色，所以由"卒"表意，表音。人们认为这是同一种鸟的雄雌之分，雄鸟色彩艳丽为"翡"，

翡

翡
小篆
說文羽部

翡
隶书
蝥道人

翡
行书
趙孟頫

雌鸟色彩暗淡为"翠"，二者合而为翡翠鸟。在今天的大自然中，鸟类的雌雄之辨依旧如此，如孔雀、山鸡等。

战国时期，楚国人宋玉在其著名的《神女赋》中写道："夫何神女之姣丽兮，含阴阳之渥饰。披华藻之可好兮，若翡翠之奋翼。"这里的翡翠指的就是一种非常美丽的鸟儿。

"翡翠"一开始只是作为鸟名，因其颜色艳丽所以人们取其羽毛做成美丽的饰品，后来逐渐被作为鲜艳颜色的代名词。

后来，人们发现一种美丽的玉石，这些玉石的颜色多为红色、绿色，与翡翠鸟羽毛的颜色很相似。所以把这种玉石称为翡翠，传用至今。

这就是为什么表示玉石的"翡翠"，没有使用玉石旁的原因。如同"杜鹃"一词，它既是一种植物的名字，又是一种鸟的名字。这两种指示之间的联系，除了本有的相似之外，更有人们所赋予的文化概念。

"罪"字在今天读音为"zuì"，但实际上最早是念"fěi"，指一种网。字形上部就是"网"的缩写"罒"，汉字中凡是有"罒"部的都与网有关。这个"罪"是专门用来抓鸟的网——粘网，这网被展开排成一排。那它为什么变成了罪犯的"罪"呢？这与中国历史上第一个皇帝——秦始皇有关。

"罪"字原本写作"辠"，上边自己的"自"，下面辛苦的"辛"。我们在《文部》中专门讲过"自"

罪

石文
碣石頌

小篆
說文网部

隸書
史晨奏銘

行書
王羲之

15

指鼻子，鼻子端正指代标准，"辛"是刑刀，指代法令的执行。所以二者合在一起造了表示罪行的"辠"。古代有专门的刑罚割鼻子、割耳朵等，以示惩戒。

春秋战国的统治者被称为天子，各国诸侯称为公，到了秦统一六国后，秦王嬴政创立了"皇帝"的尊号，自称始皇帝。书写时，发现"辠"字与"皇"字形相似，容易混淆误认，于是用"罪"字替代了"辠"，不再允许使用"辠"。所以，从秦汉以后，"罪"就不再有网鸟和网的意义了。

这种替换是一种"避讳"现象，在中国历史上每一朝、每一代都会有这样那样的避讳在文字中体现。例如我们之前遇到的"昏"本写作"昬"，因唐王李世民的"民"而改。

在历史的长河中，除了字形因避讳改变以外，名称的改变也时有出现，例如"嫦娥"本为"姮娥"，在西汉时为避汉文帝刘恒的讳而改称嫦娥，受其影响与之连带改变的也出现在《道德经》中，"道可道，非常道"原本为"道可道，非恒道"，等等。

## 3. 非→徘、排、辈、悲、裴

"徘徊"是一个固定的词组，"徘"的左边是双立人（彳），与行走有关。古文字源于"裴"与"俳"，后专指行走而更改为"徘"，指人行走而不能前。

"徊"指回旋，如流水回旋，或似鸟飞盘旋，飞了一圈又飞了回来，不曾前行。

二字合称为"徘徊"，指人们走路时来来回回，似在原地不曾前行的样子。

排列的"排"就简单多了，"非"似鸟儿展开两个翅膀的样子，羽毛整齐地排列在飞翼上。人们把用手这样排列就称为"排"，陈列东西时，也是要双手并开以便摆放陈列成一排。

同时"非"还有分开、违背的意思，人们用手将物品分开以便成列排放，进而引申出排斥、排挤。

"徘""排"二字韵母为"ai"，和"非"的韵"ei"有所不同，但古音相近，在口口相传中时常混淆。

在古汉语读音中这样的例子还有很多，我们今天也一直保留着这种读音中的混用，如槐树的"槐huái"，右边是个"鬼guǐ（guěi）"字，二者同源一音，但今天分别是"ai"和"ei"的韵。还有淮河的"淮huái"，与今天汇集的"汇huì"，本写作"潍"。

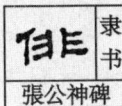

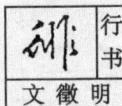

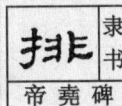

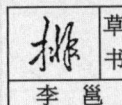

徘
悲 小篆 説文衣部
佳 隶书 張公神碑
徘 行书 文徵明

排
排 小篆 説文手部
排 隶书 帝堯碑
排 草书 李邕

在世界范围内的人类语言学中，我们不止一次说过，中国的语言学与西方的语言学概念是不同的。前者始终如一保持着原始的象形，可定形带音，而后者历经迁徙毁灭而形亡，只能传音定形。

"辈"的读音为"bèi"，古音中"b、p"不分，字形上面是个"非"，实际为"排"字的略写。加"车"字是什么意思呢？这就要知道古代车辆的使用是有严格的等级要求的。古人出门如果能坐车，那就不是一般的人，是一种身份。且车辆排列的位置也是有规定的，不同的位置代表不同的地位。车辆出行，也要根据车的等级排列车辆的先后，以辨身份，这就是"辈分"的由来。

在生活中"辈分"什么时候排列的最明显呢？那就是老人去世出殡的时候。灵车的启动是有规定的——拉灵车。拉灵车的人不是谁都能随便上去，在灵车两边拉灵绳的人是要按辈分排列，谁前谁后有着严格的划分，依次从长辈到晚辈，在灵车两边一辈一辈地排列下来。

此外，在家族的重大场合中，人们的座次排列都要依辈分而来，它是中国家族观念不可忽视的一种权利和秩序的象征。古人认为，乱了辈分则被视为大逆不道。

悲伤的"悲"，配以"心"字底，显然是一种心情。

人们的心情本应是轻松愉悦的，可现在的心情不是原先的心情了，是与之相违背的心情，这就是"悲情"。正所谓悲欢离合，人间常事。

"裴"读音为"péi"，它的本意为"长衣"，像鸟儿排开双翅加长了身形。今天多用于人的姓。但在中国文化中，它是一个很有渊源的字。

山西闻喜县有一个"裴家庄"，因为那里的大姓为"裴"。在中国历史上那里出了几十位宰相，当地流传裴家人在中国历史上出过五十九位宰相。但裴家庄这个名字中的"裴"字最早并不这么写，下半部分不是"衣"字底，而是"邑"字底，就指一个城邑。它是春秋时，周天子的一块封地，它位于西周天子国都镐京的一侧，像鸟排开的翅膀依附在国都旁。于是周天子封此处为一处城邑，名为"邒"。

这里的人民祖祖辈辈在这里生活，它就像长衣的衣襟在外面包裹着镐京，保护着周都。且"邑"与"衣"同音，后逐成"裴"字流传，人们也就以此为姓了。

关于"非字家族"，我们大体就介绍这些。除此之外，还有一些用"非"字做意义标示所造的字，如靠、靡、韭等。

"靠"字以"告"表读音，以"非"表形。"告"字我们会在后面"地上跑的"一类中见到，它归于"牛"字，具体介绍我们在"牛字家族"详述。

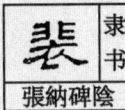

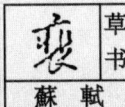

裴 小篆 說文衣部
裴 隶书 張納碑陰
裴 草书 蘇軾

　　"靡"字我们在《字部·植物》的"麻字家族"中已经讲过了。

　　韭菜的"韭"其实跟"非"字没有关系，仅仅是楷化后的形象相似。其实韭菜的成长形态就如一排排向上的样子，似展开的羽毛一排排插在地上。但因其能长久生长，故读音随"久"，名为韭菜。

　　到此为止，飞鸟的"起飞""快飞"和"不飞"三种情况就介绍完了。

# 第二节　大鸟——鸟

我们讲了鸟儿飞行的情况，接着我们就来认识一下鸟本身。鸟有大鸟和小鸟，我们先讲一个大鸟，接下去还有一个小鸟，是两个不同的字。

大自然中鸟的分类很多，因为鸟的样子众多，但古人在造字上简单地分为大鸟和小鸟之别，分别是"鸟"与"隹"。

## 一、鸟字家族

"鸟"字我们在《文部》中已经说过，它的甲骨文、金文像一只羽毛丰满长尾尖嘴的大鸟，如喜鹊、老鸹等，到了小篆线条勾勒出一个鸟的形象趋向于今天的"鸟"字，即它的繁体"鳥"。隶书根据小篆而来，一脉相承到楷书，今天的简化字依旧是这一轮廓的简笔，根据其草书简化而来。所以"鸟"字是一个典型的象形字。

关于"鸟"的造字，数量相当多，但在"双法字理"下，我们主要寻找以它作声音符号的造字，这个数量并不多。鸟作为一种动物类别为鸟字旁，但它本身的文字意义并不局限于此，这就体现在它本身作声音时所兼顾的意义。

21

## 1. 鸟→裊（裊）、枭（梟）

"裊"字的读音为"niǎo"，底部一个衣服的"衣"，那么裊本意是什么呢？

我们就要来看看中国的戏曲，在戏曲中女子的戏服有长长的飘带，像鸟翅膀上的长翎飘在身边，走起来飘飘渺渺的样子，十分超然优雅，这就是为什么"裊"会与衣服有关。同时有飘带的衣服很漂亮，且色彩艳丽。

"裊"就是这样一种长衣，现在人们在生活中已经看不到了。同时在一些文学作品当中常用到"裊裊炊烟"一词，增加文章优雅的意境。

清晨的小村庄在裊裊炊烟的映照下，更显一派温存的景象，宁静和谐、亲近温柔，一种自然的美。表现出一种对自然的崇敬，把世间万物都看做成是一种自然常态的道家思想。

"枭"字与"裊"字形很相似，下面换成了"木"，读音为"xiāo"，与鸟同韵为"ao"。木指树木，给出了一个信息"树上的一只鸟"，但这并不是它的本意，而指一个树干高处吊着一只死掉的鸟。

"枭"这种鸟最早指的是什么呢？指古代的一种鸟，相当于今天的"猫头鹰"。在古代人们把猫头鹰认为是一种恶鸟，它的特点是老鸟喂小鸟，而小鸟长大以后如果没有食吃，它会把老鸟吃掉，吃了以后剩下鸟骨架就挂在高高的树枝上。

春秋时，郑国的颖考叔就送了郑庄公三只猫头鹰，以提示他对母亲的不孝，后促成了庄公母子二人"黄泉相见"的典故。

"枭"是一种非常凶的鸟，但猫头鹰并没有古人认为的那么可恶。后来人们用"枭"指代凶残的人，这些人在被斩杀之后首级多被高高挂起，吊在城头的竹竿上，就像被挂在树干上的鸟骨架。同时"枭"与削掉脑袋的"削"字同音，所以古时把一些因杀贪官、除恶霸而打破法规的乱世英雄称为"枭雄"。

历史上著名的乱世枭雄就是三国的曹操，"宁可错杀一百，不能放过一个"。

## 2. 鸟→岛（島）、捣、凫（鳬）、鸣（鳴）

"岛"仍旧是用"鸟"作声音符号，"ao"韵。这次再把底部的"木"换成了"山"，古人认为岛也是一种山，一种在水里的山——海中山。山在水中，人们不容易过去，而鸟则可以凭借飞行自由来往，这就是水中之山的岛。

古人把这个字造得非常有意境，鸟在水岛上飞来飞去，飞到岛上。

"捣"由"岛"而来，我们常说"捣他一拳"，提手旁（扌）表示一种手的动作，那为什么要用岛来表示读音呢？

"捣"是横推，就像海水不断撞击海岛一样，海浪横着过来又过去，连续不断地撞击，

島 島 島 島

捣 捣 捣

23

手的这种动作就为捣，并发出类似"tāo（涛）、dǎo（岛）"的声音。故它还有一个异体字写作"擣"，因是异体而未被简化，它与海涛的"涛"都同以"寿（壽）"为字根。

因为海浪、海涛的撞击是多次反复的，所以"捣"不是一下，往往指反复多次的击打，如捣蒜。海浪拍打海岛使海水四散，人们用手捣蒜使蒜瓣散乱，引而为"捣乱"。

"凫"字的读音变化较大，读音为"fú"。

它指一种水鸟——野鸭，底部的"几"字形是野鸭在水中游动时泛起的水纹。野鸭行于水面，如浮在水面一般，行过身后一排排"几"形的水纹。古人画出这个形象来表示它。

正是由于这种鸟善于浮在水面，所以读音上取了更能表现它特点的"浮 fú"音，在字形与读音上都体现了这种鸟的特点。

"鸣"是一个"鸟"配上一个"口"，很明显指鸟的叫声。很多鸟都会叫，但人们经常听到的是"鸡叫"，即公鸡打鸣。

晚上人们睡觉了，鸟儿也都不叫了，但天准备要放亮时，就只有鸡叫，故天明时鸡叫为鸣。这个叫声跟人们的生活很密切，于是人们把它画了下来，后泛指鸡鸣。

鸟类往往是天明的时候才叫，今天生活在村庄里的人们，在清晨时，便能听到小鸟的鸣叫声。

凫

金文
凫叔簋

小篆
說文鳥部

隶书
曹全碑

草文
邢侗

鳴

甲骨
前46·5

石文
石鼓

小篆
說文鳥部

隶书
孔廟碑

# 二、乌字家族

汉字中还有一个跟"鸟"字十分相似的"乌"字，我们一同认识下。

"鸟"和"乌"的不同在于"鸟"字多有一点，而"乌"没有点。

| 乌字家族 | 甲骨 | 金文 | 小篆 | 隶书 | 楷书 | 简化 |
|---|---|---|---|---|---|---|
| | | 𩾌 | 𪇆 | 烏 | 烏 | 乌 |

我们看它的金文像个大鸟——老鸹，有特别强壮的嘴，金文中就突出鸟嘴。乌鸦的嘴是很厉害的，可以啄食坚果，咔咔几下就能把坚果的外壳啄碎。

其金文和小篆字形与"鸟"基本相同，但没有表示鸟眼睛的一点（丶）。乌鸦通体黑色，使人们看不到它的眼睛，于是在字形中人们省去了表示眼睛的点，以示与其他鸟的区别。小篆到隶书，再到楷书一直如此，直到简化。

"乌"与"鸟"的区别体现得很清楚，有没有眼睛之别。有眼睛就指的是一般的鸟，没有眼睛就专指的是乌鸦。

正是因为乌鸦是一种纯黑色的鸟，"乌"字便逐渐也表示了黑色，如乌金、乌发等。而用"乌"再造的字，就组成了"乌字家族"。

乌→呜（嗚）、坞（塢）、邬（鄔）、钨（鎢）

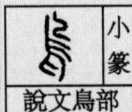

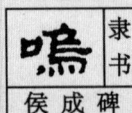

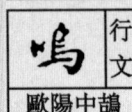

"呜"和"鸣"极为相似，二者都是鸟的叫声。鸣泛指鸟儿清脆的叫声，呜则指鸟儿的悲鸣，似乌鸦的叫声。

"呜呜"一词也常形容人们的哭泣之声。在以前，往往许多民族中，人们都把乌鸦视为一种不祥之物，因为它通体黑色，叫声低沉，衬托出一种凄凉。

同时，乌鸦是一种杂食鸟类，除了吃谷物、浆果、昆虫外，它还吃腐肉，人们多在荒野的腐尸上见到乌鸦，从而加深了它邪恶的化身。但中国古人对乌鸦的认识并不仅仅从其外表断定，而是从它的习性上去认识它。在唐朝以前乌鸦被认为是一种吉祥，能预言的鸟。

《尚书传》："周将兴时，有大赤乌衔谷之种而集王屋之上，武王喜，诸大夫皆喜。"

在今天的科学发现中，乌鸦也是鸟类中最有智慧的一种鸟。且乌鸦本性"反哺"，是一种孝鸟，被古人所崇尚。

中华民族自古与人为善，更是百善以孝为主，自始至终都沿袭着"乌鸦反哺，羊羔跪乳"的美德。

"坞"的土字旁表示跟土地有关，这是一个什么样的地方呢？它是一个四周高，中间低的地形，因其四周高中间低，所以中间没有光线是黑暗的，这就是"坞"。这样的地形，四

坞

嗚

金文
寡子卣

小篆
說文烏部

隸书
侯成碑

行文
歐陽中鵠

面有天然的围挡，便于人们居住。

"坞"字主要用于"船坞"一词，指修船造舰的船厂。

船坞大概出现在我国宋朝时期，起初人们在河边造船，因四周没有格挡，制造过程中容易被水将船冲走，只好派人在旁边日夜守护，如此一来劳民伤财。后来人们在岸边挖一大坑，在其中造船，船造好以后掘开一大口与河道联通，引水入坑使船漂起以航行，可驶入河中，这个大坑就被称为"船坞"。

宋人沈括在《梦溪笔谈》中，就详细记载了"船坞"的使用。

"邬"与"隖"字配有耳朵旁，右耳为"邑"，左耳为"阜"，于是我们可以知道它指某一处人们居住的城邑或城郭。它是古代春秋时期，晋国大夫司马弥牟的一处食邑名，故司马弥牟也被称为邬大夫。汉代为太原郡的邬县，在今天太原附近，后来成为姓氏。

这个字作为地名和姓氏时，二者之间有着密切联系和渊源。

"钨"字配以金字旁，在今天主要是一种化学元素，符号为 W。我国是世界上最大的钨储藏国。

它是早期制作灯泡的主要材料——钨丝，它常温下为钢灰色或银白色，硬度高，熔点高，不受空气侵蚀，英文为"tungsten"。

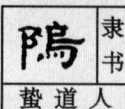

27

我们最常见到的就是早期的灯泡——白炽灯，灯泡中的发光丝就是用钨制成的。灯泡长时间使用后，钨丝就会被氧化变黑。

中国化学元素专用字，不仅仅是单纯的音译，往往和我们见到的事物有关联，所以在这一点上，一百多个"化学元素专用字"我们将来要统一介绍。这些字中有的是沿用古字，有的是今人新造，但都使用得非常漂亮。它们也很好地体现了中西文化在"文字"上的联系性。

"鸟"字做偏旁主要用到类别的指示上，做鸟名，如鸡、鸭、鹅、鸳、鸯、鹳、鹭、鸥等。此外，还有一些鸟名，如雁（鴈）、鸦（雅）、雕（鵰）等字，则是用到了另一个表示鸟的字——隹。

"鸟"字指大鸟——长尾大鸟。

"隹"字指小鸟——短尾小鸟。

"鸟"和"隹"是古人对鸟类细致观察后的大体分类，主要体现在鸟的体型和羽毛特点上。随后我们来看看由"隹"所造的字——"隹字家族"。

# 第三节　小鸟——隹

"隹"字我们在《文部》中讲过，它就像一只小麻雀的样子。

| 隹字家族 | 甲骨 | 金文 | 小篆 | 隶书 | 楷书 |
|---|---|---|---|---|---|
| | | | | | 隹 |

"隹"在古文字中，甲骨文、金文、小篆都很像一只小鸟，有鸟的头部、身体、翅膀和爪子。隶书时字形变化比较大，也称为"隶变"。

"隹"字是由原来一只小鸟的样子逐渐变成了笔画，一撇一点是鸟的头部，一竖是鸟的身体和爪子，四横一竖则是鸟的翅膀和身形轮廓。这一字形特别容易和佳人的"佳"或居住的"住"混淆，遇到时要注意。

"隹"字是一只小鸟的形象，它读音为"zhuī"，是模仿小鸟儿鸣叫的声音，如麻雀的叫声。用它再造的字仍旧有表示读音和表示意义两个部分，同时与"鸟"字经常混用。比方说公鸡的"鸡"，现在人们多用鸟字旁，而原本隹字旁的"雞"则被作为繁体或异体字。

同一个字，人们有时写鸟字表意，有时则写隹字表意，因为二者都是指鸟，仅仅是大小有别，长时间的使用中人们对这种区别逐渐淡化了，也就混淆使用了。

# 一、隹字家族

## 1. 隹→椎、锥、骓

"椎""锥""骓"三个字都念"zhuī"。

"椎"为木字旁，是一种木制的工具，古时人们缝制兽皮或棕皮时，往往需要用一个有尖的器物来扎孔，这就是椎子。原始时期还没有金属，人们就是用一个硬木把它磨成尖，用于扎孔，所以是一个木字旁。右边为什么用了"隹"字？原来人们发现小鸟的嘴巴是尖尖的，人们把椎子抓在手中就似攥着一只小鸟仅仅露出头来，好似用小鸟尖尖的嘴来扎孔一般。

椎子也正是一头尖一头大，便于攥在手中扎孔使用的一件木质器物。

"锥"由"椎"而来，是同一个物件的不同材质，金属材质的椎子，金字旁（钅）很好地说明了这一点。

今天人们在使用工具中一般写用"锥子"，而木字旁的"椎"则多用于"脊椎"一词。脊椎的"椎"和扎孔的"椎子"又有什么关系吗？

牛、羊等动物的脊梁骨是一段一段的，且中间有孔，这一段段的骨头就成了天然的锥柄，人们在孔中插入坚硬的金属铁钎，就制成了锥子。后来人把这种便于制作锥子的"脊梁骨"也称为"脊椎骨"，主要是因为它们有一段段

椎

小篆
說文木部

隶书
侯成碑

草书
文天祥

锥

小篆
說文金部

隶书
蟄道人

行书
顏真卿

中空的骨头，可做锥子。

人们颈部类似这样的骨头就称为"颈椎"，脊梁的部分称为"脊椎"，腰部的称为"腰椎"。

"骓"字配有马字旁，指的古代一种宝马——乌骓。乌骓马通体黑色，西汉时楚霸王项羽的坐骑，号称"天下第一骏马"，后来项羽兵败垓下自刎乌江，乌骓亦忠于项羽而跳江。

《楚辞》写道："力拔山兮气盖世，时不利兮骓不逝，骓不逝兮可奈何，虞兮虞兮奈若何。"

这种马为什么右边用了"隹"呢？它背长腰短通体黑色，尤其脊椎处更是黑得发亮，且奔驰起来速度极快，如鸟飞驰，所以配以隹字表达快意，为"骓"。又因其色纯黑而得名"乌骓"，但唯独马蹄白色，被誉为"踢雪乌骓"，是难得一见的宝马。

古代关于马的名字有很多，都配以马字旁，同时马的特性也多由右边表音部分的文字来体现。随后，我们讲到"马字家族"时再认识。

| 骓 | |
|---|---|
| 騅 | 小篆<br>說文馬部 |
| 騅 | 隶书<br>鼕道人 |
| 騅 | 行书<br>張瑞圖 |

## 2. 隹→稚、雉、翟

"稚"字读音为"zhì",左边是禾苗的"禾",指植物的幼苗。庄稼还没有成熟结果之前就叫稚。隹为短尾小鸟,堪比幼鸟,禾苗初长时苗短叶小,于是用隹表短小之意,兼表读音。所以人们对幼小的表达为"幼稚",幼小的禾苗多嫩绿,也称为稚嫩。

今天我们常形容某人做事幼稚,就因其为人处世像幼小的孩子,不够成熟。

"雉"字读音也为"zhì",左边加了一个箭矢的"矢",它本意指的是野鸡——雉鸡。

野鸡是古人打猎常捕获的猎物,以箭矢射猎,所以左边用一个箭矢来表示。且野鸡有长长的鸡翎,像箭矢一般,它脚爪强健善于奔跑,特别是在灌丛中奔走极快,善于藏匿,难以捉到,必以箭矢射猎。

雉鸡受到惊吓时就在地上疾速奔跑,拖着长长的尾巴像带着箭矢飞跑的样子。但它的飞行能力较低,从一处飞到另一处落下,就像箭矢掷出去,而非射出去,没多远就掉落了。

"翟"字有两个读音,当姓氏用时今天定音为"zhái",与"隹 zhuī"音近;当指野鸡时读音为"dí",墨子名翟——墨翟,此处不能念成墨翟(zhái)。

"翟"的本意也是指野鸡,它是一种羽毛

更长更硬的野鸡，比"雉"更漂亮。字形上部的"羽"字，表示一对翅膀，主要突出它羽翅的特点，长而美丽，仍旧是一只野鸡。

传说，上古时期帝喾非常喜爱音乐，他叫乐师咸黑制作了九招、六列、六英等歌曲，又命乐垂作鼙鼓、钟、磐等乐器，让64名舞女，穿着五彩衣裳，随歌跳舞。在音乐起鸣之后，凤凰、大翟等名贵仙鸟也都云集殿堂，翩跹起舞。古人认为，只有德行高尚的人才能招来凤凰。

古代乐舞者多执翟羽舞动，《诗经·邶风·简兮》云："右手秉翟。"

在春秋时期，中原就有翟国，据说是狄人的部落，故被认为是早期的"狄"字。公元前六世纪末，晋国大举进攻，灭掉翟国，翟人大多沦为晋国臣民，逐渐融合于晋人。翟人的后代就以原国名为姓，称翟姓。《国语注》中记载，新安翟姓，春秋时赤翟（即赤狄）之后，以族名为姓——翟（dí 音狄）姓。

今天"狄"也是一个姓，古时指北方少数民族"戎狄"，如此一来"翟"与"狄"二者应有一定的渊源，具体详述在遇到"狄"时再说。

关于读音的变化，主要因地域发音的差异，"zh"今天的读音划分中为"塞擦音中的清音不送气，舌尖后音"，"d"为"塞音中的清音不送气，舌尖中音"，二者发音方式和发音部位是很接近。古人口口相传时因不同地域人们的发音习惯不同，而产生变化，多有北方读"dí"，南方读"zhái"一说。

| | |
|---|---|
| 翟 | |
| 史喜鼎 | 金文 |
| 羽隹 | 小篆 |
| 說文羽部 | |
| 翟 | 隶书 |
| 劉寬碑 | |
| 翟 | 行文 |
| 凌登名 | |

### 3. 隹→隼、准（準）、汇（滙、匯）、淮

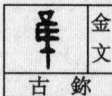

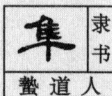

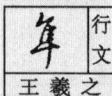

"隼"读音为"sǔn"，实际就是准确的"准"，原本的繁体为"準"。上面部分仍旧是表示鸟的"隹"字，下面部分像一个树枝架"十"，指鸟儿从高处飞落时非常准确地落到树枝上。

这种善从高处飞下，速度快、落地准的鸟为"隼"，是一种中等体型的猛禽，善于准确捕捉地面和空中的小猎物，因其速度快，所以读音上随了迅速的"迅"。

汉字楷化的时候，字形底部就规范成了"十"字，表示瞄准。

"准"为"隼"字加了三点水（氵），后变为两点水（冫），那么原本准确的"准（準）"跟水有什么关系吗？它是指从房檐上往下滴水，水滴每次都准确地滴在同一个位置，久而"水滴石穿"，这种情况就是"準"。

人们射击时要瞄准靶心射击，不断击中靶心被称为"射得准"，就像"隼"瞄准猎物，快速准确地抓住一样，且人们瞄准时的标识也多为十字星式的准心。

作简化字的"准"字，古已有之，后因"準"字的避讳而替代之。一说在南北朝时，宋顺帝名"準"，宋书中避讳此字而改写"准"。一说宋朝时避讳名相寇准之名，逐用"准"字。

"准"字并没有沿用原本表示水滴的"水"字做旁（氵），而改为两点的冰（冫），为"冰"

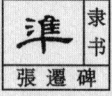

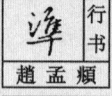

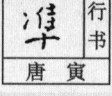

隼

金文
古鉨

小篆
說文隹部

隶书
螯道人

行文
王羲之

準

小篆
說文水部

隶书
張遷碑

行书
趙孟頫

行书
唐寅

古文字字形"仌"的简化"冫"。这一改变是为了区别早已存在的淮河的"淮"字。

"淮"指淮河，要认识"淮"字那就要先去看看汇合的"汇"字。

"汇"是今天的简化字，本写作"滙"或"匯"。第一种写法的"滙"三点水在外面，一个方框（匚），里面是一个"隹"字，指鸟儿回到窝里，集合、汇合。第二种写法"匯"，大同小异。水字旁在这里则是指水的汇集，各处水流以及雨水汇集合成的河流。

淮河干流比较平缓，沿途流经峡山、荆山、浮山三处峡口，形势险要。正阳关汇纳上游干支全部山区来的河水，素有"七十二道归正阳"之称。大别山区、桐柏山区、伏牛山区、嵩山山区等，都是淮河的主要洪水源地。可见它是一条多水流、多水源汇集的河流，所以古人称其为淮河，实际就是汇河。

因"汇"表汇集，于是另造了"淮"字专门指水名。

所以说，要认识"淮河"就要先认识"汇"字，是一个事物分成的两个概念，它们造字的原由是相连的。

关于中国的河流，每条河流的名字都有它取名的缘由，都符合它的特性，其名出自其实际的自然地貌与形成流向，而非古人臆造。

匯

滙 小篆
說文匚部

匯 隶书
唐扶碑

匯 行书
楊維楨

滙 行书
王稺登

淮 甲骨
前2·7

淮 金文
兮甲盤

滙 小篆
說文水部

淮 隶书
史晨後碑

淮 草书
王羲之

35

## 4. 隹→只（隻）、双（雙）、雔、雠（讎讐）

"只"字的繁体为"隻"，原形中字体下面是一个表示手的"又"，上面一个隹，指手里抓住了一只小鸟。当手中抓着两只（隻）时，就是一双（雙）。

"双"字的繁体为"雙"，此外还有一个异体字形为"隻隻"并列，都表示被抓住的两只鸟为一双。汉字简化时，去掉了上面表示鸟的部分，就成了两只手的"双"了。如果单从繁体这一表现并不十分明显，所以有时我们会把汉字的某些异体字摆出来对比，以增加对汉字变化的认识。

关于"只"字，它今天作为"隻"的简体，但并非简化而来，而是替代所用。

"只"字古已有之，原来的意思并不是今天的"一只、两只"的意思，而与人的"口"与气息有关，即口中出气声，与"气qi"的读音相仿。后因其古音与"隻zhī"相近，字形轮廓相仿，所以汉字简化时它被用来替代了熟悉烦琐的"隻"。

"雔"是两只鸟的样子，读音为"chóu"，这两只鸟在这干什么呢？这是一对伴侣，所以有匹配、结对的意思。"雔"就是树上的鸟儿成双对。

一对小鸟叽叽喳喳地叫着，似互有言答，这就是"雠"字，读音为"chóu"或"qiú"。

小鸟叽叽喳喳叫个不停，好似吵架争个不停，似有仇恨，所以古人也常用"雠"表示仇人的"仇"，指两只鸟在吵架。

"仇"便是将"雠"字中的两只争吵的鸟换成了人，专指人与人之间的争吵。

此外，"雠"还用于"雠校"一词，可以简单理解为"校对"，但并不准确。

古人校对文章时，怕有遗漏出错，于是一个人念稿，一个人看稿，这样一有出错便能互为提醒，提高校对的准确性。有时人们并不顺着文章校对，而是倒着校对，以免因为过于熟悉的主观定式而校错了内容，所以大家一起倒着校对，虽然比较别扭，但能避免主观定式的影响。二人一念一看同时校对，主要的目的是挑对方在校对时没有发现的错误，相互挑剔。这种现象就像两只鸟在争吵，所以叫"雠校"。

今天，人们都是电子排版，一人校对，并不重视人工校对的重要性，所以很多图书和文章会出现一些所谓的小错误，但大家并不当回事了，仅仅认为是"笔误"，这种态度与古人相比差了很多。

从态度反应到文字上，古人专门用了二人"雠校"一词，而今人仅仅是一人的"校对"。

## 5. 隹→雥、集（雦、雧）、杂（雜）

"雥"字为三只鸟，三为多，表示一群鸟，读音为"zá"，像一群鸟扎堆在一起。

集

| 甲骨 後下·6 |
| 甲骨 粹·1591 |
| 金文 毛公鼎 |
| 小篆 說文佳部 |
| 隸书 華山廟碑 |
| 隸书 華山廟碑 |
| 草书 唐玄宗 |

　　一群鸟回到窝里，就是我们前面讲过的汇（匯）。

　　一群鸟落在树上是什么呢？这就是集合的"集"，繁体为"雧"，表示一群鸟集合在树上，这种情况我们经常可以看到。

　　一群小麻雀，结伴飞行觅食，一同起起落落在树上。它们群起时不在树上，就是集的另一字形"雦"，它们落在树上时就是"集"或"雧"。汉字简化时，去繁化简就采用了书写较为简单的"集"字。

　　"杂"字，首先要注意下面的木字底。在《字部·植物》中，我们讲"木"字的时候说过，木字的一横是树的枝杈，一竖是树干直至树根，树根是往下长的不能带勾，但在此处"杂"字下面的木是带着勾的。为什么它下面带勾呢？因为它最早并不是个正规字，而是试用。

　　"杂"字原本的写法为"雜"，再还原得清楚一些的话为"襍"，左边一个衣服的"衣"，右边一个集合的"集"。古字体为了平衡字形有所调整，左边"衣木"右边"佳"，写作"雜"。左上角的"衣"是其古字形，它与"木"的组合很像今天的小兵卒的"卒"字，它有一个异体字写作"卆"，是不是很像今天的"杂"字呢？这也是"雜"为什么会简化成今天的字形"杂"的原因。

　　"雜"字表示衣服被一件件地集合在一起，颜色各不相同，这就是杂。所以"杂（雜）"

雜

| 小篆 說文佳部 |
| 隸书 孔龢碑 |
| 行书 王羲之 |

是由集合的"集"所造的，读音用了"雧"字的读音，一件件有颜色的布衣扎在一起。

汉字简化时取了"卒"的草书异体"夲"造了"杂"字，省去了右边的"隹"。

其实，今天的简化字时间并不长，汉字的简化在民国时期就开始，并推出了简化字表，"杂"的简化形体那时就有了，其中缘由有众多的历史原因。1949年中华人民共和国成立后，我们推行简化字时，采用了其中很多非正式的简化方案，并定为正式字形，而"杂"字带着一定历史问题沿用至今，以至于原本不该有提勾的"木"字呈现于此了。

## 6. 隹→谁（誰）、堆、推

"谁"字为"一言一鸟"，是一只鸟在发言——说话，其实谁的本意就是一只鸟在那喳喳喳喳地叫。究竟它说什么呢？或是它在叫谁？人们不知道，于是就把这个字借过来，表示不确定的哪一位，这就是"谁"的意思。

人们说话时往往有聊天的对象，但当一个人自言自语时，或对着很多人说话时，旁人或后来者往往不知道他的说话对象，于是就借用了鸟儿叽叽喳喳乱叫的现象，表示不知对象，并借这个现象来表示询问对象是"谁"。这个字在随后的使用中，逐渐摆脱了与最初鸟儿有关的联系，但它依旧从字形和读音上保留了汉字原始的造字和取意的烙印。

誰

誰 小篆 說文言部

誰 隶书 鄭固碑

誰 行书 歐陽詢

堆

𠂤
甲骨
掇·437

𠂤
金文
師淮父卣

𡉻
小篆
說文土部

堆
隶书
張遷碑

"谁"本指鸟的叫声，鸟的语言，读音"shuí"取于"隹 zhuī"音。

"堆"字由"土""隹"二字组成，本意就是土堆，土字旁归类表示与土有关。那么右边为什么有个隹字呢？这就又和小鸟（隹）的特性有关——集群。当一块一块的土放到一起时，就像一群鸟集在一起一样，这就是土聚集而成的堆。

俗语中的"聚沙成塔，集土成堆"，就很好地体现了"堆"字的造字原理。

"推"和"堆"二字是相关的，就是用手集土，一点一点地把土移过来，聚起来、堆起来。所以"推"字是"堆"的省略加了提手旁（扌），着重指明是手的一种动作。

"推"原本就是指推土，推在一起的土就成了堆，今天最能体现这个字的就是"推土机"。

### 7. 隹→唯、惟、维、帷

再来看"唯""惟""维""帷"四个字，他们都念"wéi"，也是用"隹 zhuī"作声音符号的，古韵是相同的。其中"唯""惟""维"，这三个字因历史的原因，在今天的使用有些混乱。

在这里依次认识一下它们原本的面貌，便会很好理解它们每个字的意思，以便在日常生活中的使用。

"唯"字，一个口，一个佳，它与"谁（誰）"字很像，都与口有关，但又有所区别。

"谁"字在造字上使用了言字旁，"言"指明说话，与言语有关。

"唯"字在造字上使用了口字旁，侧重张开的口，是指"喂鸟"。大鸟叼着虫回来喂小鸟，小鸟张开口要吃东西，这是唯的本意。

后来，唯字用在成语"唯唯诺诺"之中。

唯唯诺诺，出自先秦韩非的《韩非子》："此人主未命而唯唯，未使而诺诺，先意承旨，观貌察色以先主心者也。"最早合在一起于明时，冯梦龙的《醒世恒言》："他思念父母面上，一体同气，听其教诲，唯唯诺诺，并不违拗。"

其实，"唯"和"诺"并不一样，什么是唯？什么是诺呢？

唯，是上下关系之间的应答为唯。如"唯命是从"，即下级服从上级的命令，不敢有半点违抗。就如大鸟给小鸟喂虫吃，作为小鸟的只能顺从地去吃，所以这叫唯。

诺，是平级关系之间的应答为诺。一个"言"字右边是个"若"，若表示相似，指你说的我同意、我许可，又有"许诺"一词。所以，"唯唯诺诺"合在一起，表示什么事情都是答应、许可，没有自己的主见，一副恭顺附和的样子，暗指屈于权贵、阿谀奉承的小人。

此时，唯字的真实来历知道了，它在使用时虚拟意义的表达也就容易理解了。所以认识

唯

甲骨
徵3·150

金文
君夫敦

小篆
說文口部

隸书
張遷碑

一个字，一定要从"根"上先直观地理清，再展开造字的联想。

"唯"字认识了，然后咱们再看另一个"惟"，但在认识"惟"之前，我们在"口"与"心"之间先介绍一下"维"字。

"维"是什么呢？纟（系）为绞丝旁，自然跟丝线有关，与"隹"字合到一块表示什么呢？"系"表示细的绳子，"隹"指短尾鸟（鸟指长尾鸟，见《文部》），二者合在一起就表示又细又短的绳子。那么，这种又细又短的绳子在什么地方使用呢？它用在古代的车上。

古代的车是有讲究的，车板上有盖，有帐，组成一个车厢供人们乘坐在其中。人们用布匹做成的帐布围在车盖四周，帐布自然垂下就形成车厢，但行车中一刮风这帐布就被吹乱或被刮掉了，这时要怎么办呢？人们就用这细短的绳子把帐布围成的车厢四角系在车架上，以便固定，这就是"维"的意思。正是由这个"维"，四根细短的绳子将帐布固定在车架的四角，才出现了这个空间，所以今天我们才有关于空间的"三维""四维"之说。

这一根根细短的绳子——维，才保持了这个车厢空间的存在，所以有了维持、维护的意思。因为它本就是用来捆系的，所以又引申出"维系"的意思。

"惟"加上竖心旁（忄），它不同于前面两个，是指人心里的那个"惟一"。

小鸟儿很多，在旁边加上"心"表示心里头对很多事情的最终判断。哪个是好的，哪个是对的，哪个是，哪个不是，是一种心理判断，是一种心理活动，所以有时候我们就写"思惟"。"思"字本写做"恖"，上面部分是"脑"，下面部分是"心"，从大脑的理性判断处想想，再从内心的感性判断处想想，二者之间形成一个空间，这就是"思维"——思维空间。

综合两方面的判断做出一个合适的判断结果，就是"心"与"脑"所构成的思维空间给出的一个答案——惟一。

在简化汉字的时候，人们不管这些造字的背景和文化意义的延伸了。在消灭汉字的前提下，把它们简单的拼音化为"wéi"，拼音化之后写哪个字也就无所谓了，剥夺了字形对意义的表达，因为都是那个读音。同时为了减少汉字的数量，于是规定不要"惟"字，当异体字处理，所有的"惟一"都写做"唯一"。

汉字的简化，有它特定的历史时代性，没有对错之分，在于人们对汉字的认与识，和对汉字文化的取舍与继承。

"帷"和之前的"维"是有关系的，绞丝旁的"维"说的是那根细短的绳子，巾字旁的"帷"则指的是那块围成车厢的帐布，左边用了"巾"字归类，标明与布匹有关，称为帷子，也叫帷帐。当这块长长的布不围在车上了，而是围在地上，

43

就成为一间屋子，这就是帷幄。

所以，"幄"字左边一个巾，右边一个屋，实际就是今天的帐篷，用布围起来的屋子，四个角捆系在地上有了"维"，用以固定，这就是"帷幄"。

古时候，什么人才用帐篷，用帷幄呢？军队打仗的时候才会用。

"运筹帷幄"出自《史记·高祖本纪》："夫运筹帷幄之中，决胜千里之外，吾不如子房。"那是西汉初年，天下已定，汉高祖刘邦大胜项羽后，在洛阳南宫举行盛大的宴会，并总结胜利原因，认为最重要的取胜原因是能用人。"运筹帷幄之中，决胜千里之外"，就是高祖刘邦称赞军师张良张子房时所说的话。

## 8. 隹→崔、摧、催

"摧""催"二字，是在"崔"字的基础上再造的，那么按照"双法字理"认字、识字的过程，我们先讲"崔"字，随后"催""摧"二字也就清楚了。

"崔"字在读音上，下面的"隹zhuī"是"崔cuī"的读音符号，同为"ui"韵。

"崔"字在字形上，上面部分是个山，山和小鸟在这里又是什么关系呢？

从文字资料来看，崔是高大的意思。山都是高大的，这个好理解，为什么组合了表示小

崔

崔
金文
己酉父彝

崔
小篆
説文山部

崔
隶书
鄐閣頌

崔
行文
米芾

鸟的隹呢？古人在造字时用了以小衬大的概念，正是因为隹的短小，才更加衬托出山的高大。即便是体格较大的雄鹰，飞在高山峡谷之间，人们抬眼望去，它也仅如小麻雀般大小。所以，隹的本意指的是山很高大、险峻，于是常有"崔巍"一词。

崔字是用来形容山体高大的样子，所以常被作为地名，西周时期的齐国就有一个崔邑（今山东省章丘市黄河乡土城村）。齐丁公伋的嫡子季子，让国叔乙，食采于崔邑，后以地为姓，沿用至今。

山太过高大时，顶部植被就会稀少，山石容易因风化而崩塌。山顶的岩石风化毁坏，山体崩裂，巨石滚落下来，具有很强的破坏力，毁坏树林、河道、农田等，这就是"崔毁"。

当人类学会动手改造大自然后，人力对大自然的破坏、毁坏，已远远超过大自然本身的规律性更替，这就是加了提手旁（扌）的"摧"字，摧毁。

"催"字表示人对人的一种势，一种压力，加了人字旁，指人与人之间的一种关系。这是一种从高往下的压势，一种无形的压迫感。

这种压迫感就如人站在高大的山脚下，崔巍的山势给人带来的那种咄咄逼人的压迫感，人们往往迅速离开这里，避开这种感觉。

摧
摧 小篆 說文手部
摧 隶书 夏承碑
摧 草书 王羲之

催
催 小篆 說文人部
催 隶书 侯成碑
催 行书 王鐸

45

# 二、焦字家族

焦

| | |
|---|---|
| 雥火 | 金文<br>古 鉨 |
| 雥火 | 小篆<br>說文火部 |
| 隹火 | 小篆<br>說文火部 |
| 焦 | 隸书<br>劉熊碑陰 |
| 焦 | 草书<br>王羲之 |

关于"隹"字做读音符号的造字情况，前面基本介绍完了。

随后，它还造了一些跟鸟有关的字，具体情况来看看"焦"和"蘿"这两个字，以及它们的家族情况。

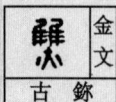

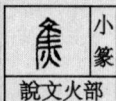

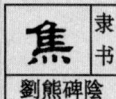

"焦"字上面是个隹字，下面四点为火（灬），甲骨文还没有看到这个字，它在金文中出现，且上面是两个鸟（雔）下面一个火——雥；小篆中则有两个形体，有三个鸟（雥）一个火的，有一个鸟（隹）一个火的；隶书则是为了书写简单而演变，楷书根据隶书，规范成今天书写的样子——焦。

这一系列的演变过程究竟能告诉我们什么呢？

首先"火"字底，不用多说，就是燃烧的火。那么火与上面的一只鸟、两只鸟、三只鸟，构成什么意思呢？其实，就是用火烧烤鸟肉，捕到的鸟有多有少，一只、两只、三只……

古人生活中，捕猎烧烤也是其早期主要的生活方式之一，所以为它造字。古人的烧烤，不是我们今天到饭店里的那个烧烤，而是在野外打到鱼或鸟兽后，直接就地点火烧一烧就吃了，这是古代的一种生活方式。

"焦"字就是用火烧鸟——烤鸟肉。它的读音"jiāo"，就是烤肉时，肉被火灼烧时发出的焦灼声。

"焦"字认识了，随后用它再造的字所组成的家族，就是"焦字家族"，且每个字都跟烧焦、烤焦有关。读音也与焦字相同或相近，念"jiāo"或者念"qiáo"，二者古音是不分的，"j、q、x"古音不分，都为舌面音。

随后，我们按读音的略微变化，分为"jiāo"和"qiáo"两组来说。

### 1. 焦→蕉、礁、噍、醮、蘸

香蕉的蕉，芭蕉的蕉，这个"蕉"字读音与"焦"完全相同，字形上多加个草字头（艹），表示它是草本植物。香蕉的植株，在今天被科学划分为大型草本。

香蕉很常见，就是人们经常吃的香蕉，黄颜色，也称黄香蕉。其实香蕉、芭蕉本身就叫蕉，它属于"蕉类植物"。那古人为什么会用表示烤肉的"焦"来给这类植物命名为"蕉"呢？它属于草本，草字头的归类没问题，即使是今天植物学科的科学归类也是草本，剩下就要去看看蕉这种植物的特点了。

香蕉是它的果实，黄色并带有一定的香甜味，所以叫香蕉。但是黄色香蕉搁上几天，果皮就会发黑了，斑斑点点好似被烤焦、烧焦了

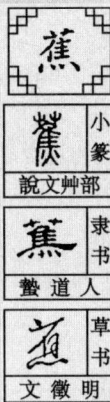

蕉

篯 小篆 說文艸部

蕉 隶书 鳌道人

蕉 草书 文徵明

一般。于是，古人总结出这种植物果实的这一特点，取了一个直观的表象"焦"，造了"蕉"字。

芭蕉也是如此，放几天它就变黑了，剥了皮里面还好好的。芭蕉与香蕉比起来个头短小，一把也就巴掌般大小，于是起名叫芭蕉，与香蕉区别。

还有一些植物，不结如香蕉、芭蕉一样的果实，但也叫蕉，如美人蕉。它的花开得非常美丽，但花谢后花瓣焦黑，似被火烤焦一般，故名"美人蕉"。

"礁"指的是礁石，所以左边是个石字，用来表示大的归类。什么样的石头叫礁石呢？它主要是指河道里的石头，当枯水季节时，江河中突然显露出一块块黑色的大石，就是礁石。其色焦黑，似被火熏烧过一般，故名礁石。

此外，海岸沿线上也有这样因被海水侵蚀而变黑色的石头。除了石头本身以外，还有一些生物礁石，如珊瑚礁。当珊瑚礁聚集得很多的时候，如一座座海底的城堡，便称为"堡礁"，最著名的就是澳大利亚东海岸外的"大堡礁"。

人们把平时看得见的称为礁石，看不见隐于水下的称为暗礁。暗礁形成的水下地形与水深情况密切相关，直接影响着人们的水路活动，是人们航海、行船时所关注的焦点。

"噍"字就要用到口了，牙齿如口中牙床上的一块块礁石，用来绞碎食物，即用嘴巴咀噍。

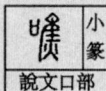

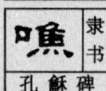

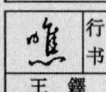

噍

噍
小篆
說文口部

噍
隶书
孔龢碑

噍
行书
王鐸

这个字现在不常用了，被"嚼"字代替，"咀噍"现在基本都写作和读成"咀嚼"。

"嚼"的读音是"jué"，如咀嚼，但有时也用"jiáo"的音，如嚼东西、味如嚼蜡等。

那么"嚼"是指什么？就要先看看"爵"字，它是喝酒用的一种高级器皿，多为古代贵族使用，用来盛高级的酒。高级的酒自然酒质细腻少残渣，配以口字旁，表示入口的口感很细腻。

"咀"由且（俎）配以口，表示入口的食物要咬得像在案板上切得很细腻一般。咀嚼合在一起就表达"细嚼慢咽"的意思。

"嚼"由后来表示爵位的"爵"再造，贵贱之下"噍"也就不常用了，二者读音本也相近。


"醮"是古代结婚时的一种礼仪用酒，所以左边是个表示酒的"酉"字。酉是个酒坛子，详见《文部》。那么右边的"焦"指什么呢？要知道这个，那就要去了解一下古代的结婚礼仪。

今天我们结婚的时候，宾客都坐好了，新人也就该出场了，举行仪式第一件事是干什么？一拜天地。

拜天、拜地，怎么拜？今天人们说鞠个躬就可以了。二拜高堂，夫妻对拜，鞠三个躬，现在的形式弄得简单，但古代可不是这样。

古代拜天地的时候，要拿着酒洒向天空和大地，敬天地之神。酒很贵重的，本来就不多，洒多了浪费，人们就象征性地星星点点地洒上

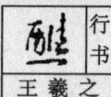

| 醮 | |
| --- | --- |
| 醮 | 小篆 説文酉部 |
| 醮 | 隶书 無極山碑 |
| 醮 | 行书 王羲之 |

点，点点滴滴地落在地上，一个一个的小黑点，像一个一个烧焦的小点，这就用了"焦"，左边配一个酒坛子，就造了"醮"字。

"蘸"字明显是由"醮"所造的字，但二者在读音上差距很大，前者为"jiāo"，后者为"zhàn"，这又是为什么呢？那就要看看古人是如何来洒这个酒的。

古代结婚时拜天地，仪式上用于斟洒的酒，不能直接用手摸了酒水就洒，这是对天地的不敬。那怎么洒呢？要用一种敬神的草，蘸上酒水抖洒，这就有了另一个字"蘸"。它的读音是"zhàn"，是受了"沾 zhān"字的影响，因为二者意思接近。

## 2. 焦→樵、瞧、劁、憔

"樵"字，我们最常在书上看到的就是对打柴、砍柴的人称呼为"樵夫"。为什么叫樵夫呢？实际"樵"的本意是指樵木，或者叫樵柴。

人们砍下木头以后，要在山里烧成焦炭，也就是木炭，烧成焦炭以后挑出来再卖掉。这种用来烧成焦炭的木头就是"樵"，这种砍木头的人就叫樵夫。同时，人们也在山上拾取枯枝或打落枯枝，带回家用于生火，这就是柴。柴与樵，都是生火所用，都被烧焦了，二者有所不同，但最终从事这种职业的人，都被称为樵夫。

　　"瞧"字用了表示眼睛的"目"做偏旁，说明它与眼睛的看有关。烤肉时为什么要用眼睛看？显然是怕烤糊了，烧得焦些，没事还能吃，脆脆的挺香，可是稍不留神焦脆就变成焦糊了，就没得吃了，所以要不时地用眼睛看一下"焦"的样子，这就是"瞧"。

　　人常说要"瞧仔细""瞧个究竟"，口语中"瞧"与"看"混用，看一看，瞧一瞧。但"瞧"字更有目标性，要看火与肉相交处焦的程度，有一定的针对性，而非笼统的一看而过。比如，樵夫上山砍柴，要瞧对了树，要选硬木树，瞧错了就选错了，烧出来的焦炭就不好了，就卖不到好价钱了。

　　"劁"专门指的是一种技术，是家畜中对猪的一种手术——劁猪。它实际就是"瞧"的省略加上个刀字（刂），所以读音也是"qiāo"。

　　人们养猪，有的是为了繁殖后代生更多的小猪，有的不是，就是为了养肥了吃肉。这种为了养肥吃肉的，就要对小猪进行阉割，阉割后的小猪性情温顺，便于管教，肉也长得好，没有异味。

　　在古时，劁猪是一门谋生的好手艺，"一把劁猪刀，肩扛一副挑，走遍乡野间，吃得万家饭"。因为是要用刀子进行阉割，所以配了刀字做旁，劁猪刀一头是刀，一头是钩，有它特殊的用法。阉割时，劁猪匠要瞧仔细，瞧清楚，找准目标用刀子扎下去，刀口越小越好，再用钩子把生殖部分钩出来割掉，前后几分钟的事情。这个是考验眼力和手力的技术活，是古人专门对猪阉割的小手术。

古时，人们对各种家畜的饲养中，都会用到阉割术以保障生产生活的需要，但叫法不同，例如对马的阉割为"骟"。这都是根据具体的操作和动物的特点来命名的，有非常深厚的生活经验和文化背景在后面。

中国的文字——汉字，有一个特点，就是每个字不管是表事物的名词，还是表动作的动词，都与那个物、那件事是相关的，如果你没见过那个物，那件事，就不好理解，因为汉字本就源于生活。你不从这个意义上来理解汉字，就理解不了中国的语言，更不要说中国的文化了，这就又涉及一个"量"的问题上。一个人没有一定的识字量，就相当于没有一定的生活经验，触类旁通就难以实现，智慧就无从谈起了。

憔悴的"憔"比较好理解，跟心情有关，所以用到竖心旁（忄）。

人的心情无非两种，心情好，或心情不好。心情好时，心里舒畅，满面红光；心情不好时，心中郁闷，满面无光，就好似面部被火烤了一样，干涩发黑，没有光泽，这就是"憔"。它是人的心情在面部的外在表现。

"憔悴"一词常用，其中"憔"与"悴"

| 憔 | |
|---|---|
| 憔 | 小篆 說文心部 |
| 憔 | 隶书 李翊碑 |
| 憔 | 行书 唐寅 |

二者又不一样。

"憔"本身有发黑的意思，脸面上一团黑气，例如说一个人黑着脸。"悴"指没有精神，人老了面容萎靡，例如说一个人有心事会老得快。所以当一个人有心事时，面容看上去又黑又老，这就是"憔悴"。

它的读音可以说是用"焦"来作读音符号，当然也可以理解成"瞧"字省略成"焦"做读音符号，这不爽的心情表现在脸上，用眼睛就能瞧出来的。

关于"焦字家族"，以上算是大体介绍完了，稍作总结能够瞧出它的规律。

当读"jiāo"的这个音时，字意往往和家族长"焦"的本意相关，香蕉会变黑，礁石是黑的，嚼起来很焦脆，洒下星星点点的酒点落在地上，等等。

当读"qiáo"这个音时，字意多跟用眼睛看有关，跟"瞧"是相关的。

所以，当汉字的音有所转变时，往往这个意也跟着会有所转化，并不断发展下去，其字的家族——字族，就是这样不断衍生出来的。

# 三、雚字家族

雚

甲骨文
粹·147

金文
效卣

鸛

小篆
說文鳥部

隸书
螯道人

    "雚"字是由"隹"造的，这个字原本就是今天鹳鸟的"鹳"字，后加了鸟字旁归类。用"雚"后来又造了一些字，以便区别，避免混淆。

    "鹳"是怎么样一种鸟呢？在甲骨文中就是一个大鸟的样子，它的脖子伸得很长，两个大眼睛在头上滴溜溜地转。到了金文，也是特别突出这两个眼睛，下面像个隹，是个鸟的形态。也有人认为，这个字画的像是猫头鹰，猫头鹰也是两个大眼睛，但是从它甲骨文时鸟身的修长来看，不是身材短小的猫头鹰，而是身形修长的鹳鸟。

    鹳鸟是一种水鸟，腿比较长，脖子也很长，但却是个大肚子，在水里捕食时总要不停地抬头张望，到处看，来观察鱼的动向，看准了，就用长长的嘴巴欻的一下叨下去，把鱼捕到。甲骨文和金文中，"雚"就像一个鹳鸟的样子，到小篆就加了一个鸟字旁归类。隶书和小篆差不多，楷书根据隶书隶变而来，简化字只简化了右边部分的鸟字，由"雚"→"鸛"→"鹳"。

    所以，"雚"字还念"guàn"，指的是鹳鸟。随后由它再造的字，有的就念"guàn"，有的念"huán"，还有的念"quán"，它们古音都是相似的。

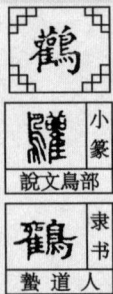

## 1. 雚→观（觀）、罐、灌

观察的"观"，是今天的简化字，本写作"觀"。什么叫观？一个人站在高处抬头瞭望，叫观，所以右边是个"见（見）"字，见字进一步表示要看得到。这种看见，是要站在高处来看四周，就像鹳鸟那样，鹳鸟个子比较高，脖子也长，把头抬得高高的，用两个大眼睛来察看四周和水面，以便确定周围是否安全，水下哪里有鱼。

人们就用了鹳鸟的这种特性，非常形象地造了这个"观（觀）"字。

"观"的读音除了一声的"guān"用于观察以外，它还有另一个四声的读音"guàn"，用于指道教的庙宇——道观。佛教的庙宇称为"寺"，道教的庙宇则称为"观"，二者虽都是庙宇，但却有所不同。

"寺"原来也不是佛教庙宇，而是古代官署之地，因为唐僧取经后用白马驮经书回来时，驮到鸿胪寺也就是白马寺，大家就在那里整理经书，后来就成为佛教经院和庙宇的名字——寺庙。而道教的庙宇，则一直都叫"观"，它是道教专属建筑，盖得比较高。为什么盖得比较高呢？这与道家的修行和修炼有关，道家修炼讲究的是观天象，太低了不便于察看，所以往往建在山上或山坡上，且修起很高的高台，便于观察周围地理和天气变化，做到对天地的明察。

陕西有个著名的道观，就是"楼观"，因

为它修成了一个高台也称"楼观台"。据说老子曾在那修炼过，并留下道德五千言，成为后世的《道德经》，那里至今存有唐代刻下的正书《德经》和《道经》石碑两通，和元代刻下的篆书《古老子》碑两通。

"罐"是指"罐子"，一种器皿，古时多为陶制，左边一个"缶"表示与陶制器皿有关。为什么这个陶器不叫缶，而叫罐呢？

原来它的造型跟鹳鸟的样子差不多，整体是个大肚细脖，高身小口的样子，所以叫罐。如果是直上直下的大肚大口，那就是缸，再大就是瓮了，很低很浅的就是盆了。

"雚"加上三点水，就成了灌水、灌溉的"灌"，指水从上往下"咕咕"地装进小口的罐子里。这时，我们就要知道古人用罐子打水的情景，因为罐子的底是个大肚子，上面的脖子细，口也小，放入水中取水时，水一定是从小口细脖处进入，当水流进去排出里面的空气时，就发出"咕咕"的响声。

鹳鸟在水中捉鱼时也是这样，它用尖嘴伸到水中也会发出咕咕的声响，它不是喝水而是在逮鱼，并排出长嘴中的空气。

所以，把鹳鸟的形象和它的习性掌握了，由它所造的字也就清楚了。

## 2. 雚→欢（歡）、獾、权（權）、劝（勸）、颧

欢快的"欢"是今天的简化字，它的繁体为"歡"，左边的"又"本就是鹳鸟的"雚"，简化方法同"觀——观"相同（汉字简化八法之一，见《理部》），右边是个"欠"字，欠是一人张着嘴的样子（见《字部·天文》）。

人开心欢喜的样子就是张嘴笑，可这和鹳鸟又有什么关系呢？这就要去观察鹳鸟的生活习性，鹳鸟总是在水中悠然自得地站着，观察水中的鱼，瞧好了一逮一个准。人们借鹳鸟捕鱼时，每抓必中形容办事十分顺利，心情自然开心欢喜，且鹳鸟抬头挺胸张张嘴，似从来没有什么不愉快的事情。

"欢"就是一个人开心时，咧嘴笑的样子，如喜笑颜欢。此外，还有一个"懽"字，也是喜欢的意思，主要指内心的喜欢，今二者合用"欢"字。

在大自然中，有一种动物叫獾。

"獾"字有所简化，其左边既有"豕"，也有"豸"，分别写作"貛"与"貛"，就是今天分类的猪獾和狗獾。獾有两种，一种鼻子似猪鼻，用了表示野猪的"豕"标记，就是"貛"；一种背部狭长，鼻子似狗鼻，用了表示长脊兽的"豸"标记，就是"貛"，现在都统一简化成"犭"旁的"獾"。

这种动物为什么叫獾呢？它其实是喜欢的

"欢（歡）"字的省略再造，要涉及獾这种动物的习性特点，即它走路时的样子。

獾行走时，它的四个腿嗒嗒、嗒嗒地跳跃行走，像人们欢喜时跳跃的样子，所以称为"獾"。有的地区方言就叫它"人脚獾"，像小孩子高兴的样子，嗒嗒嗒蹦着玩一样。

獾的脂肪可以提炼成油脂，称为獾油，其渗透力很强，治疗烫伤、烧伤效果很好，使伤处愈合快，疤痕不明显。

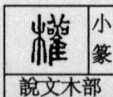

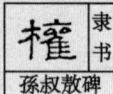

权利的"权（權）"，简化也是用了简单的"又"替代烦琐的"雚"，左边的"木"字就表示它是木头的。鹳鸟的特点脖子细，肚子大，那么"權"就是这样一块大肚细脖的木头，这是做什么用的呢？这就是最早的秤砣，像个小罐子。

"权"是古代称量重量的木头秤砣，后来才有了石头的、铁的等。它为什么念成"quán"这个音呢？是因为它最初就是拳头般大小，于是变音由"huán"到"quán"。木字旁表示最初的材质是木头做的，因为"权"是衡量秤杆两边重量的一致，以便达到秤杆的平衡，于是又引申出了"权衡"的意思。又因为它是靠"权"本身的重力来维持平衡的，所以掌控平衡的力量就被称为"权力"。

古人最早用"权"，就是称量粮食进行分配，权的重量大小关系到分配粮食的多少，进而直接关系到人的温饱生存，逐渐从有形的"权力"，进化到无形的"权力"——生杀大权。

权

權 小篆
說文木部

權 隶书
孫叔敖碑

劝说的"劝"，是"勸"的简体字，在什么情况下才会"劝"呢？是非要用到外力来干扰的情况下，比如两方打架了，劝架就需要第三方的外力来干扰。再如吵架了，劝说也是需要第三方的游说来干预。

"劝"是根据发生矛盾的双方，就事件本身来进行权衡，找到可以保持事件平衡的那个点，并用外力支起这个点，使矛盾双方达到平衡，化解双方的矛盾。这样一个用来支起平衡点的外力就是劝解的"劝"。

于是，"劝（勸）"字由"权（權）"省略再加"力"组成，读音相同。

颧骨的"颧"，这个骨头就在我们的面部，眼睛下边，鼻子旁边的两块骨头，这叫颧骨。颧骨不大，像两个小拳头鼓在那里，右边加个"页"字说明跟头部有关。

左边为什么也是鹳鸟的"雚"来表示声音呢？

首先，它可以是木权的"权（權）"的省略，是权的大小。其次，鹳鸟的样子也很形象，颧骨的位置总是高高地凸在面部上——高颧骨，撑起整个面颊，就像鹳鸟总是高挺的样子。

以上这些，是由"隹"字所引出的"雚"字所造的字族，读音随意的变化略有不同，都和"雚"的声韵相同或相近。

所以，关于汉字，我们就看出一个特点来，

笔画尽管有些很难写，但还是用它造了很多字，这主要是为了意义表达的完善与准确。

　　每个汉字怎么写，一定是有它的必然，不仅仅是有一个声音所能代表的，更主要的是字形本身一定是有意义的，读音会跟着意义的表达而有所转变，同时读音的转变也是为了意义表达的准确。文字，尤其是汉字，如果仅仅是个纯声音，那么古人为何非要用这个字复杂的字形来表示读音呢？所以我们一定要了解和知道"汉字家族"所内含的文化脉络，把字根认识，它的特点知道了，随后家族中所造的字才好理解，这就是字理。

　　用"隹"字再造的字还有一些，尚未穷尽。例如仙鹤的"鹤"，其演变过程与"蒦——鹳"字一样，原本为"雈"，后加鸟归类成"鹤"，随后它还造了商榷的"榷"，确定的"确（確）"，等等。
　　关于"雈字家族"，我们就讲到这里。

# 第四节　鸟巢

　　天上飞的讲了飞鸟、大鸟、小鸟，剩下就该讲鸟儿的窝了，鸟窝就有这个"西"字（详见《文部》）。太阳落山时，百鸟归巢，所以古人就画了一个鸟窝的样子，来代表太阳落山的方向，这就是"东南西北"的西。

　　关于"西"字，甲骨文和金文都是一个鸟窝的样子，甲骨文中的鸟窝里头露着一只小鸟，金文像一只鸟落在窝里。小篆时，更突出了一只大鸟落在窝上面的样子，隶变的时候就干脆把一只鸟平站窝上，楷书仍旧是这个意思。

　　此时，大家要注意另一个字形，在汉字的偏旁部首里，还有一个部首字"襾"，这个字念"yà"，也念"fú"，就是包裹、覆盖的意思。这个字特别像西字，汉字规范时，把它在字形中的样子就规定成了"西"形，例如覆盖的"覆"、商贾的"贾"等，上面的"襾"都写成了"西"字形。实际上它们是两个字，这个要注意一下。由于此处主要讲"西字家族"，且"襾"在今天已经成为一个符号，它所表示的就是覆盖的意思，且字数不多。鸟落在窝中，也有被鸟窝包起来、被树叶覆盖的样子，所以我们把二者合在一块，稍作提及。

　　"西"再造字时，有的表声音，有的表意义，我们依旧先看作声音的造字情况。

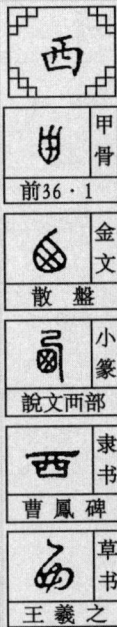

| | |
|---|---|
| 西 | |
| 屮 | 甲骨　前36·1 |
| 卤 | 金文　散盘 |
| 卤 | 小篆　說文襾部 |
| 西 | 隶书　曹鳳碑 |
| 西 | 草书　王羲之 |

# 一、西字家族

## 1. 西→栖（棲）、牺、硒、粞、茜、洒、晒

"栖"字本意就是鸟儿落在树上的窝里休息——栖息，读音既有"xī"音，也有"qī"音。同时，还有一个写法"棲"，一个"木"和一个妻子的"妻"，"棲"只有一个读音"qī"。

"棲"字用妻子的"妻"标音表意，女子出嫁后随夫成家，便有了自己居长久安之处，可以安定下来繁衍生息了，如离家的鸟儿，有了一个自己安身久居的窝。

于是，古人造了鸟儿筑在树上自己独立生活的鸟窝——栖，也造了一个人们自己成家立业的小窝——棲。

简化汉字时，保留了书写简单的"栖"，读音上依旧是"qī"，古音"j、q、x"不分。

"牺"字主要用在牺牲一词上，它是简化字。原本写做"犧、犧"，左边是牛，右边的书写很复杂，是"義"字或写作"羲"字。简化时用了同音的"西"替代，改写成"牺"字。

同时，在文化概念上"西"有西方世界的意思，即佛教文化里的"西方极乐世界"，人死了以后会到西方极乐世界去，避开人世的苦难。人们也希望，被用作牺牲的牛，为神灵献出生命后能有个好的归宿，西方极乐世界就是

它最好的去处了。这个字无论在字形的书写，读音的标示，文化意义的表达都简化得很好。

那么"牺"到底指什么呢？就牛来说，它是专门用来祭祀宰杀的牛，所以是个牛字旁，原本的"犧"或"牺"，就是指专门用于祭祀仪（儀）式上的牛，于是造了"犧"字。同时杀牛祭祀也是为了部落繁荣的大义（義），于是为这种牛专门造了"犧"字。它是一种专门饲养的牛，仅在祭祀用，平时好吃好喝不让它干活，就是为了让它献出生命的——牺的生命。这种归为"牺（犧）"的牛，为部落大义献出生命，这就是牺牲。

后来"牺牲"一词，被广泛用在为某种事业奉献生命的人和事迹上，表达一种有重大意义的奉献精神。

"硒"是一种化学元素，非金属的固体，故用石做旁。它是一个外来的音译词，英文为"selenium"，化学符号缩写为"Se"。

它可以用作光敏材料，使用在打印机上，也就是我们今天最常遇到的"硒鼓"，其决定着打印机的质量好坏。

"籼"的读音为"xī"，是指碾米时，那些被碾碎了但还较大的颗粒。人们碾米、舂米去壳时碎掉的，但还是颗粒状的碎米，为籼米。左边是米字旁，右边为什么用"西"呢？

这就又要说到一个工具，筛子。鸟窝大家

犧

犧 金文
皆犧尊

犧 石文
詛楚文

犧 小篆
說文牛部

牷 隶书
魏受禪表

粞

粞 小篆
篆典米部

粞 隶书
蟄道人

粞 草书
李卓吾

都见过，鸟儿用树枝、干草编筑鸟窝，虽然编得紧密，但其间必有缝隙，可漏下雨水，但较大的颗粒是漏不下去的，就好像人们编制的筛子。人们把碾碎的米扫到像鸟窝一样的筛子里，筛掉灰尘和粉末，留下尚为颗粒的碎米，这就是"粞"。

"糠粞"就是指糙米和碎米，都是不好的米，泛指粗劣的粮食。

宋朝陆游《太息》诗之二："仕宦十五年，曾不饱糠粞。"

"茜"是一种草，这种草是用来染色的，染什么颜色呢？染红色的。明白了这点，就能发现它与"西"的关系。日落西山时，西边的霞光是红色的，这是人们每天都能见到的红色，所以配上草字头（艹），就有了"茜"字，指茜草，一种能染出红色的草。

它有两个读音，"xī"和"qiàn"，现在我们一般读"qiàn"音。

"洒"字读音为"sǎ"，它很早就有了，但今天我们把它当做了"灑"的简化字，实际上它们是两个字，是异体字的关系，并不是繁简关系。

"灑"的意思是水散开的样子，成什么样子呢？就像鹿身上的梅花状斑点，一个点一个点，点点滴滴的，于是用表示鹿皮的"丽（麗）"造了"灑"字。

"洒"字要回到鸟窝上去看这个"西"字，鸟窝进了水会是什么样子？就好似一个过滤器一样，一条条细细的水柱流下来。浇花时用的洒壶就是这样，最常用的就是淋浴时的花洒，如果施加压力，让水快速喷出就是喷洒。

这两个不同的造字，但意思接近，后来合并成为一字，选用了书写简单的"洒"。

"晒"是今天的简化字，原本写作"曬"。

"曬"表示把"灑"在地上的水晒干。汉字简化时参考"洒"对"灑"的替换，简化为"晒"。

今天，简化的"晒"字也比较容易理解——西照，难道太阳在"东"就不晒吗？

东边是太阳刚出来的时候，此时天气还比较凉冷，所以东边的"东"加两点水的仌（冫）就是"冻"字。太阳刚出来气温是冷的，不断升高，慢慢加热，到了中午12点开始最大强度的加热，此时太阳离开东边，开始偏西，在12点到2点之间，大气温度达到最高，就是最热的时候。所以人们造这个"日在西边"的"晒"字，是结合本身生活体验所造的——西照。

"晒"还与古人挑选房屋有关，正屋是给长辈住的，所以主要是挑选厢房，也就是东厢房和西厢房，哪个最热呢？西厢房，也就是西屋热。所以，古人一般先挑东屋，而剩下西屋。

以上这些是"西"做读音符号所造的字，当然也有读音变化的。此外"西"还造了一些字，有的是它本身，有的则是因书写变形而来。

灑

灑 小篆
說文水部

灑 隶书
張遷碑

灑 行书
王鐸

曬

曬 小篆
說文日部

曬 隶书
曹全碑

曬 行书
蔡襄

## 2. 西→栗、粟

栗

| 栗 | |
|---|---|
| 甲骨 前19·2 | |
| 金文 古鉨 | |
| 石文 石鼓 | |
| 小篆 說文木部 | |
| 隶书 劉敏碑 | |
| 草书 趙孟頫 | |

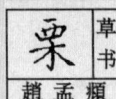

先说栗子的"栗"，栗本身就像个鸟窝，这个字造得很形象。

这个字在甲骨文就有，像一棵树上长出带有刺的果实，可见栗子是古代一种重要的干果，后来专门种植栗子树的人，以此为姓。

"栗"是一种树木，所以下面是个木字，上头的"西"，就是它所结的果实。甲骨文就能看得很清楚，为什么后来变成一个"西"字呢？

"栗"字造得十分形象，原来栗子树的果实挂在树上，就像一个一个毛茸茸的鸟窝，剥开一看，里头一个个栗子就像一个个的蛋裹在里面。顿时感叹，古人造字造得太准确了。古人不是凭空造的，就是参照着这个实物造的这个字。你之前不理解，是因为你就没有看到那个物。

甲骨文是象形图，随着书写的不断规范，就变成"西"字形，同时它本身就像一个小鸟窝的样子。我们平时看到的栗子，其实是已经去掉了外面那层毛绒果皮。栗子现在也叫板栗，因为它有一个面是平板的。其实在北方方言中，人们则称它为"毛栗子"。

平时生活中，人们很少看到栗子树，只吃到过栗子，最好吃的就是"糖炒栗子"。

"粟"是北方的一种谷子，是一种小米类作物。粟外面有壳，里面是小颗的米。古诗中这样描述"粟":"春种一粒粟,秋收万颗籽。"

粟的稻壳是不能吃的,而且很结实,不容易弄坏,于是硬壳里面的米粒就长得很软,非常好吃,且营养价值极高,适宜老人、孩子等身体较弱的人滋补。

粟子包有坚硬的外壳,去除外壳后的米粒就是粟米,今天也称为小米。所以"粟"上面的"西"有包住、覆盖的意思,这就是一开始说过的"襾"字。此处跟鸟巢的"西"没有什么关系,仅仅是后世字形相似合并而已。

成语"沧海一粟",出自宋代苏轼的《前赤壁赋》:"寄蜉蝣于天地,渺沧海之一粟。"

## 3. 西→要、腰、夒、嘦

"要"字都很熟悉,重要。今天,字形上面是一个"西"字,可以把它看成鸟窝的"西"讲,也可以看成表示覆盖的"襾"讲,但事实上这是两只手的样子。

"要"字本就是今天腰部的"腰"字,它俩是一对古今字。汉字发展史上,最早并没有"腰"字,凡是人的腰部都写做"要"。但为什么下面用了一个"女"字,难道古时男人就没有要(腰)吗?原来,这个字最早并没有区分男女,人的腰部都是十分重要的,所以古文字最早出现的时候,就画了一个人两手叉腰站立的样子,表明手与身体相交叉的地方,即手扶着的地方就是腰部。

小篆时，便同时出现了下面是个"女"字的"要"字，并沿用至今。女性的腰部是孕育生命的地方，所以它的重要性就显得非常大，于是古人突出女子的腰，表达重要的含义。但随后的字形逐渐变"双手交于腰部"成了"西"字形，也有一定的意义。西是鸟窝，是小鸟儿孕育生命的地方，与代表女性的"女"字合在一起，表达女性孕育生命的地方——腰部，这是非常重要的地方。

当原本表示腰部的"要"，逐渐表达"重要"的意思以后，人们就在"要"的基础上加了表示肉体的"肉"字，也就是今天的"肉月旁（见《文部》）"，就有了专指腰部的"腰"。

所以，"要"和"腰"二字是一对古今字。

"要"字在方言中还有一些因连读而合体的字，比较典型的就是"嫑""嘦"二字。

"嫑"念"biáo"，是"不要"二字的连读，"不"字的声"b"组合"要"字的韵"iao"，快读连读出的"biáo"音，文字也合并书写了。"嫑去"就是"不要去"。

"嘦"念"jiào"，是"只要"二字的连读，"只"字的声"j（古音）"组合"要"字的韵"iao"，快读连读出的"jiào"音，文字也合并书写了。"嘦去"就是"只要去"。

这两个字是比较典型的，方言中因连读而写成的字，相似还有"甭（不用）"，这样的字不多，知道其形成的原因就可以了。

# 二、票字家族

　　"票"字今天的字形中，下面部分是个"示"，就是供桌。古人供神、敬神的时候供桌上面要放着东西，主要是香炉，香炉里面点着香，烟气漂浮在上面，合成了一个"西"的形象，这就是烟气的飘动，最早的"票"字。

　　古文字中，我们看到有的不是供桌，下面是个"火"字，中间是个古"二（上）"字。火一燃烧，火焰往上升带动了气流，气流带着火灰就跟着向上飘。上面部分像小篆时"要"字的上半部分，是人伸出双手托起烟气送上天界的样子，即向天神祈祷，希望升起的烟气把人们的愿望带给天神。升起的烟气，一团的样子像一个大鸟窝，所以后来书写成"西"的样子。

　　无论是哪种说法，都说明了"票"字有飘动的意思，后来加了"风"字指明风刮时也能使轻的东西飘动在空中。同时，加"风"更能表达出"动"的意思。那原本的"票"字怎么办？人们上供的时候，要烧香烧纸才能产生烟灰、纸灰，才能出现飘动，于是"票"成为上供时的纸张，人们用来书写供词敬语、祈祷祝福的话，点燃它，让它带着火焰在空中飘动升腾，这就是"票子"。

　　祭祀时烧的纸张就是纸票，它是与天神沟通的证据，这就是票据，我们今天还依然这样使用这个字，例如：门票、车票、钞票等。

票　小篆　說文示部

票　隶书　螯道人

票　行书　王曡

## 1. 票→漂、瓢、剽、瞟、嘌

"漂"字用了三点水，指明是在水面上的"飘动"，浮在水中没有沉下去，如在空中没有落下去。它与"飘"意思相同，仅仅是用来承载飘动的介质不一样。

飘指在空气中，靠大气流动所产生的风力浮在天上的空中，来回移动；漂指在河流、湖泊、海洋中，靠水的浮力和流动在水中来回移动。

"瓢"字是古时用来舀水的器物，配以"瓜"字旁，是因为最早就是由一个瓜做成的。这个瓜实际就是一个葫芦（见《文部》），这是大自然中最天然的容器，人们取而剖开一分为二，用来舀水。

瓢的材质很轻，不用时就放在水中，也不会沉下去，总在那漂着且很耐用。于是古人配以"瓜"字，造了由瓜而来的水瓢、瓜瓢的"瓢"。

"剽"字主要用于"剽窃"一词上，本义就是用刀子在物体表面上削了一片、切了一块，顺手就带走了，不是用力地挖走了一大块，往往主人也没注意，事后才发现。

今天常指对他人文学作品的内容、文化学术的观点的恶意抄袭，故意隐瞒内容和观点的原始出处，欲占为己有，是一种不道德的行为。

"瞟"字配以表示眼睛的"目"字旁，表

漂

小篆
說文水部

隶书
造橋碑

瓢

小篆
說文瓜部

隶书
曹全碑

剽

小篆
說文刀部

隶书
孔宙碑

示眼睛在事物的表面扫了一眼，眼光如云烟般飘然而过，没有认真地看，也不在意。

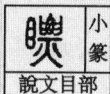

"嘌"字是化学专用字，专用于"嘌呤"一词，指有机化合物。海鲜、动物的肉中嘌呤含量都比较高，吃火锅时汤的表面漂浮的这一层白色的沫沫，就含有很多嘌呤。

人体内的嘌呤氧化会变成尿酸，吃肉过多会引起体内尿酸过高，从而会引起痛风，俗称"富贵病"。

### 2. 票→骠、镖、标（標）、鳔、膘

"骠"有两个读音，一个"biāo"音，一个"piào"音。

读音为"biāo"时，用来形容马，如黄骠马。

黄骠马是《隋唐演义》中秦琼胯下的坐骑，虽不是宝马良驹，但也算得上一匹好马。此马首先是黄色的鬃毛；其次它跑动如飞，身上的鬃和尾都被风带着飘了起来，四蹄翻腾无影，似在空中飘动。这种善跑的马，体态自然膘肥体壮，作战时更是彪悍骁勇，一马当先。

读音为"piào"时，用于古代官职——骠骑将军。

骠骑将军初设于汉武帝时期，霍去病便是历史上第一位骠骑将军，佩金印紫绶。东汉后，有时称为"骠骑大将军"，一般低于大将军。唐初尚有骠骑府，后改骠骑将军为统军。古人

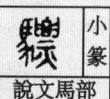

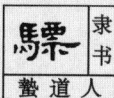

作战时骑马打仗，一马当先者自是将军莫属。

"镖"字主要指古时的一种暗器——飞镖，它是用金属打制的，所以是金字旁，汉字简化时"金"根据其草书形体简化为"钅"。

这个暗器怎么用呢？人们把它藏在袖子里，当要使用的时候落到手里，用力甩出去，轨迹是一条直线，像在空中横飘过去一样，要借着风力保持飞行的平衡和稳定，所以叫飞镖。

"标"是今天的简化字，原本写作"標"，本指木稍，同时借"票"向上之意，表细而尖的意思。这么一个有尖端的木头就是"木头橛子"，人们常常在边界处钉下木橛子做记号，规定界限，以便互相提醒不能过界，互不侵犯，这叫标记、标定。当这些标定成为日常准则时，就有了可以依据的标准。

汉字简化时，因"標"字常常用到，于是简化书写为"标"。"示"字本身也有表示、提示、警示的意思，简化后字形意义上的表达不变，但读音的提示就没有了。

"鳔"字只用在"鱼鳔"一词上，读音为"biào"，方言中也念成"piáo"。

鱼鳔是鱼身体里的一个器官，是一个可以涨缩的气囊，鱼借以沉浮。鱼儿之所以能在水里沉浮，就是靠鳔，它像气球一样能够充气与排气，保证鱼在水中的漂浮与下沉。

"膘"指肥膘，是肥肉表面那层肥油，漂在肉质上面的一层油脂。肉月旁归类，专指肉膘。

"膘"是"臕"的简化字，同音替代。原指烤鹿肉，引指肥美的鹿肉，油脂丰厚。

以上这些就是"西字家族"，我们解说了主要的常用字，其他并未完全尽数列出。

例如"栗"字，它还用在"颤栗"一词上，这跟毛栗子有什么关系呢？其实加个竖心（忄）写成"慄"后，你就容易理解了，当一个人心里害怕时会颤抖，汗毛竖起，一身的鸡皮疙瘩就像一个个栗子，这就是"颤慄"。人们形象地借用栗子树的果实的样子。

"栗"字再加表示冰的两点水（冫）组成"溧"，人们除了心里害怕时，在遇到寒冷时，汗毛竖起，一身的鸡皮疙瘩，不停地发抖打颤，这就是"颤溧"。

今天不分情况，统一书写成"颤栗"，就用"栗"替代了它所造"慄"和"溧"。

还有"傈"字，是我国云南地区一个少数民族的名称用字，"傈僳族"。这个名字是其民族自称的音译，历史上曾写作"栗粟"，后加单人旁（亻），以示对其民族的尊重，类似的还有"仡佬族"，等等。

到此，"天上飞的"动物就全讲完了。下一章，我们就要讲讲"地上跑的"动物了。

# 第二章　地上跑的

　　"地上跑的"动物很多种，有食草、食肉的；有大体型的、有小体型的。在"七字根"中，植物和动物在人的左右两边，在与人类共同维护大自然的同时，也是人类赖以生存的生活资料，于是植物的枝叶、果实、根干，动物的皮毛、骨肉、角爪，也成为人们生活的一部分，并一一造字。

　　这样，在"双法字理"中"地上跑的"就大体分为四类，分别是大型草食动物、大型肉食动物、小型啮齿动物、爬虫类等。这里也是四个类，与第一章同为四个类的"天上飞的"的部分相对应。

## 第一节　大型草食动物

　　大型草食动物中，我们将分别介绍"羊""马""鹿""豕""象"六个字的家族。第一个就先看"牛字家族"。

# 一、牛字家族

　　汉字中与"牛"有关的字，代表性的我们大体收在这里，给它起个名叫"牛字家族"。

　　"牛"字作为一个文，是家族的字首，它与之前所讲的其他"文根"一样，用于造字时只有两种情况，要么作声音，要么作意义。"双法字理"把做声音时所造的字称为"音意字"，把做意义不表声音时所造的称为"形意字"。

　　在"双法字理"中，凡是用"文"再造字的时候，只有两种，不是形意字，就是音意字，不会有第三种。

| 牛字家族 | 甲骨 | 金文 | 小篆 | 隶书 | 楷书 |
|---|---|---|---|---|---|
|  | ꓄ | 半 | 半 | 牛 | 牛 |

牟吽　　告靠浩皓窖酷　　造䊒　　犇奔　　牛

牢牢　　　　　　　　　　　　　　　　物牧牦牺牲

件牮　　　　　　　　　　　　　　　　特犍牯牝牡

牵牵　　　　　　　　　　　　　　　　牿犞犊犁犀

　　　　　　　　　　　　　　　　　　犀解犄

"牛"字在造字过程中，为了书写的美观，左右结构时，就写得窄一点，变成了牛字旁"牜"；上下结构时，就写得矮一点，变成了牛字底，如牟、牢等。

熟悉"双法字理"后，你会发现"物、牧、牺牲、特……"等，这些字都不会在"牛字家族"讲。这是《双法字理》这套图书与别的"字书"不一样的地方，从汉朝许慎《说文解字》以来，这些汉字的归类都属于"牛字旁"的字，归到牛字部首里。同样的还有，三点水（氵）的归到部首"水"里，单人旁（亻）的收到部首"人"里，等等。也就是说，自古以来"字书"都是按偏旁部首编的。

如"牧、牺牲、特"等字，都跟牛有关，所以是个牛字旁。动物的"物"左边是个牛字，牛是动物，那植物为什么也用一个牛字旁的字呢？人物、事物为什么也是这个字呢？

放牧的"牧"，放牛、放羊、放马为什么都是用了牛字旁的"牧"，而不是羊字旁、马字旁呢？

"牺牲"，宰牛是牺牲，可宰羊也是牺牲啊！此时，文字的重点不在"牛"上，而与"西"意义有关（见第一章），并用了"西"的声音。

"特"字也是如此，虽跟牛有关，但其字意、字音的建立主要还是在右边，寺庙的"寺"上。

其实，汉字难真正是"难在右边"。在中国文字学的历史上，曾有一个非常重要的汉字学说即"右文说"，就已经认识到汉字的秘密在右边。这也是《双法字理》要解决的问题。

例如"牧"字，它由"牛枚"二字组合，读音为"mù"，是由"枚méi"字表意义并做读音符号所造的字，这就知道了这个字的重点是在"枚"字上。无论是放牛、放羊、放马，都是手持短棍——"枚"，驱赶动物的意思，知道了这个字意的重点，牛、羊、马都是次要的，仅仅驱赶的动物不同，写哪个都行。早期的古文字中也就有左边是羊、马的"牧"字，但重点还是在"枚（详见《字部·植物》）"上，后因牛的笔画少而书写简单，逐渐以它代之。

这样，像"物、牧、牺牲、特……"这些有独立声音符号的字，我们像往常一样在他们各自的"家族"中去介绍。

这里，我们重点介绍由"牛"做读音和意义的造字情况。

其实，汉字并不难学，难写，难认，主要是你仅仅是认了字，而没能去"识"字，正所谓"慧眼识真知"。《双法字理》就是给你一双慧眼，来识汉字。这双慧眼，就是我们一直提及的"七字根"。

在字根（文）的基础上，剩下的汉字就是找"家族"，方法就是"音意法"和"形意法"两个方法——"双法"。

## 1. 牛→牟、眸、侔、牢（窂）、件、牵（牽）

"牟"字有两个读音，当读音为"móu"时，指的是牛叫声；读音为"mù"时，多用于地名。比如，河南有个"中牟县"，位于河南省中部，它的南部是伏牛山脉。其实，中牟县古音就读"中牟 móu 县"。

"牟"字上面部分是个"厶"，表示鼻子（见《文部》），是牛发出叫声的位置，因此读音类似牛叫的声音，也称为"牛鼻音"。后来，因为人们的发音多从口出，于是又有了加口字旁的"哞"，还是表示牛叫声。

牛为什么叫呢？去观察生活，你会发现牛往往是吃了一阵草以后，它才开始叫。叫什么啊？那是它呼唤其他的牛，是在沟通。羊也一样，古人为什么要把"牛羊"作为牺牲，作为敬天祭神的贡品呢？原因就在于这些动物都很善良，它吃好了就要去照顾同伴，呼唤同伴，为同伴求得利益。所以，就引出了"牟利"的意思。

现在我们还常用"谋利"一词，主要用在谋取私利上——"谋私"。二者读音相同，意思相近，这也是数万汉字背后的一条无形纽带，"同音往往通意，音近往往意连"。这是一条谁也割不断的文化纽带。

"吽"字与"牟"字相近，读音为"hōng"，这是佛教修行人的咒语用字，是佛教"六字真言"之一，"唵、嘛、呢、叭、咪、吽"。二者都

表示发声，但"牟"表示牛用鼻子发出的牛鼻音，而口字旁则强调了人们用口，模拟与牛叫声相似的声音。

"眸"字本指牛的眼睛很大——眸子，后用来形容一个人眼睛很大，尤其是形容女子的漂亮——大眼睛。

唐朝白居易《长恨歌》中，就用"眸"来形容杨贵妃杨玉环的美，"回眸一笑百媚生，六宫粉黛无颜色"。

"侔"字不常用，读音也是"móu"，之所以提及这个字，是因为在今天国学热中，读经典时会遇到它，尤其是在"孔子行教像"上。

在曲阜孔庙第一道腰门的楹联上就写有"德侔天地，道冠古今"，体现了古往今来人们对这位圣人的褒奖。

"德侔天地"指圣人因"德"而与天地齐同，圣人的地位是用自己的仁德换来的，以便为天下百姓牟得福利。人们于是在"牟"的基础上加"人"字，重新造了"侔"字，以示对圣贤的尊敬和避讳。

"牢"字在今天指监牢、牢房，它还有一个异体字"窂"，简化时取消了。

在古代，最早的牛不是养了耕地的，而是宰杀食用的。捕猎时大牛被打死了就抬回部落分食，受伤的和小牛就先养着，打不着猎物时

左栏图注：

眸
眸　小篆　說文目部
眸　隸書　孔宙碑
眸　草書　王羲之

侔
侔　小篆　說文人部
侔　隸書　東海廟碑
侔　行書　孫虔禮

就有吃的了。这些牛放到哪呢？人们挖了一个坑，把它们放进去，这样它们就跑不掉了。所以"牢"字的异体字"窂"，用一个表示洞穴的"穴"字是有道理的。

河北石家庄有一个景点叫"抱犊寨"。这个地方为什么叫抱犊寨呢？后来，发现别处也有抱犊寨，原来人们以前在这里的山头上养牛。这里的山很有特点，山顶比较平整，长着茂密的草，但四围都是陡坡绝壁，人们在牛小的时候把它抱上去，慢慢饲养，长大了让牛在上面耕地干活。四围都是陡坡绝壁，这牛也跑不下来了，慢慢上面的田地越来越大，住的人也越来越多，就成了一个寨子。寨子的成因是最初抱上来的牛犊，于是起名"抱犊寨"。

抱犊寨最初的样子，也是一种牢，一种以天势为屏障的牢。

牢的本意就是困牛而养的地方，后来驯化野牛成家牛，也就发展出了牛圈。古文字，最早的"牢"有画牛的，也有画羊的、画猪的，总而言之是把动物困而养之的地方。成为牢的地方还得结实，不结实的话动物就跑掉了，所以它又引出"牢固"的意思。

古时，部落间常有战争，抓住的俘虏也被放到困养动物的牢里，作为祭祀时的牺牲。这就是后世的专门关押犯人的牢房，配有专人监管牢房就是监牢。

"牵"字是简化字，原本写做"牽"，上

| 牢 | |
| --- | --- |
| 𗊠 | 甲骨 佚·884 |
| 𗊠 | 金文 貉子卣 |
| 𗊠 | 小篆 說文牛部 |
| 牢 | 隶书 史晨奏铭 |
| 牢 | 行书 蔡襄 |

面部分是个"玄 xuán"表读音，表示挂着的一根绳，中间部分是一个符号"冖"，这个符号在古文字当中表示"夹住"，最下面一个"牟"，在这里就是夹住牛鼻子的意思，就似牛鼻环上系了一根绳子——牛缰绳，便于牵牛。

"牵"造得非常准确，现在的简化字改成上面是一个"大"字，下面可以看成一个牢，也可以直接说是一个人（大）从牛圈（牢）里把一头牛牵出来了。这个解释也是可以的，但没有了读音符号，和牵牛时不同于其他牲口的"鼻子"了。

"件"字大家都认识，文件、一件两件，为什么一个人一头牛在一块是"件"字呢？条件好不好？什么叫条，什么叫件？其实"件"字实际上是和"牵"字有关系的。古时"j、q、x"不分，"件"字其实就是"人"与"牵"字所造。

当一个人牵着一头牛，形成一个人与牛的组合时，一件事情完成了，可以开始干活了，可以去完成单独一头牛，或单独一个人做不了的事情。人们拉上牲口套，套在牛上，就构成了一个完整的组合——件，把这个完整的组件拆散，就成了散件。

一个目标的完成，是很多个小目标的组合，这些组合要一个一个地拿过来，就好似人们把牛一个一个地牵出来，有大有小，就是大件小件，多的话就是很多件，少的话就是几件，最后构成一个完整的大组合，就是一件大事完成了。

牵
小篆 說文牛部
隸书 唐扶頌
草书 王鐸

件
小篆 說文人部
隸书 孔宙碑
行书 王鐸

构成完整的才称为件，散着的部分，就是散件、部件。

## 2. 牛→牪、犇

"牛"字是一头牛，此外还有两头牛，三头、多头牛的样子"牪""犇"，跟植物部分的"屮"一样，两棵草"艸"，三棵草"卉"，多棵草"茻"的造字原理一样。

"牪"很明显是两头牛，表示两牛相伴，即古代以牛耦耕，这个字不常用。

"犇"字是三头牛，读音为"bēn"，与奔腾的"奔"读音相同，意思相近。读音"bēn"就是牛奔跑时，牛蹄踏地的声音。三头牛表示一群牛在奔跑，牛多健壮有力，奔跑时低着头牛角向前。群牛奔跑起来时，声势浩大，不可阻挡，"犇"体现了牛的壮观和声势。

马比牛跑得要快，表现群马奔跑的也是三匹马，"骉"读音为"biāo"，与"飘"音近。"骉"体现了马的快和马鬃的飘逸。

二者各有侧重，古人在读音上就做了意义的区别。

## 3. 牛→告、靠、浩、皓、诰

"告"字很熟悉，读音为"gào"，似乎除了字形与"牛"有关以外，读音并不跟"牛

niú"的音有什么联系。但其实"牛"的古音也并不是"niú",而是"óu",在北方方言中,老人们依旧把牛叫"óu"。这样"告"字的读音来源就清楚了,"ao"与"ou"相近,依旧由"牛"做读音符号。

关于"告"字,有人主张下面部分不是"口",而是一种祭器,如日本、台湾的一些学者就认为那是在祭祀时盛放牛头的器具,这种做法在今天人们依然沿用。这个口字形方形托盘,盛放牛头用来祭祀,向天神祷告。字形上部的"牛"字没有争议,其原本的写法就是"告"。如果,仅仅是个"口字形托盘盛着牛头的样子",那么告诉的意思就很难表达。所以我们认为,"告"字的下面是个"口"字,指一个人在祭祀祈祷时张口向天神禀告民情,以求祝福。

"告"字的本意有向上传达的意思,例如,向上级打报告。今天我们常用"告诉"一词,"诉"是向下传达的意思,例如"败诉"。

"告诉"就是,你先有向上天告知的请求和内容,于是上天才会接受,并向你诉说结果。

这个字明白了,随后它所造的字,基本都与告知、告诉的意思有关。

"告"还念"gù",在经典蒙学《弟子规》中"出必告gù,反必面",节选自《礼记》"夫为人子者,出必告,反必面,所游必有常,所习必有业"。

"出必告"的意思是说,作为子女出门远行时要向父母请示、告知,征得同意后方能外出,要顾及父母的感受和家里的实际情况。并非告

图表(左侧):

告

| 告 | 甲骨 |
| 甲·3422 |
| 告 | 金文 |
| 盂鼎 |
| 告 | 小篆 |
| 說文告部 |
| 告 | 隶书 |
| 曹全碑 |
| 告 | 草书 |
| 王羲之 |

诉就行了，同不同意不管，不顾父母和家庭的需要。

"告"在这里读音为"gù"也许还受了"顾"字的影响，除了"告知"还要"顾及"，于是文字的意思之外，更有了文化的内涵。

"靠"字读音为"kào"，由"告非"组合而成，"非"是鸟儿展开双翅在空中飞行的样子，"告"做声音符号，与"非"合作表达意义，是指鸟儿在飞行时用鸣叫来告诉伙伴靠近点。

大雁、天鹅等大型的候鸟在长途迁徙时，就会出现这个"靠"字。天空中一群飞行的大雁，彼此紧跟着，并伴随着鸣叫声，一会排成人字形，一会排成一字型，这就是"靠"。

领头的大雁用叫声告诉后面的大雁，要跟近点，保持队形，这就引申出了"靠近"。其他的大雁，也以鸣叫声作为反馈，相互鼓励。"跟近点"和"保持队形"并不是为了飞行的美观，而是利用雁群飞行时产生的空气动力辅助雁群飞行，做到节省体力的效果。在今天，我们称之为流体力学、空气动力学等，其实科学中的成果都是人类观察自然所学到的，在今天统称为"仿生学"。

汉字，从某种意义上来说，就是一种"仿生"。

"浩"字加三点水（氵），读音为"hào"，古音中"g、k、h"不分，都是舌根音。三点水，说明与水有关，水的声势很大，告诉你水来了，

靠
小篆 說文非部
隸書 謷道人
草書 孫虔禮

浩
金文 古鉨
小篆 說文水部
隸書 堯廟碑
行書 文徵明

老远就听见洪水滚滚而来的声音——声势浩大，浩浩荡荡地来了。

同时，在容易发大水的地方，一般古人都设有"河神庙""水神庙"，专门用来祈祷、祷告，告诉天神水不要太大了，以求平安。

"皓"字加了表示光亮的"白（详见《文部·天文》）"，自然界什么事物发白光？月亮发出的光是白色的，明月洁白。它是指人们对着明月祈祷、祷告。人们什么时候祈祷？满月的时候，这个时候月圆洁白，称为"皓月"。

现在人们依然保留这一传统，最熟悉的就是八月十五"中秋节"，在这一天全家聚在一起赏月，相互祝福。此外，在有些地区，老人依然会在每月十五的月圆之日焚香祈祷，为天公敬上果盘。

后来，皓月也泛指明月。北宋文学家范仲淹著名的《岳阳楼记》中也曾写道："长烟一空，皓月千里。"

"诰"字加了表示说话的言字旁（讠），指上天、上级所告诉和传达下来的话语，多为命令或任命。"告"是人们向上的请求，"诰"则是上天依人之告所发回的指令，指上天所言，有一定的命令性，所以称之为"诰命"，西周时"诰"便作为王命的文书。

《尚书》中分别有《大诰》《汤诰》《康王之诰》等篇，是周王用以告诫大臣的文书。

**皓**
小篆
說文日部

**皓**
隸书
三公山碑

**皓**
草书
王羲之

**诰**
陶文
古匋

**誥**
小篆
說文言部

**誥**
隸书
張子平碑

**誥**
草书
董其昌

86

此外，人们最熟悉的一个词就是"诰命夫人"，诰命夫人是唐后各朝，帝王对高官的母亲或妻子的加封，以"诰书"的形式任命，所以尊称为"诰命夫人"。

豫剧《唐知县审诰命》，又名《审诰命》，是一部古代不畏强权的官场讽刺喜剧，是一部戏曲佳作。

## 4. 牛→窖、酷、訾（謽）、牿

"窖"字配以穴宝盖，表示在地下挖了个洞穴，洞穴里面一个"告"，组成了地窖的"窖"。

"窖"最早就是一个在地下储藏食物的地洞，存了多少食物是要按时向上级报告的，以便于部落的生活分配和对外征战所需。

古时没有对讲机，地洞上下的通话都是喊叫，就对着这个"口"大声叫喊以便告知，这就有了"告"字的作用。于是，这样一个在相互呼叫时，总是以上下叫喊的方式告知的洞穴，就是"窖"，又因为是挖在地下的，所以又称为"地窖"。它的读音受"叫"的影响，变音为"jiào"。

农村现在还专门有地窖，早期有两个用途，一是存放粮食的地方，红薯、萝卜、白菜都放在窖中保存；二是村民在冬天集体活动的地方，冬天在里面做活儿，是一个可以避寒的地方。

"酷"字的读音与"窖"不同，读作"kù"，那为什么我们会把二字串在一块呢？因为，它

窖

窖 金文
陳子造戈

窖 小篆
說文穴部

窖 隶书
螫道人

窖 草书
孫虔禮

是由"酉"与"窖"省略成的"告"组成的。

古时，酒一般存放在什么地方？就是地窖里，因为地窖里往往比较阴冷，便于储藏粮食和酒。专门存酒的地窖就是"酒窖"，酒窖里存放的酒往往是比较好的酒，且想要长时间保存，这就是"陈酿"。陈酿往往酒质浓厚，味道厚重，这就是酷，本意指味道浓重。

简单地说，"酷"就是"重口味"，味重则苦，于是读音受"苦"的影响，变音为"kù"。

因为"酷"本身就是浓重的酒，所以比一般酒的醇度要高很多，后用来表示"程度高、程度深"的意思。例如，十分残忍就是"残酷"；十分的热就是"酷热"；盛夏十分炎热的大暑天就是"酷暑"；一个人十分的冰冷无情，就是"冷酷"；等等。

说来也巧，在英语中也有一个发音与"酷"相同的"cool"。英语中"cool"是凉爽的意思，在俚语中指"非常的棒"。cool作为俚语，最先被用于美国黑人的土语中，后通过对流行爵士乐的命名"cool-jazz（冷爵士）"而传播开来，使"cool"这个词具备了"有品味的、出色的、与众不同的"等感情色彩与程度色彩。

于是，这种带有新文化意义的"cool"便在美国青少年的口语当中频繁使用，后来被港台地区翻译为读音与意义都十分接近的"酷"，并传入内陆。

今天的"酷"字除表"程度的高与深"以外，也极具有强烈感情色彩。人们在表达"真棒""好

酷告

酷 金文

誥 古鉨
陶文
古匋

酷 小篆
說文酉部

酷 隶书
郙閣頌

极了""帅气"等赞扬的意思与程度时都直接用"酷"或"cool"代替。

"喾"字不常用，读音为"kù"，但他是中国始祖文化中，三皇五帝中五帝之一"帝喾"的专用字，其读音需要知道。

冠以今天的时髦说法，一个人能成为三皇五帝之一，那一定是一个很酷的人，并且是一个很能吃苦的人。

"梏"字读音为"gù"，左边从木，右边以"告"表音。从"梏"字的甲骨文可以看出，原本为一个跪着的人，双手伸出被木制刑具锁住。

小篆书写为"梏"，用"木"字表示刑拘的材质，右边跪下的人写成了"告"字，即被告，表犯罪之人。

古时的刑具虽多以木制，但都必须牢固。所以"梏"字的读音稍作变化与"固"相同。

## 5. 牛→造、艁

"造"字的古文字最早并不这么写，是一个表示房屋的"门"里面一个"造"，就是建房子、盖房子——造房子。同时，造船也有专门的"艁"字，后简化成"艁"。最后，二者合二为一用"造"统一，表示建造、制造。

"造"字加了走之底（辶），表示与行走有关，因为建造需要很多材料和人力进行大量的搬运和运输，于是用忙碌的脚步"辶"表示。字形中的"告"就是它原本的意思——告知，人们造房、造船前都要祭祀祈祷，请示天神，以便得到天神的同意和保护。今天人们建造房屋时的动土仪式，就是延续了告知神灵的仪式。当建造重要结构的时候，人们还要再举行仪式，例如房屋的大梁和船只的龙骨时，人们还要祭祀告知，希望神灵给予帮助顺利完成。当房屋、船只彻底造好了，依旧要举行落成仪式来庆祝，以告知神灵建造的完成，并感谢在此期间给予的庇护。此时，我们便可以说是"大功告成"。

"糙"字配有米字旁，读音稍变为"cāo"，指糙米。

人们打下的谷子是带有谷壳的，所以要先用杵臼舂去外层硬的谷壳，这时的米就是糙米。其实糙米的谷维素含量很高，但口感并不好，是一种粗制的米，所以有"粗糙"一词。于是，人们会把糙米再舂一遍，这就是精加工，成为精致的大米。

"糙"字形中，"造"就表示人们对谷子的初次制造，就好比造好的房子，还是毛坯房，还没精装修，所以配以"造"字，表音表意，加米字旁归类。

关于"牛字家族"我们就讲完了，随后我们将去了解一下"羊字家族"。

左侧字形栏：

造
金文 颂鼎
金文 秦子戈
金文 郑鼎
小篆 说文辵部
隶书 曹全碑
草书 王羲之

糙
小篆 篆典米部
隶书 蛰道人

# 二、羊字家族

人们在生活中经常把"牛羊"放在一起，形容生活的富足，如：牛羊成群、牛羊遍地。那么讲了"牛字家族"，随后就是"羊字家族"。

"羊"字就是一个羊头的形象，与牛的造字一样，读音也是模仿羊的叫声来的。

一个动物的名字怎么来的，按照发声学的观点，往往是它本身的叫声。牛的声音我们都知道，叫声是"ou"，所以牛字最早就发"ou"音，源于它的叫声。这个音在哪里还保留着呢？在欧洲保留着，欧洲为什么叫"欧洲"啊？源于"欧罗巴"，那欧罗巴是什么意思？是说宙斯变成了一头公牛（ox），随后一系列神话故事的发生，把这片土地称为"欧罗巴"，就是今天的"欧洲"，发"ou"的音。英语中公牛就写作"ox"读音就是［ɔks/ɔ:ks］。

此外，在中国山西临汾的地方，也还保留着这个音，这里有一种李子，就叫"欧李"。开始，我们以为是一种欧洲进口的李子，后来老百姓说不是，就是个头比较大的李子，像牛眼一样。当地就写作"牛李"，读作"欧李"是我们把方言当成了外语。

其实，语言在世界各地一开始都是模仿那个物的声音来的，这个"牛"字的读音，就很有代表性。

"牛"今天读音为"niú"，是后来变音所致，牛的叫声是鼻音，但在人们所模仿的"ou"音中没有鼻音，于是后来又加了表示鼻音的"n"，又经过长期的发音习惯与发音清晰的演变，就有了今天的"niú"音。

"羊"字读音"yáng"也是如此，模仿羊的叫声，最开始人们就模仿成"yān"或"yē"。同样，羊的叫声也是鼻音，于是加了表示鼻音的"m"以示与牛的鼻音"n"区别，这就是今天表示羊叫声的"咩 miē"。

这样，在"双法字理"中"牛"字、"羊"字在"形、音、意"三方面就得到了统一。形，牛头、羊头；音，牛的叫声、羊的叫声；意，牛代表各种的牛——黄牛、水牛等，羊代表各种的羊——山羊、绵羊等。

"羊"字作为文心（字根）在《文部》已经讲过，本书主要了解由"羊"再造的字，和这些字所组成的"羊字家族"。

| 羊字家族 | 甲骨 | 金文 | 小篆 | 隶书 | 楷书 |
|---|---|---|---|---|---|
| | 羊 | 羊 | 羊 | 羊 | 羊 |

洋 详 鲜 羔 羚 羡 羨
养 祥 羴 糕 羯 盖 盖
養 翔 咩 馐 羝 膻 羶
氧 姜 羹 羸 绒 羬
氡 羌 羑 达 羴
样 美 達 羞
痒 義 達 羑
佯 义 群 羴
徉 善 羴

## 1. 羊→洋、养、氧、样（樣）、痒

海洋的"洋"，今天多认为"洋"是"漾"的简写，其实自古它们就是两个字，分别指两条河，是古代的水名。因本用来指水，所以加了三点水，现在一般字典说到这里就结束了，但为什么右边要用"羊"或"羕"呢？没有解释。

"漾"多指中国西北的河流，那里多山石，水从山上源源不断地流下来。"羕"字下面一个"永"字，就指明这水是从源头而来，又因多山石而使水流分叉很多，形成很多山间小溪，成为羊喝水的地方。所以"羕"本身就有水的意思，指山体上像羊群一般分散在各处，但却是同一水源的水流。后来加"水"另造了"漾"，表示这些水流所汇集成的河流，成为水名。

"洋"则多用在山东地区，以及华北平原，古时这里多是海，或是黄河的冲积扇，这里水很多，总是动荡不停，水面泛着大量白色的泡沫，像一群羊在水里似的，所以用"羊"字表意表音，就指今天的汪洋、大洋。

今天"漾水"作为水名已经不用了，人们误以为二者是繁简的关系了。


养育的"养"，是个简化字，繁体为"養"，下面是食物的"食"字，既可以认为羊食草，也可以认为羊被作为食物。

同时，"养"字最早的字形就是"牧羊"，写作"敘"，是指放羊，目的就是为了吃羊食，

洋

甲骨
後下·41

金文
古鉨

小篆
說文水部

隶书
魏元丕碑

草书
王羲之

漾

小篆
說文水部

隶书
張遷碑

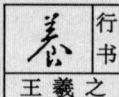

一个"食"字在这里体现了一个小型的食物链。所以这个字，很有中国文化的辩证思想，意思的表达中有阴有阳，有一种无形的平衡——中庸。

例如"受"字，既有给予自身的承受——受命，又有给予他人的承受——授命，后来才造了"授"字，用以意义上的区别，这就是中国文化中的"阴阳"，以及"阴阳"所构成的平衡，体现在中国人自身的修养上就是"中庸"。这是中国文化特有的内涵。

今天，汉字的简化，就是简单地从其草书形体简化而来，写成"养"。作为汉字传承者，除了解说，更要延续和重建这种文化。"双法字理"下，"养"字变底部的"食"为"介"，便是把羊"介"于"食"与"被食"之间，依旧是一种阴阳关系下的平衡。

氧气的"氧"是一个新字，清朝才造的，是随着化学的传入才造了这个字。

最开始，人们并没有造这个字，就使用了"养"字。氧气就写成"养气"，指能养人活着的气体，帮助人活着的气体。这样使用了多年以后，整理化学文献时，针对化学元素的分类给"養"字加了表示气体的"气字头"，因书写不便，于是简化成今天的"氧"字。

榜样的"样"不是简化字，它与"樣"字分别是两个字，后来合并成一个字。

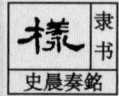

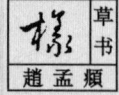

养

金文
不娶敦

小篆
說文食部

隶书
魏受禪表

行书
王羲之

小篆
說文木部

隶书
史晨奏銘

草书
趙孟頫

"样"字指养蚕吐丝结茧时，给蚕准备的茧架，给一个什么样式的架子，它就结成什么样子或什么形式的茧，这就是样子、样式。

"様"字才有"榜样"的意思，永远向身旁人的样子学习。二者在使用和意义上，也是阴阳统一关系，后来合并成一个"样"字。

"样式"是中国古代建筑中不可缺少的一个环节，最著名的要数"样式雷"，是清朝200多年间主持皇家建筑设计的雷姓世家的誉称。故宫目前还保留着，百年前雷家人建造故宫时留下的各种宫殿的样式和整体类似沙盘的立体模型。

中国古代的房屋建造没有图纸一说，都是要先打"样式"，即"大样"。"打样"工作一般由工匠中经验丰富的长辈主持，也就是今天所说的"首席"，打大样基本跟房屋的大小一样，由木板组成。定好样子以后，房间的大小和结构基本就知道了，人们才开始正式搭建。这种方法可以确保房屋的大小和结构的准确性，但却消耗材料。后来，人们把数学中的比例法运用进来，按照几何比例制作"小样"，确定完以后在搭建过程按比例放大。这样既准确，又节约，还减少了工作量，但做"样式"就变得更难了，"样式"也就成了工匠中的最高技术与荣誉称呼。

后来，建筑图纸的使用逐渐取代了中国古老的"打样"，但"样"字的意思却依然保留着，打印出来的图纸初稿被称为"打样"或"小样"，房地产要做的"样板房"给人们参观，这都是从中国的古代文化中继承来的。

挠痒痒的"痒"，古人认为这是一种病。怎么来造这个字？那要看看古人在什么情况下痒，就是身体暖和了才痒痒。

冬天北方冷，人们挤在一起取暖，就说"暖痒痒"。为什么用"羊"做读音呢？因为古人多用羊皮取暖，穿羊皮袄。人们穿上羊皮袄，暖和了一发汗，这汗毛孔就有了痒的感觉了。

"癢"字古时也有，什么人经常穿羊皮袄呢？放羊人。古时条件不好，人不能天天洗澡，成天与羊群为伍就惹虱子，这虱子咬了就痒。所以它指"养羊人"经常皮肤痒痒，抓破了就慢慢成了皮肤病。今天我们把它们合为一个字"痒"，在意思上也是完整的。

## 2. 羊→佯、徉

佯装的"佯"与徜徉的"徉"最初本为一字，读音都是"yáng"，后来在隶书时才分化成两个字。

"佯"的本意就指人像羊一样的和善，即人的"羊性"——善性，与之相对应的就是人的"狼性"。这是中国文化，乃至世界文化中的一个永恒辩论——"人性的善恶"，性本善还是性本恶。

无论孟子的性善论，还是荀子的性恶论，

都只是一种辩证观，他们的本质都是无所谓善恶的"本始材朴"的自然之性，它既有转化为恶的可能，也有发展为善的机会。

人本就是"善恶"的共同体，中国文化并不回避两者，依旧使用"阴阳关系"把"善恶"达到一种平衡，这种二者平衡关系的把握就是古人所追求的"仁"。

"佯装"就是装出羊善良的样子，假装没有攻击性的样子，以蒙骗对方。例如军队作战中的"佯攻"就是最典型的代表。

"徜徉"也写作"倘佯"，就是一个人敞开衣襟慢悠悠行走的样子，一脸的和善，像羊一样安闲自在地行走。

### 3. 羊→祥、详、翔、姜、羌

"祥"与"详"读音都为"xiáng"，是用"羊"做读音符号，要想了解清楚它们中任何一个字，都需要把二者结合在一起来认识。

"祥"的字形在篆书中才有，但篆书之前吉祥的概念早就有了，并一直使用"羊"字表示，金文时在下方加了表示祭祀祈福的"示"，就指祭祀时在供桌上摆了一个羊头的样子。所以，上古文献中"大吉祥"就写作"大吉羊"，用羊来表示吉祥，这毫无疑问。

那么"祥"和"详"有什么关系呢？其实人的心理活动和客观世界是一致的，只是今天

祥
佯 小篆 篆典人部
洋 隶书 尹宙碑
佯 草书 孙虔禮

祥
甲骨 纇27·4
金文 陈逆簋
祥 小篆 說文示部
示羊 隶书 孔羡碑
草书 王羲之

97

我们把二者割裂开了。

分而治之，看似聪明实际上并不明智。

今人不敬天、不敬地，不相信天命，孔子提出"人"很重要的一点就是要"知命"。分而治之，看似专精，但却脱离了自然，当一个生命体的系统离开了整体的自然系统，那它就只能自生自灭了，当人们的心理活动与客观世界没有了彼此的联系，人与自然的和谐就荡然无存了。当然，古人并不是不做分离，但他们是在整体的基础上分，这就是"太极阴阳"。

我们在这样一种中国思维下，理解"祥"字就容易了。生物的"知命"性就是其"避凶趋吉"的天性，躲避黑暗，迎接光明，向往"吉祥"。于是当人们需要造一个字来表达时，这就用了"羊"来表达。

羊是成群的——羊群，人类的社会性也是如此——人群，且羊本性温和，彼此友善，也符合人类社会的生存需要。所以，中国古人用"羊"来表示吉祥，没有残杀，暗含的能使人口广袤的意思。后来怕意思表达上与本身的表动物的"羊"混淆，就再加了祭祀用的供桌"示（见《文部》）"，造了"祥"字。

与此同时，"详"字也跟着分化出来了，所以它在小篆时才出现，本指人们祈祷时说的"吉祥话"，《左传》中有"详以事神"的记录。

"详"既有"善用心说"，也有"用善心说"的意思——心里话，正所谓"人之将死，其言也善"（《论语》）。后来演变成下级对上级的

詳

詳 小篆
說文言部

詳 隶书
魏尊號奏

详 草书
米芾

文书——祥文，多是下属用心的善意提醒，内容陈述细致，考虑周全，逐渐有了"详细"的意思。

纵观"祥"与"详"的文字发展，我们可以看到中国人自古就以"善"为治国之本，寻求和平与稳定，这也是我们中国人固有的本质——我本善良。

"翔"指鸟的飞行，指鸟在高空平展翅膀，借助空气中风的动力与浮力遨游，衬在蓝天祥云下，一副安详的样子。

"姜"和"羌"，两字上边显然都是羊，读音为"jiāng"和"qiāng"，也都是用羊作声音的，二者的区别在于一个是"女"字底，一个是"人"字底（人字最早指男人（见《文部》）。

"姜"在今天是一个姓，一般来说是因为人们住在姜水（水名）旁，故以姜为姓，但我认为这正好是把因果关系颠倒了，恰恰是因为姜族人住在这条河旁边，所以这河才叫姜水。因为单独的一条水流跟"女子"若没有关系，这个字是造不出来的，所以字一定是跟着文化走，文化反过来又表现在字上，二者是相互统一的。

姜水跟羊有什么关系，羊可以在旁边喝水。跟女子有什么关系，这就需要羊来联系了，牧羊女。牧羊族，以养羊为主的部落、部族当年就生活在这条水流的附近，他们就是古老的"姜

99

人"。字形下的"女"字，也体现人类社会最初的母系氏族社会。

姜人后代最有名的就是大家都熟悉的"姜子牙"，今天"吕"姓也都是古老"姜"姓的后代，详见《文部·吕字》。

"羌"在今天也是一个姓，但最早与"姜"一样是一个部落、部族名，羌族。"羌"则指牧羊人，主要是男子。这个部落多男子，所以战斗力非常强大，人也很强壮。

这时，我们会发现"羌"与"姜"一男一女应该是一家人，其实他们最早就是一个部落，后来之所以分成两个部落的原因，这就涉及到古老的婚姻制度。

古人很早就发现内部通婚，即近亲通婚是有问题的，于是分成两个部族，进行交叉婚姻。这样，一半以女子为主的就驻守河边放羊，一半以男子为主的就游走草场放羊，这就有了"姜族"和"羌族"。

"羌"字以前还写成"羢"，有的结合鬼字写成"羌"，都指中国古老的"羌族"，这两种字形除了是对他们原始文化的体现，也是古代中原对少数民族的一种偏见。

如今，羌族作为中华民族的大家庭中的一员，规定为"羌"。其实，最早我们都是一家人。

同时，与这两个字有关联的还有一个"美"字，后面我们很快会遇到。

羌

甲骨
甲·854

金文
羌伯簋

小篆
說文羊部

隶书
樊敏碑

草书
王羲之

## 4. 羊→鲜、羴

"鲜"字由一个"鱼"一个"羊"组成，字形很好理解。但这个"鲜"字的背后还有很多文化的内容。

中国的整个地形图中，西北部整个都是山，中南部都是水，在农业尚未发达起来时，正是一处放羊、一处捕鱼，"鲜"正是人们最早生活资料的体现。关于最早的"鲜"字还有三个鱼和三个羊合在一起的样子，后来简化成一个鱼一个羊。

三个鱼、三个羊都能单独成字"鱻xiān"、"羴shān"，古人为什么要用鱼和羊的组合来表示"鲜"的意思呢？因为这两种动物分别代表了陆地和水里的肉，同时鱼肉强调了"腥而有味"，羊肉则强调了"嫩而有料"。

"鱻"的读音为什么是"xiān"，这就与"咸"的声音有关系，在所有的味道当中没有盐就没有咸味，就不能起到"调味"的作用。这种生活的体验非常重要，如果没有这种体验，你很难体会其中的联系，感受其中的智慧。

今天我们教育孩子也是如此，没有先教孩子去体验、去感悟，总想对他讲道理，那只会是越说越糊涂。所以提及教育，一定是要到大自然当中去接触万物，接触生活，有了这些体验，道理和知识一点就通。如果没有生活的体验，跟他讲多少，让他背多少，都只是个书呆子。

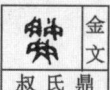

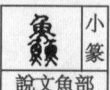

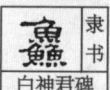

鲜

美 金文 畢鮮敦

鮮 石文 石鼓

鮮 小篆 說文魚部

魚羊 隸书 朱敏碑

鮮 行书 蔡襄

魚鱻

艸燊 金文 叔氏鼎

鱻 小篆 說文魚部

魚鱻 隸书 白神君碑

## 5. 羊→羔、糕、羹、美

羊羔的"羔"，依旧是用羊作意义，略有变音，读音为"gāo"。古人造了羊字，那么新生的小羊怎么表达呢？有人说"羔"的下面四点是羊的四条腿，汉字中这样的情况也有，如"馬"字，但这似乎看不出表示"小羊"的意思。

其实，下面四点就是"火"，原本写作"羔"，表达用火烤的羊。此时，"羔"字读音"gāo"变化的缘由也就出现了，受"烤"字的影响，侧重于烤肉——烤羊肉。人们一般用小羊来烤，肉特别嫩，且膻（羴）味弱。

所以"羔"本意就是用来烤肉的小羊。当然，也可以理解为草原上比较冷，刚出生的小羊体弱时给予烤火取暖，这种需要烤火取暖的小羊就是羊羔。这两种解说，哪种更准确呢？

另有一字可以用来判断，年糕的"糕"。

年糕的"糕"，读音为"gāo"，是人们用黍米或糯米做的，很有黏性，是人们过年时才制作和食用的一种甜点。

年糕的食感"嫩软甘甜"，伴有食物特有的香味。所以"糕"字用"羔"表音表意，证明了"羔"字最初就是指用来烧烤的小羊。

"糕"还有一个异体字"餻"，二者的意思区别不大，简化时合为一字，汉字中与之相仿的合并还有很多，如"糖"与"餹""糊"与"餬"等。

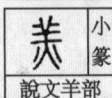

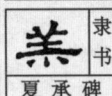

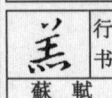

鸡蛋羹的"羹"，读音为"gēng"，指一种更嫩更软的糕，吹弹可破，后来人们把一些美味的浓汤也称为"羹"。读音取"羔gāo"之声，受"更"的影响，有所变音。

"美"字的读音不在这里，同时讲美，也应该讲善，"真善美"是美德。

"善"字真正的写法是"譱"，羊下面两个言，以"言"做读音符号，归于"言字家族"，将在下一辑《字部·人体》中讲解。

"美"字从《说文解字》开始到现在，基本上解释为"羊大则美"。有人进一步解释为羊长大了就肥了，味道就很甘美，进而为美味。这个解释也是可以的，但是人们经常说美男子、美丽，尤其女子的美丽，难道是像大羊这么肥美吗？

原来，中国文字里也分阴阳，"美和每"就是一对阴阳，女性的美为"每"属阴，每天的"每"不是它的本意，下面是"母"字，结了婚的女子为母，突出哺乳的两个乳房。上面是每天梳洗头发后的装扮，有了头饰所以美丽，是阴柔的美。

女子每天都要梳妆，所以有了每天的意思。随后再加一个反文旁（攵）就是"敏"字，指梳头发的动作麻利，干净利落的女人总是很美的。随后，再补一个表示丝线的"糸"字，就是"繁"，女子的头发梳理装扮够繁杂的。这

羹

甲骨
前42·6

金文
陳公子甗

小篆
說文鬲部

隶书
鼇道人

草书
趙孟頫

美

甲骨
前28·7

金文
美爵

小篆
說文羊部

隶书
曹全碑

草书
王羲之

103

一系列的引申层出不穷。

羊大之"美"指的是一群羊当中有一个头羊，就是大公羊。头羊是公羊，往往个头比较大，专指壮美的男性，是男性之美，所以有"美男子"一说。

"美"是男子阳性之美；"每"是女子阴性之美，加个木字旁又造了梅花的"梅"。

同时"美"亦有"君子之美"一说，君子是什么呢？羊群当中的头羊要做君子，还有一种气魄上的美，把众羊团结在一起，这就是"群"。与君子相对的就是"小人"，本不是道德上的小人，而是指一个一个的小个体，只顾自己不顾群体的公羊成不了头羊，所以没有拥护者，不能成群，自然不能成"君"。"军"与"君"同音，集合不起来的队伍，自然不能称之为军队，这些文字含义看似没有联系，但有看不见的文化连着，都是古人对生活的观察和总结。

清楚了文字、语言的意义，你再读经典，就会发现古人说的话很好理解，且不是我们今天主观理解的意义。我们用了当今过多虚拟的观念来表达现实世界，往往把它主观地理解错了。然而却反过来说古人的经典是糟粕，这是不恰当的。所以，识字在此时就显得尤为关键和重要。

"羊字家族"我们大体就讲到这里，接下来该是"马字家族"了。

# 三、马字家族

"马字家族"中用"马"做声音符号的字不多，但用马字旁做归类的字很多，如马名、马类动物的名称、马的特性，以及与马有关的事件。

这些马字旁的字多有自己的读音，如驹跟着右边表声音的"句"字，骡、驴、骆驼等也都有他们各自的家族。

例如"骆驼"一词中，骆是一种，驼是一种，合到一起为骆驼又是一种。所以中国汉字要一个字一个字地落实，而不是一个词一个词地学习。当"骆"和"驼"认识了，骆与驼这两类动物你就认识了，骆驼不用解释，你一看样子就明白它的名称了。不仅如此，鸵鸟的"鸵"你也能理解了。同时，与"骆"同一家族的一丘之貉的"貉"，网络的"络"，道路的"路"等家族中的字也就一一明白了。

| 马字家族 | 甲骨 | 金文 | 小篆 | 隶书 | 楷书 | 简化 |
|---|---|---|---|---|---|---|
| | 𩥈 | 𢒠 | 馬 | 馬 | 馬 | 马 |

| | | |
|---|---|---|
| 马-馬　闯 | 名 | 驹 驽 驴 驘 骒 骡 骆驼 |
| 妈 | | 骓 骝 骥 驸 骀 骞 |
| 吗 | 动作 | 骠 骁 驰 骋 驯 冯 骛 腾 |
| 码 | | 骤 骇 骏 骄 |
| 玛 | 用途 | 骑 驾 驶 驱 驭 驮 骈 |
| 蚂 | 其他 | 骗 骚 驳 羁 驻 |
| 骂 鬺 䲹 | | |

105

## 1. 马→妈、吗、码、玛、蚂、骂

"马"字做声音符号中，最常用的就是妈妈的"妈"字。这个字很有必要说一说，因为全世界关于母亲的读音几乎都是"mā"这个音。

"妈"字在甲骨文、金文中没有出现，还能理解，但在小篆中也没有，隶书也没有，草行都没有，可见在过去中国古人对母亲并不叫妈妈，而称其为"娘"。

中国的语言文字在很早就摆脱了简单、原始的声音模拟，进入了文明时代，加入了文化，成为一种文化记载。为什么叫"娘"，它本写作"孃"，与土壤的"壤"、瓜瓢的"瓢"同属于"襄字家族"。后来，分化出了姑娘的"娘"，简化时用"娘"合并成为一个字，

"妈"字很晚才有，最早指"保姆"，但不是今天意义上的保姆，是古代大户人家选用的"奶妈"，古代大户人家的女子也哺育孩子，但吃奶多了对母亲有消耗，所以往往雇奶妈来喂孩子，奶妈虽不是孩子的亲娘，但要像亲娘一样给孩子哺乳，于是也叫乳娘。她虽给孩子哺乳喂奶，待遇和地位还是佣人，要当牛马一般地背孩子、照顾孩子，所以造了"妈"字表示"奶妈"，与"娘"字区别。

"嬷"与"妈"相类似，也没有古文字，它指总是跟在后面最末尾处，像奶妈一样照顾孩子的女性，也是被雇佣者。

"娘（孃）"字表达了母亲像大地一样，

用自己的土壤亲自孕育和滋养孩子的身心，这就是亲娘。这个字有很深刻的意义，但今天都改用了后起的"妈"字。二者意义差别之大，与今天父母的家庭教育观念又是何等的相似。

"吗"字还可以写成"嘛"，作为语气词使用。但二者还有细微差别。

"吗"由"马"表音表意，马是行走、干活的，表示"到哪儿、去哪干活"，所以询问对方"外出去哪干活"就为"干吗去"，或询问对方"干不干"就是"干吗"。

"嘛"由"麻"表音表意，麻是"什麽"的省略，多用于询问不清楚的事情，"干什么"就是"干什嘛"或"干嘛"。因都为语气词，且读音和意思接近，所以常常混用。

"码"就是石块，用来数数、记数的，所以为"数码"。为什么用石头块来记，首先是取材方便，二是携带方便，所以用石字旁。在古代，马是重要的生活物资，尤其是军备物资，是主要被计数的对象。后来有了车战之后，又以"乘"的数量表示国家的富强，如"千乘之国"，马和乘就相当于今天的国防武器，都是要严格数清楚的。

中华人民共和国初期，一个家庭是不是富足，就是数数家里养了几匹马、几头骡子，就像现在说谁家有几部车一样，这是富足的表现。

那么，数多少算是一般，算是温饱，算是

富足？于是给予一个法定的标准，这就是后来"砝码"的产生。这个定量各朝各代、国内国外都不一样，但都有一个绝对客观的法定标准，来平衡我们的主观判断。

此外，"码"字还常常用于"码头"一词，首先它是由很多石头在岸边堆起来的，一个高于水面的平台，好似很多计数的石头码在一起。且码头上，一个一个突出的平台也像一个一个伸出来的马头。码头是人们停船靠岸的地方，船头系在岸边平台的木桩上，就像马儿系在门前空地的马桩上一样。船只在古代也是重要生活资料和国防储备，也是像马一样要计数。

码还表示一种英制、美制的长度单位(yard)，一码接近一米。有部著名电影，名为《The Longest Yard（最长的一码）》。

"玛"则专用于"玛瑙"一词，指一种玉石。"玛瑙"最初就写作"马脑（腦）"，这种玉石经常混有蛋白石和彩色石英的纹带，色彩很有层次，且多以红色常见。

玛瑙的名称来源很多，最普遍的说法是因其颜色白红相融，似内有图像如脑，且个头较大，于是用马的脑子命名为"马脑"，后改为"玛瑙"。这与"虎魄——琥珀"的命名相仿。

"蚂"带了虫字旁，主要用于"蚂蚁"一词，其实蚂蚁可单独称"蚁"，如白蚁、红蚁、黑蚁等，但是不能单独称"蚂"，可见"蚂"字是表示"蚁

玛

瑪 小篆
六書統

瑪 隶书
曹全碑

瑪 行书
王羲之

类"的特点用字。

"蚁"是一种昆虫，单独的个体没有什么威胁，但群体十分团结，一旦成群就非常厉害，彼此之间见义勇为，一个个很讲义气，所以称为"蚁"，繁体为"蟻"。一个"义（義）"字，把这个昆虫的本质表达了出来。随后了加"马"字旁，表示它们很能驮重物——蚂蚁。

一只蚂蚁能够举起超过自身体重 400 倍的东西，能拖运超过自身体重 1700 倍的物体，而 10 多只团结一致的蚂蚁，能够搬走超过它们自身体重 5000 倍的食物，它们是当之无愧的大力士。


"骂"字从今天的字形来看，上面两个口字为"吅 xuān"，表示喧闹，骂人自然是吵吵闹闹的。此外，还有一个写法为"詈"，上面是个"罒（网）"，从文字的源头来看，"詈"才是最初的样子，且与马有关——驯马。

马不经过拘束是驯不出来的，所以小马叫马驹。"驹"在《说文解字》为"三岁马"，为什么定三岁呢？古人通过长期的经验发现，马在三岁之前经过拘束性训练，才能顺服，过了三岁就很难，你敢打，它就敢踢你、咬你，所以马从小要拘束起来训练，三岁前的马都称为"驹"。"詈"字中的"罒"就表示"拘束"的意思，训练的口令自然严厉，驯马就是"驯骂"。

那么对马的"驯骂"后来怎么又演变成了"骂人"，就是古代阶级社会下，阶级制度把人当

罵
小篆

詈
說文网部

罵
隶书
鹜道人

罵
行书
蘇軾

成牛马一样对待，大声地训斥、训骂。

"咒骂"一词也常用，与"骂"相比"咒"字的上面确实是两个口，但最初为左右结构"呪"，与祝贺的"祝"字是一对。二字以"兄"为字根，归"兄字家族"（见《字部·人体》）。"呪"配以口字旁，指口出狂言，即不好的话，后来变形为"咒"，指在祖宗面前说别人坏话就是"诅咒"。二字成对，一阴一阳。读音上"祝zhù"与"咒 zhòu"相近，意思有所联系。

## 2. 马→闯（闖）

"闯"是由马做意义符号的一个字，这个意义符号不同于"马字旁"表归类的意义，而是有马本身特性、特点的意义。

汉代许慎《说文解字》说，"闯，马出门貌"。马出门的样子为什么能表示"闯"呢？

马出门的样子跟别的动物不一样，马个子高大，腿长喜欢跳跃，以避开障碍物，怕蹄子被绊住。牛有犄角，为防止行走时犄角被挂住，所以习惯了低头行走，且走得慢。所以，当马出门时，看到门槛的阻挡往往就本能地跳跃，吓人一跳，因其个头大便有一种冲撞之势。所以"闯 chuǎng"的读音受"冲 chōng 撞 zhuàng"二字的影响，意义相近。

"马字家族"大体就介绍这些，随后是大自然中与马同样善跑的"鹿"，以及"鹿字家族"。

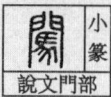

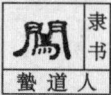

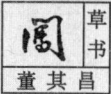

闖

闖 小篆
說文門部

闖 隶书
螺道人

闖 草书
董其昌

# 四、鹿字家族

关于鹿与马的关系，最经典的就是"指鹿为马"这个典故。

《史记·秦始皇本纪》记载："赵高欲为乱，恐群臣不听，乃先设验，持鹿献于二世，曰：'马也'。二世笑曰：'丞相误邪？谓鹿为马。'问左右，左右或默，或言马以阿顺赵高。"

"指鹿为马"显然有一定的政治因素，但除此之外二者之间也确有相似之处。在动物中的"地上跑的"部分，我们大体两个字一组。"牛羊"一组，二者都有犄角，牛的犄角向上，羊的犄角向下，都是食草、反刍，所以构成一对。

"马鹿"一组成一对，都是食草、善跑者。不过，有时会把马和犬放在一起，以"犬马之劳"为缘由，正所谓法无定法，这些分类都是为了尽可能地找出事物之间的联系，以便于记忆。

| 鹿字家族 | 甲骨 | 石文 | 小篆 | 隶书 | 楷书 |
|---|---|---|---|---|---|
| | 𦉒 | 𪋿 | 鹿 | 鹿 | 鹿 |

鹿　　　　　　　　　　　鏖 麖 麒麟
麓　丽麗　慶庆　　　麝麢 狍麎
辘辘　俪儷　塵尘　　獐麞 羚麢
漉　骊驪

"鹿"字我们在《文部》已经清楚地讲过了，不再重复。

本次主要讲用"鹿"做声音符号和做意义符号的造字，其他以鹿归类另有读音的字，在其读音家族中介绍。例如，麋鹿的麋、麒麟、麝麖、麈麈等字。

"麄"字没有明确的读音符号，但我们放在"金字家族"，因为这个字重点体现了"鹿"与"金"之间的关系，不是单纯的鹿字归类，也离不开金（武器）。

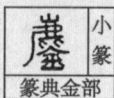

## 1. 鹿➡麓、辘、漉

"麓"用于"山麓"一词，指山脚处，最初的意思就是表示树林里有鹿。鹿生活的地方多为树林，不会在高山上，山石起伏不便奔跑，更没有树木的掩护，所以多在山脚的树林中，于是山底、山脚便称为"麓"。

湖南著名的岳麓山，是南岳衡山72峰之一，山麓之东有座书院，名为"岳麓书院"，书院的主持便是"山长"。早在宋代这里就是全国有名的四大学府之一，如今更是我国著名的书院之一。

"麓"除了表示山脚下之外，还是古代"狩猎"的官名，即看护狩猎场的人。在古代，人们生存主要是两件事，打猎和打仗，和平年代的打猎就相当于今天的军事演习。

后来随着农耕文化的发展，使打猎成为专门供皇帝和贵族的消遣活动。打猎要有地方，要有动物，于是专门有人看护猎场供帝王使用。

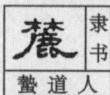

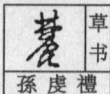

今天著名的"木兰围场"，就是清代的皇家猎苑。

"麓官"的职责就是看护树林和放养鹿群，必要的时候驱赶鹿群进入固定的猎场，以供狩猎。因为它是一种官职，所以担任官职的人就是"管隶"，要记录林场的大小和动物的多少，打猎完了以后，还要记录猎物的多少以便呈报，所以也写作"菉"字。"鹿"与"录"虽读音相同，但表达的意义不同，因主要与鹿有关，于是后来又合为"麓"字。

说到狩猎的官名"麓"，我们就再提一个"虞"，也是狩猎之官，是打猎时穿着虎皮扮老虎的人，在后面驱赶猎物，前面则是穿鹿皮扮鹿的人引导鹿群进入猎场，也有一定娱乐的性质。所以"虞"与"娱"二字在字形上，和读音上有所联系。

人们狩猎时骑马追逐鹿群，一群鹿的奔跑便拖起一阵的尘土，这就是"塵"，汉字简化后为"尘"。

庆贺、庆祝的"庆"是个简化字，本写作"慶"，下面是繁体的"爱（愛）"字，上面是"鹿"字的省略，表示鹿头和鹿皮，指送来鹿头、鹿皮等好东西表达爱心，这就是"慶"。"庆贺"一词中，"庆"指物品，"贺"配以"贝"字则指钱财，合在一起有钱有物。

这时，我们回过头来再看"麓"字，也就明白了为什么不用树林里的其他动物表示，而用鹿这种动物，因为鹿浑身都是宝，鹿皮、鹿角都十分珍贵。狩猎的官名即使曾经造了"菉"

慶

金文
召伯虎敦

小篆
說文心部

隶书
唐扶頌

字，还是依然被"麗"字替换掉，也是有原因的，绝不是随便拿一头"鹿"来造个字那么简单。

车辖辘的"辘"，很简单，就是用在车上的轮子。为什么叫"辖辘"呢？就是车轮在地面滚动的声音"咕噜咕噜"，拟声而来。

"鹿"来做声音符号，因为鹿善跑，速度快有表快的意思，车轮滚起来的速度真的很快。

湿漉漉的"漉"，在前文"西字家族"中遇到"洒"字时，引出过"灑"字。结合前面的认识，"漉"字就很好理解了，身上的汗水洇湿了衣服，斑斑点点的好似鹿皮上的斑点。

鹿皮上有斑点，像一朵朵小花很漂亮，所以鹿还被称为"梅花鹿"，梅花就是形容鹿皮上的斑点似梅花般美丽、好看。

## 2. 鹿→丽（麗）、俪（儷）、骊（驪）

"丽"就指美丽，是个简化字，它原本居于鹿之头顶，写作"麗"，说明与鹿有关。

其甲骨文像两只鹿并列站立的样子，一雌一雄并突出了大大的鹿角。所以，"麗"最早是指两头鹿的鹿角，后在金文有所简化，似今天"丽"的样子，依旧有一对、并立的样子。后来怕表达不清，又加上"鹿"字提示为鹿头上的一对竖立的鹿角，表达美丽的意思。

此外，人们还认为"丽"指鹿皮，鹿皮上

的斑点很美丽，字形也像两张挂着的鹿皮，这也是可以的。无论哪种认识，都是体现了鹿的美丽。

我国最早的诗歌总集《诗经》中，就有关于鹿的描写，抒发美好洋溢的气氛：

《小雅·鹿鸣》

呦呦鹿鸣，食野之苹。

我有嘉宾，鼓瑟吹笙。

吹笙鼓簧，承筐是将。

人之好我，示我周行。

呦呦鹿鸣，食野之蒿。

我有嘉宾，德音孔昭。

视民不恌，君子是则是效。

我有旨酒，嘉宾式燕以敖。

呦呦鹿鸣，食野之芩。

我有嘉宾，鼓瑟鼓琴。

鼓瑟鼓琴，和乐且湛。

我有旨酒，以燕乐嘉宾之心。

"俪"繁体为"儷"，自然与"丽（麗）"有关。丽最初为一雌一雄两只并列站立的鹿，有相并、成对的意思，加人字旁表示一对人，并因成对而美丽。所以中国人在文化中、生活中讲究成双成对，讲究对称的美。

我国古代的文体中有"骈文"，以字句两两相对而成，故也称为"骈俪文"，常用的四

麗

甲骨
甲·1303

金文
陳麗戈

金文
聊膚榮

小篆
說文麗部

隸書
納功德敍

儷

小篆
說文人部

隸書
宗俱碑

行书
趙孟頫

字句、六字句，也称"四六文"或"骈四俪六"，用于寻求一种格式和韵律上的美观。因为"丽"本身就有美丽的意思。

"伉俪"一词指两口子，是人们对别人夫妻二人的美称或尊称，最早出自《左传》。"伉"由"亢"所造，指男人强健之美，"俪"由"丽"所造，指女子端庄之美，合而表示这对夫妻二人都很有能力，十分般配。

骊山的"骊（驪）"为什么叫骊山？自然是因为这里十分的美丽，骊山在今天陕西境内，是秦岭北侧的一支山脉。这里山中树木林立，温泉喷涌，风景秀丽多姿，早在3000多年前便是西周王室骑马游历的宝地。自周、秦、汉、唐以来，这里曾营建过许多离宫和皇陵。最著名的就是"秦始陵"——骊山皇陵，是中国历史上第一个皇帝陵园。

所以，骊山的"骊"显然以"美丽"见长，这么广袤的山林中野马与野鹿自然不少，也是人们骑马游猎的好地方。于是"丽（麗）"字配以"马"字，既显示了山林如美鹿般秀丽、山势如骏马般雄壮，又体现了人们信马由缰的惬意。

一个"骊"字，用马和鹿，这两种大自然的精灵，把自然界生灵的气势与人心灵的感受巧妙地结合在了一起。这种美丽，无以言表，你只能去看了、去体会了，方能认得、识得这个字。

驪麗

甲骨
前47·4

小篆
說文馬部

隶书
螯道人

草书
董其昌

116

# 五、豕字家族

"豕"字就是一头野猪的样子，这个字与大象的"象"相似，二者是一对。

歇后语"猪鼻子插葱——装象（装相）"，很好地体现了二者的相似性。所以这两个字有关联，"豕"字也正是"象"字的下半部分。

关于"豕"的书写因为笔画"丿"很多，所以孩子们在书写时经常不清楚有几撇。我们不妨告诉孩子们，顶部一横是猪头，中间"三撇一竖钩"表示四条腿和脊背，背上两点"く"是猪鬃和小尾巴，这就简单多了。

| 豕字家族 | 甲骨 | 金文 | 小篆 | 隶书 | 楷书 |
|---|---|---|---|---|---|
| | 豖 | 豕 | 豕 | 豕 | 豕 |

| | | | |
|---|---|---|---|
| 逐 | 家 | 象 | 豕 | 豬猪 |
| 遂 | 稼 | 篆 | 啄 | 毅 |
| 隧 | 嫁 | 橡 | 琢 | 劇剧 |
| 燧 | | 缘 | 涿 | 豚独 |
| | | 彖 | 冢塚 | 冢蒙朦 |

猪和豕二者是有区别的，"猪"原本写作"豬"，指今天的家猪，是用来煮了吃肉的，所以配了表示煮肉的"者"字，读音与"煮zhǔ"相同。汉字简化时，改繁琐的"豕"旁为简单的"犬"旁（犭）。

"豕"就是野猪，是一种非常凶猛的野兽，在某种程度上比兽中之王老虎还厉害，如剧烈的剧字，原本写作"劇（虡）"。人们打猎经常遇到它，于是画下它的样子，有了今天的"豕shǐ"字。

其家族的造字情况，依旧与之前相同，分音意和形意两部分介绍。

## 1. 豕→逐、遂、隧、燧

"逐"字加了走之旁（辶），表明与行走有关，有快速的意思。它的本意就是一人在后面追赶豕（野猪）——打猎，所以叫追逐。

这个字画得很形象，理解起来比较简单，就是追赶野猪，追赶猎物。

"遂"的读音为"suí"，比"逐"多了两点"丷"，它是什么意思呢？那我们先了解一下"丷"指什么，它其实就是"八"，八除了表示数字，还有分开的意思，是扒开的"扒"的原型。

"豙"的古字形就是"八"字下面一个"豕"，现规范为"丷"，成了纯符号没有了意义。所以"豙"表示野猪用头拱开、扒开一条小路，这是猪特有的开路方式。加走之（辶）表示野猪在密林中拱出一条小道逃跑了，于是人们由"追逐"就变成了"追遂"。

"遂"的读音与"随"相同，都有表示跟随的意思，意义相近、相联。

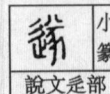

"遂"字加上表示一个山坡的"阜（阝）"，就指隧道的"隧"。

其实"遂"与"隧"二者概念一样，后者是野猪跑进了山里，在山体的松软处拱出了一个洞穴，是自己逃跑的洞道，于是叫做隧洞、隧道。

今天野猪不常见了，现代化交通工具的发展带来的高速公路、火车轨道、高铁轨道等，都有贯穿山体的道路，也就称之为"隧道"了。

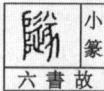

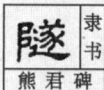

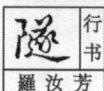

"遂"字加上火字旁，组成了"燧"字，这个字不常用，仅用在历史上的"燧人氏"一词上。燧人氏在今河南商丘一带，是中华始祖中最早学会"钻木取火"的人。"燧"的意思就是像野猪拱开灌木林钻进去一样，用一根木头钻另一根木头，摩擦生热，最后燃木生火。

火的使用对人类的意义十分重大，最早取自天火，也就是闪电击中树木而引发的大火，但火种的保存很不容易。直到人们学会了人工取火，对火的掌握才算开始，钻木取火烧烤食物，结束了远古人茹毛饮血的历史，开创了华夏文明，所以燧人氏的首领被后人誉为"燧皇"，尊为上古"三皇"之首。

古人后来发现了一种灰黑色的石头，十分坚硬，用它和铁器击打会产生火花，于是这种石头成为古人取火的工具，称为燧石。一小块燧石和一把钢制的"火镰"相配，击打取火。

在我国昌乐县便盛产这种黑色的石头，人

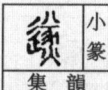

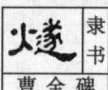

119

们世代当作"燧石"使用，直到改革开放后人们才发现，当地这种用于打火的燧石其实是一种宝石——蓝宝石。如今，昌乐已经成为一个由燧石之火点亮的宝石之乡。

## 2. 豕→家、稼、嫁、傢

"家"，每个人都有家，但古人怎么造的这个字貌似没几个人能说清楚，即使文字学的专家之间意见也不一致。

首先，字形上面部分的"宀"是个房子，这个没问题，但为什么里面有头猪呢？大体有三种认识：

一种说法认为，这是一头祭祀供奉的猪，今天人们在祠堂里进行家族祭祀也还是如此，屋檐下摆着供桌，上面摆着一头杀好的整猪祭祀，在这参加祭祀的人都是一家。祭祀完以后，大家分食猪肉。这种说法具有很强的文化性，且"家"字很早就出现在甲骨文中，此时祭祀文化已经形成，所以有一定的说服力。但依旧没有解决读音"jiā"的来源。

另一种说法认为，人们把捕猎抓到的小动物进行饲养，即最初的原始圈养。圈养的发展保证了部分食物的需要，同时也因不便带着活物经常移居，人们的生活住所也就逐渐稳定下来，这就搭起木架，盖起房子，于是有了最初家的雏形。

今天，我们在云南的少数民族聚集地，依

家

甲骨
前15·4

金文
毛公鼎

小篆
說文宀部

隶书
衡方碑

草书
王羲之

然能看到用木头架起来的木屋，上面住人，下面养猪，一家一家的都如此居住。

古时，各家皆畜豕—养猪，养猪主要是为了吃肉，是一家人生活质量的保障。《礼记·曲礼》中有这样的记载，"问庶人之富，数畜以对"。这里畜多指的就是猪，为什么不是牛呢？牛是干活的，猪是吃肉的，正如在前文"牛字家族"中的提到"牢"字，那是养牛。

人们过年的时候杀猪吃肉，如果没有猪可以杀，就没有肉吃，说明你很贫穷，不会有人找你结婚成"家"。现在人们依然保留着过年杀猪买肉，一家人吃肉的习惯。

在这种说法中，"家"的读音"jiā"可能来源于"架"，用木头架起房子，上面住人，下面养猪的，一种居住架构。且人与保障其生存的生活资料加在一起，组成了"家"的必要元素。

最后还有一种说法，重点在"豕"——"豭"，指公猪。这不是一般意义上的公猪，而是"杜猪"也就是种猪（杜字见《字部·地理》）。

"豭"读音为"jiā"，有了"家"明确的读音来源。以"豭"省略成"豕"表音、表意，"家"字便有了繁衍生息的意思。

这三种对"家"字的解说，都有一定的文化和生活背景，没有对错之分，他们对家的含义和概念都能解释得通。

这里我还要再重申一个思想，在"双法字理"下，我们不否定谁或赞同谁，而是主张把这几

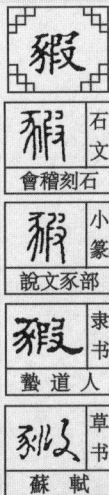

种认识都告诉给人们，每个人在自己的生活经历下完成你对每个字的认识，最终达到对文化的统一。因为我们不是让人们来学会这个字，而是学字背后的文化，以及产生这种文化的思想——"家"的思想。

庄稼的"稼"，由禾苗种出来，所以配以"禾"字做旁。成熟了要收，往哪收呢？往家里收。而且，庄稼是"农耕时代"取代"狩猎时代"后主要的生活资料，与之前家中养猪的目的是一样的。例如，古代男子到了成家的年龄，往往家族中会分出一间房子，分出几亩地给他，让其娶妻成家，这庄稼地就是他的生活保障。

所以，古人用"家"字再造了"稼"字，也是很好理解的。

嫁娶的"嫁"，俗话说"男大当婚，女大当嫁"，可见"婚"与"嫁"有所不同。

"婚"在《礼记》中，有一篇专门是介绍古代婚礼仪式的《礼记·婚仪》，其中"婚"字就写作"昏"。"昏"本就黄昏，"昏（婚）仪"便是人们在黄昏时举行婚礼仪式。此时，日落山头尚未下去，月挂天边还没上来，光明与黑暗的神灵俱在，举行仪式通报神灵以求平安多子。此外，"昏"还涉及到古老的"抢婚制度"，自然是男方去抢媳妇，故以男方为主。

关于"昏"与"婚"的关系还有很多文化背景，我们在《字部·天文》中有过详细的介绍。

左侧字形表（上）：
稼
稼 小篆 說文禾部
稼 隸書 石門頌
稼 行書 赵孟頫

左侧字形表（下）：
嫁
嫁 石文 會稽刻石
嫁 小篆 說文女部
嫁 隸書 老子銘
嫁 行書 趙孟頫

"嫁"则以女方为主，指女子到了结婚的年龄，是该离开家，去自己的家了。一字两意：出旧家，成新家，也是一阴一阳两个概念。因是女子的行为，所以加了"女"做旁，以示区别。

在这里我们还要提一个"归"字，因为出去了，早晚还要回来，这就是出嫁与回归。

"归"是个简化字，繁体为"歸"，貌似与女子没有什么关系，因为中间还有一个重要的环节，一次女子的蜕变。

女子出嫁后成家，就不再是女子了，而是妇女。"妇"也是个简化字，繁体为"婦"，此时"归（歸）"与女子的关系就出来了。女子出嫁后要主持自己家庭的内务，要打扫家务，于是手拿扫（掃）帚成为妇女。"歸"就是一个妇女沿着山坡走回父母家——回娘家，字形中"帚"就是"婦"的省略，简化同理。

回归，就是回来原本生育自己的地方。


"傢"近代的一个后起字，之所以提这个字，是因为今天户外广告越来越多，家具广告也大量充斥其中，于是各种"傢俬"出现在街头巷尾。

傢俬就指家具，一开始就写作"家私"。而"家私"除了指家中的用具以外，还泛指家中私事、隐私、财产，以及隐私的家世等。后来，近代家具商人为了专指家具，希望有所区别和显得有文化档次，便改"家私"为"傢俬"。

家具整日与人相伴，人们为了表达自己对家具亲近与喜爱，遂加"单立人"表达情感。

## 3. 豕→象、彖、椽、缘

"彖"字主要出现在《易经》这部书中，不认识这个字，《易经》便读不懂内涵。

《易经》里"乾三连、坤三断"，组成不同的卦象，起什么样的名字呢？为什么这么起名？书上画了，你看了，但你就是不懂。那怎么办，于是周文王为了使大家容易理解和使用，就把这些图像用文字命名，也就是每个卦象的名称，这为"彖"。

"彖辞"便是对每个象所对应的卦名的解释，和它所表达的现象——卦象的说辞。后人又细分为象辞、彖辞、卦辞、爻辞。

"彖"的读音为"tuàn"，古音中"d、t"不分，它就是判断的"断"的意思，同时受"图"字读音"tú"的影响，"图像的判断"就是"彖"。字形上方为"彑"字，读音为"jì"，表示猪头、猪鼻子，就指猪用鼻子判断食物的所在，并用鼻子把地面拱开吃到食物。古人借猪的这种觅食特性，画这个字形表达寻求与判断的意思。

《易经》的身世有三次大的经历，伏羲氏、周文王、孔子三次对《易经》做了时代性的整理。从最初的纯图像到图像名称到示意的陈述，孔子做了最后的文字整理，并没加任何修改，只是做了一部解释或介绍《易经》的十篇内容，称为《十翼》。这十篇内容就像给《易经》安上了翅膀，飞起升华了，所以起名为"十翼"。

《易经》是中华祖先从上古传承下来的文

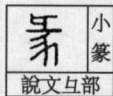

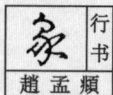

明智慧，包括象（符号学）、数（数学科学）、理（哲学思辨）、占（宗教信仰），是中国文化"象数理"思想的最早集合，如果仅仅把它定义为"占卜算卦"是有偏颇的。

"篆"主要用于"篆书"一词，是古代汉字的一种字体，并有大篆、小篆之分。

它为什么是竹字头呢？因为古人往往用竹简来做书写工具，即写在竹简上用来判断内容的文字。文字最早就是一个一个的象形图案，所以配上"象"字，就有了表示文字的"篆"。由篆字书写的文书，就是篆书。

"篆书"成为中国汉字的一种重要字体形式，并被确认下来，要归功于秦朝。秦始皇统一六国后施行"书同文"，李斯做"篆书"通行天下。这一举措极大地奠定了今天汉字的基础，我们在《双法字理》这套书中，不止一次地提到篆书对汉字的影响意义，它是汉字传承的重要纽带，是古今文化衔接的必备工具。

"椽"字有了木字旁，是一种盖房子用的木头，读音为"chuán"。古时盖房子有梁有柱、有檩有椽，不是现在的钢筋混凝土。柱托起梁，梁与梁之间搭有椽，椽上铺放檩条，檩条下由一根一根伸向房檐的短木托着就是椽子。柱、梁、檩、椽都是木头做的，所以都是木字旁。

为什么"椽"字要用猪拱地的"象"来做读音呢？抬头看看古建筑的椽子，会发现最早

| | |
|---|---|
| 篆 | |
| 篆 | 小篆 說文竹部 |
| 篆 | 隶书 蝥道人 |
| 篆 | 草书 王羲之 |

| | |
|---|---|
| 椽 | |
| 椽 | 金文 古鉨 |
| 椽 | 小篆 說文木部 |
| 椽 | 隶书 景北海碑 |
| 椽 | 草书 董其昌 |

125

的椽木多为圆柱形，就是圆木。但不会太粗，太粗了房顶重量太大，太细了不结实，大体就是猪鼻子那么粗，且一头穿过墙壁伸在屋檐下，就像个猪鼻子拱在外面一般。为了美观，人们多在其截面画上美丽的图案装饰，寓意吉祥。所以，一个"椽"不仅在形象和意思用了"象"，其内敛的图案与文化意义也在其中。

这就古人造字的魅力，文字与文化的结合所散发出的魅力。

"缘"字绞丝旁（纟），也写作"縁"，容易与"绿（綠）"字混淆，需要注意。

"缘"的本意指边缘，是古代衣服边的接口处，常绣以花边装饰，就似屋檐下椽木截面的画图装饰。除了美观，也是保护布边，增加拉伸力，椽木截面图饰颜料也是为了保护它不被风雨侵蚀，可长久耐用。所以，古人用表示布匹的"糸"配上"椽"的省写，造了"缘"。

我们今天最常用的是"缘分"一词，缘分就是你我相遇时，衣服上边缘的花纹图案刚好配对，好似原本一人一份，这种机会十分巧合，故称"机缘巧合"。

缘

### 4. 豖→豕、啄、琢、涿、冢、塚

"豖"字在"豕"的猪脚上加了一点（丶），读音为"chú"，与"豕 shǐ"、"猪 zhū"读音相近，还是表示猪，只不过猪的腿脚被绑住了，

是准备处理的猪，待杀的猪。

杀猪时要捆绑猪腿，不是捆两条前腿或捆两条后腿，而是捆一前一后，猪就动不了。

《说文解字》中认为"豕"指白蹄儿猪，仅仅单独这个字而言，无论捆绑猪的腿脚，还是特指白蹄，都是可以的。但与它的造字情况联系在一起，"白蹄"就显得苍白无力了。

啄木鸟的"啄"，加一个口字旁，怎么就由猪脚变成了鸟嘴呢？

猪被交叉捆住前后腿时，还很不老实，要动就只能是蹦，蹦起来又站不住，猪头大，于是头重脚轻就成"倒栽葱"，嘴巴、鼻子先着地，戳在地上了。所以配"口"字，这就是"啄"字。

大自然中有一种鸟，天天就在树木上用嘴巴戳树干，戳木头，所以人们叫它"啄木鸟"。鸟类吃食也是用嘴巴啄下去，所以叫啄食，鸡吃米就叫啄米。猪不能天天杀，而鸡要天天啄米，于是"啄"字逐渐成了与鸟类有关的字，与捆猪、杀猪的联系逐渐淡去了。

雕琢的"琢"，在明白了"啄"的基础上，这个字就简单多了。指的是像鸟儿用尖嘴啄米、啄木一样，用尖锥在玉石上啄出图案，因专指与玉石有关，所以配"王（玉）字旁"，另造了"琢"字。

"雕琢"一词中，雕是雕，琢是琢，二者不同。

"雕"字右边一个隹表示鸟，左边是周围、

127

周密的"周"，表示鸟儿在沿着树干的一周到
处啄，找虫子。小鸟把虫子吃掉，把坏叶子啄
落在四周，当冬季枯叶掉落在四周时，就是凋
零的"凋"。

"雕琢"合在一起，就表示在玉石的一周
密致地琢上图案，使其精美。

涿鹿的"涿"，早在5000年前，黄帝、炎帝、
蚩尤"邑于涿鹿之阿"，此处更是黄帝的发源地，
黄帝城亦被称为涿鹿古城，炎、黄二帝与蚩尤
之战便在涿鹿之野，后来炎帝与黄帝合并部落，
完成中华民族的第一次大融合，后世子孙皆为
"炎黄子孙"。

在离此不远处，现北京西南边与河北的交
界处，有一个隶属河北的"涿州"，古时为"涿
邑"，后改为"涿县"，今为"涿州"，是战
国时燕国的一处城邑。

"涿"带有三点水，跟水有关，右边是"啄"
的省略，是一条水名为"涿水"。这跟它的地
貌成因有关，涿鹿县的基本地貌是由燕山运动
形成的，造成了大量的山体沉降，于是境内出
现了大量河滩、盆地、阶地等。这些沉降使地
下水通过断层涌出地面，形成河流。这就好似
神鸟啄破地面，使水涌了出来形成河流，所以
取名"涿水"。

"冢"字上面为表示覆盖的"冖 mì"，把
猪绑住，然后盖起来了，这是表现什么呢？这

涿

甲骨
後下9·19

金文
古鉨

小篆
說文水部

隶书
禮器碑

草书
王獻之

128

就是绑住杀了，然后再埋起来，"冢"者"终"也。人死了就埋到土里了，所以后来又加了个土字旁，有了"塚"，二者意思相同，混用。

"冢"一般指很大的一个大土堆。

"墓"呢？不鼓出地面的才叫墓，"墓"者"莫于土中"。墓是古人最早埋葬的方式，埋于地下就行了，成吉思汗死后就葬于墓中，万马踏平。

"坟"呢？坟不是埋人，在读古书经典中看到"坟"字，跟埋人没有关系，如"三坟五典"，坟是存放文书典籍的地方，地下书库。当一个人死后的墓室里，陪葬有文字书写的竹简典籍时，这个墓就是"坟墓"。文字中往往会有记录关于墓室主人信息，以及当时的历史事件。最著名的就是"马王堆汉墓"，出土有大量竹简和稀有帛书，此外器皿上也刻有文字信息，这种存有文字信息的墓，才是真正意义上的坟墓。今天考古发掘中，发现墓葬的第一件事就是找文字，找到文字就知道是谁的墓了。

后来，"坟"逐渐成为墓葬不可缺少的环节，如墓志铭，墓碑。但它的读音"fén"，依旧能把它带回到古老的地下，作为"封存在地下的文字"。

## 5. 豕→豚（豘）、邀

"豚"字读音为"tún"，今天多用于海豚、河豚，貌似跟猪没有什么联系。不过它还有个异体字"豘"，这下它的读音和意义就明显了，

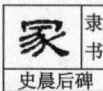

129

豚

甲骨
後下·31

金文
豚卣

小篆
說文豕部

小篆
說文豕部

隶书
鳌道人

行书
董其昌

遯

小篆
說文辵部

草书
孫虔禮

用于囤积生肉的猪，读音取"屯 tún"音。"屯"字在《字部·植物》中已经详细讲过，不在这里细说，就是屯集的意思。

"豚"简单说就是小肥猪，主要是长肉的猪，因其主要是用于生肉，所以配以肉月旁，这个就是豚。古人养猪一般都要经行阉割，使其没有欲望专心吃食长肉，这就是屯肉的小猪——豚。一般家里养的猪就是豚，《论语·十七阳货》中"馈孔子豚"，就用这个字表示猪肉。

海豚、河豚也用这个字，是因为它们没有鳞片，体型圆滚滚的像小肥猪，所以称"豚"。

"遯"字由"豚"加个走之而造，读音有所变化为"dùn"。这个字不常用，之所以提及，是因为在《易经》中涉及到它，六十四卦中专门有"遯卦"，有时也写作"遁卦"。

"遁卦"好理解，盾就是挡住，它用来防御，再加上走之底，就是躲开。它的名字与卦的内容是一致的，"遁"明白了，"遯"也就明白了，躲开攻击，囤积实力，后者更含有屯集的意思。

"卦图"就是象，象所表现的意就是"文字"，文字告诉人们的就是"理"，明白文字背后的"理"为"明理"，方能成"仁"。

"豕字家族"大体如此，此外还有一些与豕有关的字，如"毅"随"役"后，"劇"归于其简化后"剧"字所属"居"中，"蒙"归于"冡"中，在它们独立的声音符号中讲。

# 六、象字家族

　　"象字家族"的字比较少，且大象本身也不多见。

　　"象"字就是画了一头大象的样子，甲骨文特别像，金文、小篆以此书写，隶书在字形规范的基础上依旧强调了大象长长的鼻子。楷书就是今天的"象"字。

| 象字家族 | 甲骨 | 金文 | 小篆 | 隶书 | 楷书 |
|---|---|---|---|---|---|
| | | | | | 象 |

## 像 橡　　豫

　　"象字家族"尽管字数不多，它仍旧是两种造字原则，一种是作声音的，一种是作意义的。作声音，最常见的就是人字旁的"像"和木字旁的"橡"；作意义，河南简称"豫"，它以"予"为声音，"象"字表意义。

### 象→像、橡

　　"象"字本身就指的是大象，后又有"象""不象"之用，野猪与大象有很大的相似性，人们遇见了要相互询问："象？不是象？"如果是大象，太大打不过，换一个；如果是野猪，那就打。逐渐引申出了"好象"的意思，今天规范要求写作"好像"，以示与大象的区别。

像　小篆　說文人部

像　隶书　聊敏碑

像　行书　王羲之

"像"字则专指人像、塑像，加上一个单人旁指人的形象。这是使用了由大象引出的"好像"的意思来造的，用泥土塑造一个好像人的样子，就是人像，塑造各种样子就是塑像。

此外还有气象、图象等，用的是"象"。有时也并没有严格区分"象"与"像"的使用，因为文化是相互融合，相互渗透的，意义的表达也是如此，是相互理解，相互照应的，如果你一定要严格地用科学的手段来划分每个字的使用，那是徒劳的，只会徒增烦恼。

我们大体就记住，凡是与人有关的都用带了单立人的"像"，如人像、画像、肖像、塑像、偶像、影像等，其他的都是用"象"如大象、气象、图象、印象等。这仅是一个大体的简单解说，方便平时使用。

关于这两个字，汉字改革以来对它们作出的指示太多了，终究也没有确定清楚。比如在"照相"一词中，"相"就是历史的产物，沿用习惯了也就约定俗成了。

橡树的"橡"，就指一种树，也称柞树、栎树，在今天归属于"栎属植物"，是一种泛称，而不特指某一种树。

橡树抗逆性强，耐性强，存活周期超长，往往树体粗壮高大，木质耐磨，内质呈蜂窝状结构，弹性很好。这些特点使它成为树木中的大象，橡树皮有如大象皮的质感，厚实而有弹性，所以古人用"象"字给这种树木命名为"橡树"。

因它本身耐实而有弹性，所以橡木常被用来做成酒桶、软木塞子、软木垫片等。法国葡萄酒几乎都是橡木桶，酒瓶塞也都是橡木塞，结实耐用，弹性挺好。

在我国，古时"柞树"也是一种橡树，这种树也是抗逆性强，耐性强，但木质与平时的橡木不同，它坚硬防水且耐火，多作为硬木制作家具使用。因其多被用来制作成家具使用，所以取"作"字的音形造字表意，名为"柞木"。在我国古代，后世仿照《尔雅》所做的释名书籍《小尔雅》中记载了"柞之实，谓之橡"就道出了柞树的木质实，但也属橡树。

此外"栩栩如生"一词，也跟橡木有关。这就是我国古代橡树的另一种称呼——栎树。栎树也是抗逆性强，耐干燥，适应性强，树皮如大象皮一般，可剥取制革。

《本草纲目》记录，栎树有两种，一种不结果实，为栩；一种结果实，为橡。"栩栩如生"源于《庄子·齐物论·蝶梦》，"梦为蝴蝶，栩栩然蝴蝶也"。"栩栩"就是栎树的叶子上下翻动，像蝴蝶在飞一样。明白了这点，"栩栩如生"就明白了，原本的树叶似有了生命般飞动了起来，好像一只只蝴蝶。

没有这些生活所见，古人是说不出这样美轮美奂的话。我们今天只死记了词语，忘记了去体验这些原本美好的生活，不失为一种遗憾。

另附：象→豫

豫

豫 小篆
說文豕部

豫 隶书
禮器碑

豫 草书
王羲之

河南为什么称为"豫"？因为古时这里就有大象出没，考古发现在黄河流域的古部落出土了大量存放的象牙，生物检测属于亚洲象的种类。此外与其相邻的山西简称"晋"，晋之前是古唐国，曾有记载，当年的唐叔虞用弓射杀过犀牛，可见当时犀牛、大象这种大型动物在中原那一带是很多的。古代卜辞中就有"猎象"之语，人们时常见到，所以给它们造字记录。

"河南"之名取于"黄河之南"，有河流的地方古人自然要捕鱼，就要做渔网，做渔网就用"予"——梭子。

"豫"字合并了"予"与"象"，表明这里的人们既能捕鱼，又能猎象，是天地赐予人们的一块适合生存的宝地，所以造字纪念。

## 第二节　大型食肉动物

食草动物和食肉动物在体型上有明显不同，在字形中也会有所体现，吃草者壮，多体现在身形的高大；吃肉者凶，多体现在牙齿的凶猛；吃谷者神，多体现在手脚的灵巧。本书主要是讲动物，之后便会讲到人体部分。

大型食草类动物，我们大体讲了牛羊、马鹿、豕象，六字三对。其实，大型食肉动物，我们也是按照两两一对，主要有犬豸、虎熊，四字两对。

# 一、犬字家族

犬是人类最忠实的朋友，于是人们很早就造了这个字，并用它造了一些字，后来有分化出了"狗"字。因为它是人们十分亲密的一种动物，所以很多表示动物的字就都用"犬（犭）"做旁，进行归类。

汉字简化时，一些之前用"豸"和"豸"表示动物的字也逐渐都归于"犭"旁，如"狸（貍）"、"猫（貓）"、"猪（豬）"等字。

"犬"字与"豸"字放在一块，简单地说它们一个表示狗，一个表示猫，都是今天与人类十分密切的伙伴，同时，也是两种凶猛的野兽。此外，"犭"与"豸"相似，便于人们的比较。

## 1. 犬→狗、猋、狱

"犬"字的甲骨文跟"豕"的甲骨文有些相似，仅有的区别在于向前张开的大口和翘起来的尾巴，与今天的狗的特点还是很一致的，喜欢摇尾巴。金文里，变成了一只弓背的狗，体现了狗善奔跑的特点，是一只正在奔跑的狗。到了篆书时有两个体，一个保留着原本狗的形体，另一个实行小篆的线条化就是今天"犬"字的雏形，突出了它的大耳朵。

犬在今天也叫狗，可是为什么还要再造一个"狗"字呢？

关于这个问题，在文字学上有一些分歧，有人主张说大型为犬，小型为狗。在今天人们也确实这样使用，大体型的有警犬、猎犬、牧羊犬、导盲犬、搜救犬等，小体型的有京巴狗、狮子狗、贵宾狗、袖狗等。"狗"以"句"字表音，古时也就是"勾"字，有身形矮小佝偻的意思。这种说法有一定的准确性。

另一种说法，认为古时"犬"多为猎犬，用于打猎捕食，而"狗"多为家狗，用于看家护院，二者在使用上有一些不同。所以，用链子钩住拴在家里的为"狗"，圈养可自由活动的为"犬"，这种说法也是可行的。

但不管怎么样，古人最终把这种动物驯化成了"犬"与"狗"两种形态，伴人左右。

隶书时"大"字加了一点（、），强调了它的特点在头部，鼻子灵、耳朵灵，就指猎犬。

狗

狗
金文
狗敦

狗
小篆
說文犬部

狗
隶书
魏大饗碑

狗
草书
王羲之

汉字中，表示狗的字除了"犬"字和"狗"字之外，还有一个"獒"字。

"獒"字以傲慢的"傲"表音表意，这种狗体型十分庞大，眼角吊梢，看见谁都是一副不以为然的样子，给人十分傲慢的感觉，所以称为"獒"。

这是我国西藏特有的一种狗，所以也称"藏獒"，其生性凶猛，是藏民们世代饲养用来对付狼群的。

三个犬也有一个字"猋"，读音为"biāo"。与之相似的造字，我们在前面已经见过一些，如骉、犇、羴等，就是一群的意思。

它还造了一个字"飙"，一群狗狂奔如风卷而来，狂飙。

"狱"字最早也并不是指监狱，本意是指打官司，诉讼的意思。最初原告和被告对质时，各执一词进行争辩，似两犬相争（狀）互不相让，因是对质发言，所以用言字旁归类，于是造了"狱"字。

"狱"字以"言 yán"表音为"yù"，并表示与话语、言语有关。当原告与被告都说了辩词，此时法官不一定马上就能判定，于是要去调查。所以俩人都还不能放掉，要暂时监管起来以待调查的结果。此时就有了"监狱"一说，待调查结果出来，无罪释放，有罪入牢，久而久之，监狱一词就使用开了。

| 獄 | |
| --- | --- |
| 𣲦 | 金文 召伯虎敦 |
| 𤝻 | 小篆 說文犬部 |
| 獄 | 隶书 校官碑 |
| 狱 | 草书 董其昌 |

## 2. 犬→吠、伏、袯、茯

"吠"字加一个"口"字，就表示狗叫，所以没有更多的意义，读音为"fèi"。其读音与今天我们惯用的狗叫声"wāng"有所不同，也许在数千年前，人们驯化犬的时候，其叫声与"fèi"音接近，今天我们依然能在犬声中听到近似于"fèi"的吼声。

其实，"吠"应指犬吼，而非狗叫。

"伏"字的读音为"fú"，与"吠"同声近韵，为什么又没用"犬"做读音呢？那就要看看"吠"的样子，狗吠时前腿趴地，身体下埋，后腿蹬地，发出吼声随时准备攻击。此时"伏"的读音和样子就有了，还有了攻击的意思。

人们打猎时，不论是站着还是趴着，犬总是在守护主人，随时准备出击保护，所以配以"人"字旁造了"伏"字，伏下的意思。其读音与"服"相同，暗含服务主人，制服敌人意思，后来又引申出伏击、埋伏、潜伏的意思。

"伏天"一词是古代的"节气"名——"三伏天"，是一年当中最热的一段时间。从夏至开始，依照干、支纪日的排列，第三个庚日起为初伏，第四个庚日起为中伏，立秋起第一个庚日为末伏的首日，每伏十天由庚起十日。

这一时间段大体为7月中下旬至8月上旬之间，庚天干第七位。这段时间，天气炎热闷燥，人们多避暑于家中不动，等过了这段节气再出去劳作，所以有"伏"的意思，称为"伏天"，气温分"开始热、最热、结束"三个阶段，于是为"三伏"。

节气中与夏季"三伏"相对的便是冬季"三九"，在俗语中有"夏练三伏，冬练三九"之说。三九天指冬至日算起，每九天为一循环，第一个九天就是"一九"，以此类推"二九""三九"，其实一直类推到"九九"，圆满九九八十一天为止，至冬天止。所以古有"冬九九"一说，三九便是其最冷的三个九天。

"冬九九"古人没有用十日计数，而是用了九日，也许是因为冬日取暖有限，让人深感冬日的长久，"九九归一"，愿冬日度过时，一家平安，一年圆满。

所以，中国文化有很大的灵活性，而不是随意性，因为它是有人性的科学文化。

"袱"的读音为"fú"，指的是包袱。今天包袱不常用了，都用了皮箱、提箱，但在古代人们出门都是用包袱，用作包袱的布称为"包袱皮"。出生在 20 世纪 70 年代以前的人，小时候家里应该还都有用过。如今在日本的家庭，他们还依然保留着对包袱的使用。

包袱主要是用来包衣服的，有时人们也把包袱皮披在身上当衣服使用，所以用了衣字做旁（衤）。包袱一般都很大，无论是包好了放在床上，还是出门时背在身上，它都似趴在那里一样，所以用"伏"字表达意义。

同时，还有一个"縌"字，它和"袱"实际上是一个字，但不是包衣服，是古时专门盖车的一种大布，盖好了像个大包袱一样，今天的汽车也还用这个，称为车罩。

"茯"专用"茯苓"一词，是日常生活当中常吃的一种植物，既可食用，也可入药。最常见的就是茯苓糕、茯苓饼。它是一种草本植物，草字头（艹）没问题，为什么用"伏"字呢？还是与它本身的特性有关。

"茯苓"人们一般要挖取它的根，但这种植物很奇怪，你找得到但不一定挖得到。古人经常找到一棵，结果一挖什么也没挖到，此时就需要在周围一米两米的范围内找它，挖大坑。这会人们大概就能找到了，原来它藏在别处，潜伏着。于是，根据它本身的这一特性称为"茯"，又因其根块的形状大小如铃铛，所以叫"茯苓"，简称"苓"。

我国湖南，民间依然流传着挖采茯苓的民谣：

土茯苓，搬进城，
丈把远，尺把深，
挖不到，气死人。

## 3. 犬→获、突、哭、器

"获"本是两个字，"獲"与"穫"。二者意思相同，但收获的种类不同，一个是得猎物，一个是收庄稼。其实，最早的"获"字就只有一个为"獲"，指最初的狩猎所得，后来农业的发展才有了收获庄稼的"穫"，今二者简化合为一字"获"。

"蒦"的读音就是"huò"，本身就有捕捉、捕获的意思，读音与"捉zhuō"音近。草字头下面的"隻"就是手抓小鸟的样子，配以"卝"表示人们潜伏着去捉。"隻"的读音为"zhī"是小鸟被抓时叽叽喳喳的叫声，汉字简化时与书写简单的"只"合并成一字。

至此，表示捕捉的字再配以"犭"造"獲"字，表示用猎狗打猎的方式去捕捉。

"突"字非常简单，指洞穴里的狗从洞口嗖的一下冲了出来。这种情况，往往吓了你一跳，所以有突然的意思。

"突然出来"就有了"突出"的意思，本来都在同一水平线上，但有一个凸了出来，露出来了，后又引申出"与众不同"的意思。逐渐又从一个"实"的情景，发展成一个"虚"的意思。例如人与人之间有矛盾时，就显得有些冲动，当矛盾更为突出时，就被称为冲突。

"哭"字最早并不是指人的哭泣，而是鬼

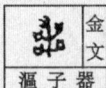

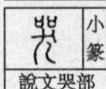

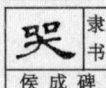

哭狼嚎之意，其本意是多只狗在撕咬猎物时，猎物发出的哀嚎声，金文就是四张大口撕扯一个猎物的样子。

哀嚎声，人们最熟悉的应该就是月圆之夜狼的哀嚎声——嗷呜，其实在野外，狗在月圆之夜也会发出这样的哀嚎。哭后来被泛指大声哭，嚎啕大哭。而"哭泣"一词中"泣"则是指人，三点水表示泪水，一个人站立在那流眼泪，小声地抽泣。

相传，仓颉造字，曾引发过一场神鬼的哭泣，因为造字把天地的秘密泄露了，所以有"鬼夜哭，天雨粟"。鬼怪们半夜嚎叫诉说哀鸣，天神们降粟为雨讨好人间，这个神话传说很有意思，但从一个侧面体现了古人对造字意义的认识是十分重视的。

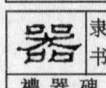

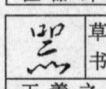

"器"字与"哭"字有些相似，二者古文中的金文更是十分相像。在今天，有人认为"器"字中间的"犬"应该是个工具的"工"，写作"噐"，就指容器。

"器皿"一起就泛指容器，但"器"与"皿"有所不同，器小口较深可多件组合，皿大口较浅有一件就可。机器就是由多个小器物组合在一起的大件，因由木质制造，所以配上木字旁，造了"机（機）"字，凡是类似这样的组合物件就是"机器"。

机器的组合往往都有一个关键的部位，这就是机关。这个机关，往往比较脆弱，也是机

哭

金文
瘟子器

小篆
说文哭部

隶书
侯成碑

草书
赵孟頫

器

金文
郑侯敦

小篆
说文口部

隶书
礼器碑

草书
王羲之

器的秘密所在，往往需要保护、保密，于是犬的作用就来了。人们用一只犬看守机器，看护机关，看守秘密，这就是"器"字的来历。

"器"除了指表面意义的器物，还有更为深奥的文化意义。

《论语·为政》，孔子曰："君子不器。"

这句话的解释有很多，每个人都需要去细细体会。

### 4. 犬→然、燃

"然"字今天常用——大自然。古人也常用这个字——自然而然，然也。

其实在"然"字之前，还有一个"肰"字，读音就是"rán"，指狗肉，因其很少用，今被废除。所以我们直接看到的就是"然"，四点火（灬）于"肰"下，表示烤狗肉。

狗是在人类自古以来最密切的朋友，可为什么人们还要杀而烤之呢？这其实主要是为了祭天，"鸡犬升天"就与此有关。狗作为人们最亲密的伙伴，能代表人们到天上汇报这一年的生活，同时人们也认为狗是天神派到人间帮助人们的，用祭祀的方式送它回去。

人们年底祭祀时相互询问："然了吗？"答曰："然也。"于是"然也"逐渐成了表示肯定的回答。于是原本表示"烧狗烤肉"的"然"字就另加"火"字表示，这就是燃烧的"燃"。

"然"表肯定回答，"燃"则专表燃烧。

然

肰 金文 虎敦

燃 小篆 說文火部

然 隶书 白神君碑

然 草书 王羲之

燃

烣 草书 米芾

　　"然"字用于表示肯定回答——"然也"。其意思就是"对，是这样"、"对，是如此"等，于是就有着"这样、如此"的意思。

　　"然而"便是先肯定，后而再有情况。

　　"自然"就是"本该如此"的意思，大自然就指大千世界、万事万物、隐形规律，本该如此，而不仅仅指草木森林。

　　"自然"一词出自老子《道德经》：

　　　　《道德经·二十五章》

　　　　有物混成，先天地生。

　　　　寂兮寥兮，独立而不改，

　　　　周行而不殆，可以为天地母。

　　　　吾不知其名，字之曰道，

　　　　　强为之名曰大。

　　　　大曰逝，逝曰远，远曰反。

　　　　故道大，天大，地大，人亦大。

　　　　域中有四大，而人居其一焉。

　　　　　人法地，地法天，

　　　　　天法道，道法自然。

# 二、豸字家族

"豸"字在《文部》字根中重点介绍过，许慎《说文解字》中称其为"长脊兽"，类似豹子，用今天的话说为"大型猫科"。

"豸"字现在很少用，主要做偏旁使用，归类为类似于豹子般的猫科动物，读音为"zhì"，与表示箭矢的"矢 shǐ"与"至 zhì"，音或近或同，暗指其奔跑时弯腰弓背，速度像射出去的弓箭一样快，且一击必中。

"豸"所造的字很少，多用左偏旁归类，如豹、豺、貉、貔貅、猫（貓）等等。

在这里，我们主要讲"豸"的一次变音。

多年前，有一次关于地方地名的研讨会。其中就讨论一些地名用字的方言音，是否进行规范化的问题。我作为山西的代表，发表对"山西洪洞县"的"洞"字读音的意见，到底是念"洪洞 tóng 县"，还是"洪洞 dòng 县"这一问题。山西给我的任务就是必须坚持要读咱们的"洪洞 tóng 县"。京剧《苏三起解》让全国乃至全世界都知道了中国有个地方叫山西洪洞县，苏三蒙难，逢夫遇救的故事也确实发生在山西洪洞县。海外华侨的乡音中都读"洪洞 tóng"，你要读成"洪洞 dòng"了，那就是你没文化了。

从政府的态度和人民大众的情感上来讲，"洪洞 tóng 县"是没问题的，但也要尽可能的从学术角度上，找出可靠的理据进行保留。

山西是一个文化底蕴非常深厚的地方，素有"地上看山西，地下看陕西"之说。同时，山西还有一个地名"运城解 hài 州"，而不是"解 jiè 州"，武圣关帝庙就在此处。这些地名称呼有异音，是有问题的，需要从文化的角度找出合理的证据。

一个省一个省地说，最后就引出来了这个"豸"字，地名"冠豸山"。

这个地方在福建，当地就叫冠豸（zhài）山，这个字在这不念"zhǐ"。此处的山顶上有一块石头，像一个头顶有冠的动物蹲着，"冠豸"就是山顶之冠上有一只带冠的野兽蹲着的样子，所以取名"冠豸山"。后来这里有了个寨子，受"寨"字的影响，变"冠豸（zhǐ）山"为"冠豸（zhài）山"，这就说明这个山上有了寨子，有了人的文化，不再是简单的地名了。

山顶之石像一只野兽，为什么不用更为凶猛的"虎"，而用"豸"呢？这就又是文化了，"冠豸"是古时的官名—判官，此时就是"冠豸(zhǐ)"。这种兽的头上有一撮竖起的鬃毛，就像个冠子—独角兽。这种神兽也是"法（灋）"字的来源，后按其草书简化为"法"。古书上记载为"独角青羊"，传说是尧舜禹时代的一种神兽，用于执法，多塑像立于衙门前表示执法公正，故以"冠豸"为官名。

所以，一个地名不是随便就起名和变音的，其中的文化意义，不可小视。

# 三、虎字家族

"虎"字的甲骨文突出了它的大嘴巴，好似今天的简笔画，用突出的大口体现了虎与其他野兽的不同。金文保留了大口，并把老虎的头画得更大了，头上似有花纹，虎尾也很清楚。到了小篆，经过人们系统整理的文字趋于线条化，虎的头部被再次放大特写，整体已经不像最初一只行走的虎，而像一只蹲坐的虎，似虎踞之貌。此后，隶书、楷书以此体规范字形，有了今天的"虎"。但，虎还有一个字形"虍"，源于对隶书字体的保留，流行于书法界，二字并行不悖。

古人称虎为兽中之王，评价之高足见人们对老虎的重视，它也是最早与人们在大自然进行生存竞争的主要对手之一。所以，用老虎再造的字有很多，有音意、形意两类。

| 虎字家族 | 甲骨 | 金文 | 小篆 | 隶书 | 楷书 |
|---|---|---|---|---|---|
| | 𤢮 | 𧆞 | 𧆞 | 虍 | 虎 |

| | | | |
|---|---|---|---|
| 虎-虍 | 膚虏 | 盧卢 | 彪 |
| 琥 | 摅摅 | 爐炉 | 麒严 |
| 唬 | 虚虚 | 驢驴 | |
| 號号 | 墟 | 廬庐 | |
| | 嘘 | 慮虑 | |
| 戲戲戏 | 滤滤 | | |

"虎"造字时多为上下结构，因为虎身形

高大，总是居高临下的感觉，善纵身高扑以捕杀猎物，所以再造过程中逐渐演变成了虎字头"虍"。左右结构的造字不多，主要的就是琥珀的"琥"。

"虎"家族的造字开篇，依旧从表声音的虎叫声开始，"唬""号（號）"。

## 1. 虎→唬、号（號）

"唬"字有两个读音，一个念"hǔ"，就是老虎的叫声；一个念"xià"，与吓人的"吓"同音，唬人、吓人、吓唬人。

这个字与它的读音很简单，就是老虎的叫声"唬"，老虎的叫声很吓人还是"唬"，今天我们吓唬别人，也还是突然唬的一声。

凡是对一个物体的命名，总是先有它的称呼，后来就成为其文字的读音，但在没有文字出现之前，这个声音就已经有了，怎么来的呢？这一直是个难题，为了解决这个问题，人们建立了"命名学"。

关于"命名"，主要的一种说法就是"仿声学"，也叫"拟声学"，就是模拟那个声音而命名。后人继承了这个读音，逐渐有了"约定俗成"的传统。但不同的文化，依然保留着对事物命名不同的文化性。

就例如汉字"虎"的读音，在英语中并没有继续读"hǔ"，而是"tiger"。这种不同，除了源于两种文字的不同性质（表音与表意）以外，更主要的是认识"虎"这一生物时的角度不同。

中国古人一开始就见到过虎，并与它厮杀搏斗，虎是人类遇到的最厉害的动物，用原始拟声和图画，给它命名和造字就有了"虎"字。而西方在文字、文化已经成熟的基础上才遇到了老虎，于是用现有的文字与文化体系给它拼写、命名，所以才有"tiger"。

然而，有趣的是，以拼音文字为主，侧重读音的西方文字在造"tiger"的时候，恰恰使用了象形文字的造字法，并表达意义在其中。"tiger"虽指老虎，但本身跟老虎的大、威猛没有半点关系，而是对虎头纹"王"字形三横的形象描述，三横像西方教皇三世三角形帽子边缘的折痕装饰，于是取表示三（three）的前缀"tri-"与教皇"pontiff（pon 词根为 put）"一词的公共部分，就有了"ti"。"tiger"在英语中就是个合成词"ti-ger"，"ger"的词根为"carry"表示运输，指明这种动物是个外来品，运过来的，这就是西方人对"虎"的认识和称呼。

可见西方人在后来造字的时候，也在遵循"形"和"意"的表达，它最后合成什么音则就是什么音，但这种音是人造的，而非自然的，意思虽也有表达，但与虎本身没有直接联系，逐渐成了一个脱离实物本身的读音符号。但英语最初也有模拟声音的造字，如狮子———lion。

中国人把狮子为什么不叫"lion"，而叫成"狮shi"呢？这与"老虎"和"tiger"的关系刚好相反。原来狮子本身并不在中国出现，它是一种外来物种，中国古人一开始没有见过狮子，在汉朝时才由外族进贡而来，是东西文化的交流带动了对这些物种的认识。

"lion"便是西方人模仿狮子的叫声拼写、命名的，而"狮"则是中国古人在已有的文字和文化基础上再造的，这一点与西方古人造"tiger"的情景基本一致。中国古人发现这种动物善群居，有首领，捕食分工明确，且有等级制度，生活习性像军队作战一般，于是用表示军队的"师"形容。因其是野兽所以配"犬"旁，造了文化概念下的"狮"字给予命名。

如果用"双法字理"来说的话，"lion"算是个音意字，"tiger"算是个形意字。

不过说来也巧，"tiger"的读音可直接音译为"太个"，汉语的直面意思就是"大个"，而老虎也确实是个大个头，汉语中就有"大虫"一说，你说巧不巧。

无论东方文字，还是西方文字，"音、形、意"这三大要素的组合，才能构成了我们所谓的文字。

一开始东西方没有大的差别，都是拟声象形文字，只是在历史的进程中，随着历史事件的发展，东方文字继承并发展了"拟声象形"的文字，而西方文字只继承和发展了"音"，这与西方一系列的地理环境、民族冲突等地理、历史原因有关。

"号"是今天的简化字，原本写作"號"，也指老虎的叫声，大叫声。声音之大，巨如洪钟，似在森林中发号施令，号令群兽。"号"的读音"hào"也是模拟老虎的大叫声而来，声音粗壮有力。

但是，"號"字并不是由"号"与"虎"二字组合的，因为"号"是今天简化字。所以"號"是由"唬hǔ"与"丂kǎo"二字所造，读音为"hào"，"丂"表示气因巧出于口，而发出声响。

"号"除了表示老虎的叫声，后来被引申用做号令，表示以号声为令。当人们发现，牛角也能吹出粗壮有力的声响时，于是称其为"号角"，口号、号召等意思随后不断引出。

"號"还造了一个字，不多用但也不陌生，这就是饕餮的"饕"。

"饕"是远古的一种龙，龙生九子之一，大口贪吃，常被铸造于古代青铜食器之上，寓意神灵庇护。"饕"就是大口吃食的意思，"餮"则有残忍、残食之意，合在一起十分形象地表达了"饕餮"这种龙子的本性，是中国特有的图形文化。

## 2. 虎→卢（盧）、炉（爐）、驴（驢）、庐（廬）、芦（蘆）、虑（慮）、滤（濾）

"盧"字本就是我们生活做饭用的炉子，最早用于盛火的炉子就像一个盆——火盆，后来炉子底部有了专门盛灰的皿，炉膛中空架有

151

炉箅，放柴、放炭，炉箅就是"盧"字中部"田"的缩写。虎字头"虍"就是炉口，如虎的大口，吃进各种木柴、炭石，呼呼吐火。

汉字简化时"盧"简化为"卢"，仅保留了原本虎头（虍）的样子。"卢"后来专指制作炉子和生炉火的人，并成为他们的姓，于是人们另造了加"火"字旁，表示专门生火用的"爐"，同源简化为"炉"。

"炉"在简化时用了字形与"卢"相似的"户"，除了字形和读音相似外，也表示每家每户都要有个炉子。今天人们搬新家时，第一个要搬进去的就是炉子，代表新的一户人家。

"驴"字不是一个简化字，原本就有"驢"与"馿"二字，它是两种造字法，同出于小篆。而今，人们定"驢"为繁体，"馿"为异体。

驴与马不同，在《文部》讲"马"字时，专门比较完整阐述了马、驴、骡三种动物的不同。

马一般人家养不起，它不吃夜草不肥，易生病，需要专门有人值班看马、喂马、遛马。驴则不同，驴首先不挑食，其次不易闹病，也不用遛，养着就可以干活。驴天生粗糙，适合小户人家喂养，马天生娇贵，一般大户人家饲养。"户"为单扇门小户，于是配马字旁表类，造了"馿"字，专指小户人家喂养的一种马类，古人从其使用的角度出发造字。

"驢"则是从驴的外形特征出发造字，驴亦有大口且善叫，毛色灰黑似炉灰，于是用"盧"

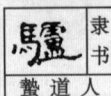

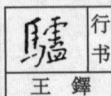

驢

貓
小篆
說文馬部

馬盧
隶书
蝥道人

驢
行书
王鐸

表音表意，马字表类造字。汉字简化时"驢"与"驴"合并，简化为"驴"。

我国古代有一个关于驴子与老虎的寓言故事——黔之驴。

### 黔之驴（柳宗元）

黔无驴，有好事者船载以入。至则无可用，放之山下。虎见之，庞然大物也，以为神，蔽林间窥之。稍出近之，慭慭然，莫相知。

他日，驴一鸣，虎大骇，远遁；以为且噬己也，甚恐。然往来视之，觉无异能者；益习其声，又近出前后，终不敢搏。稍近，益狎，荡倚冲冒。驴不胜怒，蹄之。虎因喜，计之曰："技止此耳！"因跳踉大㘎，断其喉，尽其肉，乃去。

噫！形之庞也类有德，声之宏也类有能。向不出其技，虎虽猛，疑畏，卒不敢取。今若是焉，悲夫！

"庐（廬）"加了一个广字头，"广"本指悬崖，人们最早在此处居住遮风避雨，后逐渐成为房屋的符号标志（见《文部》）。所以，"庐（廬）"就是指房子，什么样的房子呢？

这种房子最早就是一种临时搭建在山坡上、田地间的小屋子，是人们狩猎、种田时临时使用的简易房，春夏居住便于耕种，秋冬离开回家过冬。这种小房子内置简陋，多用茅草铺盖而成，也称茅屋、草庐。茅草干枯后多呈灰黑色，于是用了表示灰黑色的"盧"字，造"廬"字表示，且小茅屋往往单门独户，顺理简化为"庐"。

| | |
|---|---|
| 廬 | |
| 廬 | 金文<br>師湯父鼎 |
| 廬 | 小篆<br>說文广部 |
| 廬 | 隶书<br>孔宙碑 |
| 廬 | 行书<br>米芾 |

茅庐虽小却不能小看，三国初期就有"三顾茅庐"的故事，一间小小的茅庐中请出了中国历史上，最伟大的军事家兼政治家诸葛亮。

此外，我国还有一处名山为"庐山"，庐山本名"匡山"或"匡庐山"，早在商初便有一个姓匡的人在此山上建了茅庐用于修道，后来修道成仙离去，留下茅庐一座，于是人们称此山"匡山"或"匡庐山"。后世，为了避讳宋太祖赵匡胤之"匡"，而改称"庐山"。

自古至今，此处人杰地灵，中国电影史上有一部划时代意义的作品《庐山恋》便是在这里拍摄完成的。

"芦"今天多用于"芦苇"一词，多年生草本植物，多生于水边，茎中空，可编芦席。

"芦苇"既是二字便指两种植物，一种茎秆较细常开花，呈灰色毛状，为芦（蘆）；一种茎秆较粗不开花，可围而编席，为"苇（葦）"。二者均生于水边，本质相同，久而久之合称"芦苇"。

实际上中国汉字，每一个"字"便表达一个意思，把一个一个的字落实了，然后你再连起来再学词，你会发现那都是顺理成章的事情。如果先学"词"，就很难再回头去理解字的意思，因为先入为主的干扰太多。这也是《双法字理》一直强调，要先"识字"的原因。

"虑"字可以是"蘆"省，然后加"心"

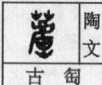

表示与心思、思考有关，思虑、考虑。

炉子是用来生火的，放进炉膛生火的木柴或是煤炭都不是一下子燃烧，而是一点点燃烧，逐渐形成持续的火焰，这火就生好了，这个过程就是"虑"。人们思考问题也是如此，思绪也是一点点地展开，最后形成一个完整成熟的想法，这就是考虑好了。所以配以心字底，表示与思想、思绪、思考有关。

当然，"虑"字也可以认为是"虎"省，然后加"思"，它不是老虎思考问题，而是人们打猎遇到老虎时，要思考一下打不打，老虎可不是谁都敢打的。老虎太凶猛，打不过是要被老虎吃掉的。所以要好好考虑下，即使要专门去打老虎，也要做好充分的思想准备，把事情考虑周全方可行动。

"滤"字由"虑"字表音表意，加三点水组成，指用水过滤杂质。人们为什么用思虑、考虑的"虑"来表音表意呢？那就还要看看大脑"考虑"问题的过程。

人们思考问题，是为了找到正确可行的方法、方案，在思考的过程中往往会把多余的思虑剔除掉，以便思考的继续，这也是一个过滤思想的过程。

同时，过滤也是用一个类似筛子或箅子的器物，即"盧"字中部的"田"来筛选，通过水的冲洗来去掉杂质。所以配以水字旁，表示过滤。

虑

小篆
說文心部

隸書
孔聘祠碑

草書
孫虔禮

滤

小篆
說文水部

隸書
史晨奏銘

## 3. 虎→虏（虜）、掳（擄）、虚、墟、嘘、戏（戲戲）、虔（虔）

俘虏的"虏"，繁体为"虜"，用虎表音表意，下面一个"男"，但并不表示"男老虎"，而是"盧"省去"皿"加"力"为"虜"。本意指攻击力、战斗力强大如虎，能吞掉各种目标，夺走各种财物，这就是掳走。随后，被捕获、俘获的各种人和目标，就成了俘虏。

其实，"掳"最早与"虏"同为一字，小篆时尚未区分，后来为了明确意义表达上的区分，才另造了表示武力夺取的"掳"，类似"受"与"授"的分家。

"虚"字读音为"xū"和"虎"的音同韵，古时"ū、u"不分，所以仍旧是"虎"字做的声音符号。字形下面的"业"字是"丘"的古字形"丠"，原本写作"虗"，古音"j、q、x"不分，是"虚"的声符。

"丘"字就指丘陵，原来古人在学会搭建房子之前，多在山丘上挖洞以居住，如陕西半坡遗址的半地穴和陕西、山西的土窑洞。人们住的时间长了，地穴或窑洞也慢慢变得脆弱了，于是另挖地穴、窑洞居住，那么原先废弃成空的地方就是空虚、废墟。这个大坑或大洞就如老虎的大口，各种东西都往里面放。

"墟"字加土，也是后来为了与表示空洞意思的"虚"有所区别，才另造的，依旧类似"受"

与"授"、"虏"与"掳"的分家。

我国最著名的历史废墟就是"殷墟"，全称"殷商废墟"。商朝后期称殷，历史称为"殷商"，"殷墟"就是殷商时都城的废墟。

"嘘"为拟声词，小声、无声的意思，无实际意义就是虚的。

"戏"字是个简化字，原本写作"戯"或"戲"，简化时用了"简化八法"之一的简笔取代，同类型的简化字还有"赵（趙）""观（觀）"等。

"戏"的古文字写法有两种，从两个方面表达了对戏的表示，一形、一意。所谓形，那就先领着人们去看看古戏台的搭建和样式，现在的戏台都水泥垒砌的，已经看不出"戲"的形象了。古时戏台多是临时搭建的高台，人们在台上表演唱戏，鼓乐配声便是在台板之下，节奏就是由鼓点掌握的，所以用"鼓"字的古文字"壴"表示，这就是最初的"戲"字。

所谓"虚"，唱戏时弹指一挥间，画笔点春秋，舞刀甩鞭战江山，于是有"顷刻间千秋事业，方寸地万里江山；三五步行遍天下，六七人百万雄兵"的形容。这是真的吗？假的、虚拟的艺术表现，所以用"虚"字表音表意，这就是"戲"字。

今天的"戏"用"又"字代替了，把原本的文化信息丢失了，但文化是可以继承，所以我们用"双法字理"把汉字的文化延续下去。

"戏"是"又"一次表演，再现各种历史事件，给人以历史的提示和提醒，避免历史的重演，所以配以"又"字提醒。

"虔"字下面一个"文"，那是虎的花纹吗？还是祈祷的文书呢？其实下面部分并非"文"字而是"欠"字，另一个字形"虔"还保留着下面部分类似"欠"的样子。

"欠"字在《字部·天文》的"气字家族"中有"欠字家族"的重点介绍，本意是打哈欠，后由打哈欠时，低头弯身的样子引出了"欠身"的意思，进而引出道歉、谦虚的意思，礼仪之中就有"欠身礼"。

"虍（虎）"下一"欠"，表示一人在神灵面前低头欠身，行礼表示真诚，这就是虔诚，礼毕垂首，立于两旁以示敬意。此处，"欠"便是人们行礼、垂首的样子，以示对神灵的敬畏。

用"虎"表示神灵，古已有之，上古时代龙和虎都是神灵的代表，河南濮阳西水坡出土了 7000 年前的仰韶文化时期古墓群中，就惊人地发现了蚌壳龙虎图，"蚌壳龙"与"蚌壳虎"守护在墓室主人的两边，分别表示东方苍龙与西方白虎两位神灵。

"虔"由"欠 qiàn"表音表意，"欠"在最初书写时，可能因古字形笔画与"虍"重叠干扰的原因，变形似"文"，后世书写便以"文"惯之，但为了能有所提醒，又用了"文"与"欠"的复合字形"夂"，这也是"虔"字存在的原因。

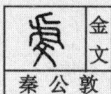

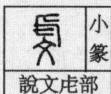

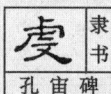

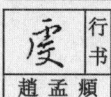

## 4. 虎→彪

动物多成群，所以古人有"狼群虎豹"之称，两条犬"犾"不常用，也写作"狱"，仅在"狱"字中出现，两只虎"虤 yán"也不常用，虎虎生威之意，与严肃的"严"意近。

三条犬为"猋"，表示群狗、群狼，三只虎也有，但笔画太多，书写占空间，于是用表示多的"三"表示，写作"彪"，读音为"biāo"。

关于"彪"字有很多解释，一解为小虎，"彡"为"小 xiǎo"的变形，表音表意。二说为虎纹有漂亮之意，"彡"为"文（彣）"的省写，表示有文采且突出，彪炳千古；又古人画虎纹于身上，除了漂亮，更表示勇猛之意，以震慑和吓唬对手，彪悍。三指虎皮，"彡"为"㯱 piāo"省，拉虎皮扯大旗，彪彪威猛。

这几种说法需要一定的语言环境去判定，这也是汉字的一个特点，同时也是汉字后来造字的一个特点。正是因为不同语境的使用，人们不断增加了区别语境的符号，就是在"文"的基础上增加各种偏旁以便区别和提醒意义，这也是汉字在小篆时期突然增量的原因之一。

"虎字家族"我们就讲到这里，接下来，我们去看另一个大形体的野兽——熊。

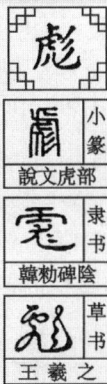

彪

小篆
說文虎部

隶书
韓勑碑陰

草书
王羲之

159

# 四、熊字家族

"熊字家族"的造字比较简单，但"熊"这个字很特殊。首先我们要去认识"能"字，随后才是"熊"字，二者为古今字。最初就只有一个"能"字，随后在小篆时才分离出了"熊"字。

| 能（熊）字家族 | 甲骨 | 金文 | 小篆 | 隶书 | 楷书 |
|---|---|---|---|---|---|
| | 象 | 飛 | 翁 | 能 | 能 |
| | 禽 | 襲 | 虪 | 熊 | 熊 |

**能—熊**

**熊态　罷罢　擺摆　羆罴**

"能"与"熊"甲骨文同源，好像一只站立的大狗熊，顶着一个大脑袋，金文都似一只爬行中的大熊，吐着大舌头，有个短尾巴。小篆时，"能"保留着原来的样子线条化，转作表示能力、能耐的意思，而"熊"则是在原有的基础上加了"火"在底部，以示与"能"的区别，并专表熊这种能耐寒冷的动物。

"能"字表意，"熊"字表物，一虚一实，汉字中很多字都是互成阴阳的。

中国人造字有一个技巧叫"以实表虚"，就是当文化中形成一个概念时，这时虚的概念没法画出来，那就画个实的存在来引申它。

比方说"鬼"，谁也没见过鬼，但是又好

像有鬼的存在，那怎么造这个字呢？古人就画一个人死后变成骷髅的样子表示"鬼"，上部表示鬼头的"由"就是头骨的样子，下面画个"人"表示人形，加个"厶"表示平时见不到，只在私下活动。这些真实物体组合在一起，构成一个虚拟的文化信息——鬼。人与鬼，一实一虚，互成阴阳组成一对。

最初表示熊的就是这个"能"字，因为熊的能耐大、能力大，非常有本事，逐渐被人们用来表示"能力"。

在古人的眼里熊的能耐有多大呢？首先，熊个头高大，身强力壮；第二，熊到了冬天会冬眠，不吃不喝了也不会死亡，耐力很强。所以古人认为熊这种生物，它自身有蕴藏力量的能力，且耐力永久，于是用熊比喻"有能力善忍耐"的人，逐渐成了"能耐"的代名词。

姜太公姓姜，名尚，字子牙，道号飞熊。商朝后期，周文王西伯侯夜梦一虎肋生双翼，来至殿下，解梦谓"虎生双翼为飞熊"必得贤人，于是外出寻找贤能，终在渭水之滨找到了直钩垂钓的姜子牙，助其成就周室王朝。

那么，当原本的表示熊的"能"字另表他用之后，熊这种动物本身怎么表示呢？人们另加"火"字，表其耐寒，此为"熊"字，后书写为"熊"字。

## 能→态（態）、罢（罷）、摆（擺）、罴（羆）

态度的"态"字，在今天上面一个"太"字，简化使用了读音替换法，替换了原本笔画较多的"能"字，原本写作"態"。

"态"字下面一个"心"字，即表示从心里发出的一种能量，这种能量、能力的外在表现是怎样的情况和情形呢？就是能力很大，用熊来形容，这就是"态"表现出的状态和形态。

"太"字本身就有"大"的意思，汉字简化时用它替换也保留一定的造字含义。

"态（態）"由心发，故称"心态"。它的读音由"能"做读音符号，"能"虽读音为"néng"，但其古音也读"nài"，与"耐"同音。

"耐"字有经受得住的意思，但它最早是一种刑罚——割胡子。古时，身体发肤受之父母不敢损伤，割头发、断胡须，这都是有悖天道的。这对古人尤其是男人来说是极大的侮辱。耐虽是一种刑罚，但尚能忍受——忍耐。

"罢"字原本写作"罷"，上面的四字形"罒"是"网"的变形，下面的"去"是"能"字的变形"䏍"的省写。"能"因其草书形体，还被书写成"䏍"，汉字简化时去繁留简。

"罢"字就是一张网网住了一头熊，啪的一声，熊被一张大网困住动不了。表示有能力的人被束缚了手脚，不能施展才华，似被免去了能力，这就是罢免。此字多用在官场，罢去

162

官职为"罢官","海瑞罢官"尤为出名。

"摆"字简单，加提手表示用手摆放，摆手、摇摆。当一个人被罢去了官职，就只能任人任意地摆布了，放到什么位置就是什么位置了。

此外，"摆"字还合并了一个"襬（襬）"字，它指古人衣、裙的下摆，人们走路时下摆晃来晃去，很是摇曳，故有摇摆一词。

"罴"字不常用，读音为"pí"，指野兽。

毛主席诗词《七律·冬云》写道："独有英雄驱虎豹，更无豪杰怕熊罴"。

罴指个头更大的棕熊，也称马熊，因其能直立行走，故此也称"人熊"。熊原本像其他动物一样爬行，奔跑时势如破竹，但与人对峙会突然站立起来，挥舞熊爪有披荆斩棘之势，着实让人害怕，足见这种大熊的威猛。

"罴"字便指这种能直立的大熊，熊什么时候会站立起来，往往是人们捕熊时与其发生对峙，熊就会直立起来反击，因其身形高大，挥动爪子时劈头盖脸给人一顿反击。其读音与"劈 pī"同音，用以形容它的攻击特点。

除此之外，中医也用到"罴"字，人的力量来自身体运化五谷和水液，正是脾主运化功能的两个方面，是人体蕴藏和转化能量的器官。

"熊字家族"讲完，"大型食肉动物"就到此结束，随后我们该去看一些小动物。

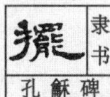

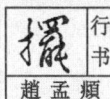

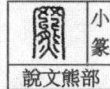

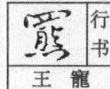

163

# 第三节 小型啮齿动物

# 一、兔字家族

"大型食草动物"与"大型食肉动物"都讲完了，下面我们要讲一些可爱的"小型啮齿动物"，分别是兔子和老鼠。

"兔"字是个象形字，其甲骨文就很像一只小兔子，字形演变以此类推，详见《文部》。其读音为"tù"，与土地的"土"同音，兔子最开始人们认识时是指野兔，其土黄色的皮毛是它的自然保护色，且读音"tù"也有兔子蹦蹦跳跳向前突进的意思。

用"兔"再造的字族比较清晰，字形变化也较少，仅有个异体字"兎"，造字规律依旧是音意和形意两类。

| 兔字家族 | 甲骨 | 石文 | 小篆 | 隶书 | 楷书 |
|---|---|---|---|---|---|
| | 兔 | 兔 | 兔 | 兔 | 兔 |

| | | | |
|---|---|---|---|
| 兎 | 逸 | 兔 | 冕毚 |
| 菟 | 冤[寃] | 冕 | 搀攙 |
| | | 勉 | 馋饞 |
| | | 娩 | 谗讒 |
| | | 晚 | |
| | | 挽輓 | |

## 1. 兔→菟、逸、冤（寃）

"菟"指一种草本植物——菟丝子，一种寄生豌类杂草，所以加草字头归类，读音不变为"tù"。下面部分为什么用兔子的"兔"来做声音符号呢？

首先，这种草本是爬藤般的丝状，好似吐出来的丝，所以也叫"吐丝子"。其次，当其茎干燥后多缠绕成团，呈棕黄色，质感柔细，如一团兔毛。所以由"兔"表音表意，配以草字头"艹"，造了"菟"字。因它结豌豆状小籽，茎呈丝状，故名"菟丝子"。

"逸"的字形很明确，走之底（辶）表示跑的意思，它表示兔子跑了。兔子跑了自然是为了躲避危险而跑，跑掉了就是安全了，这就是"安逸"。

兔子胆最小，一有点风吹草动它就跑，因为它没有什么武器能保护自己，唯一能做的就是跑，于是兔子的进化就是后腿的发达，瞬间发力奔跑。

兔子对其他动物没有什么威胁，于是古人打猎时，一般就去打兔子，危险小。但兔子跑得快，一下没打到，兔子就跑了，它们逃跑以求安逸，这就是"逃逸"。于是猎人开始追，结果失力给追丢了就是遗失了目标，所以"逸"读"yì"与"遗"同音，意思上有所关联。

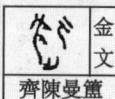

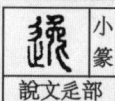

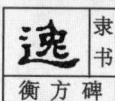

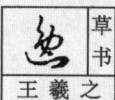

逸

金文
齊陳曼簠

小篆
說文辵部

隶书
衡方碑

草书
王羲之

冤
小篆
說文兔部

寃
隶书
夏承碑

冤
草书
孫虔禮

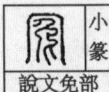

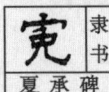

　　"冤"字确实挺冤的，兔子食草本不咬人，有事发生就跑了，这样一个不惹事、不争名利的小动物还经常被欺负，你说它冤不冤。人们抓兔子，把兔子抓急了才咬人，结果被定为会咬人被打死了，这就是冤死了。

　　"冤"是没有跑掉，被抓住、按住的兔子，上面"冖"表示抓住了兔子的耳朵，跑掉的是"逸"。"冤"的读音为"yuān"与"逸 yì"同声，读音有所变化。

　　"冤"还有个异体字"寃"，今已废用，上面多了一点成了宝盖头（宀），表示不仅含冤被抓，更被投入了监牢，有一定的文化色彩。

　　《窦娥冤》是元代戏曲家关汉卿的代表作之一，是我国悲情戏剧的典范，该剧取材自东汉《列女传》中"东海孝妇"的民间故事。讲述了穷书生窦天章为还高利贷，将女儿窦娥抵作蔡婆婆的童养媳，然夫君早死。恶徒张驴儿要蔡婆婆将窦娥许配给他不成，便下毒药于汤中欲毒死蔡婆婆，结果误毒死其父，后诬告窦娥毒死其父，昏官做冤案将窦娥处斩。窦娥蒙冤，在临终发下"血染白绫、六月大雪、大旱三年"的誓愿，结果全部应验。这便是民间流传"六月飞雪，必有冤情"的来源。

　　三年后，其父科考为官，为窦娥平反昭雪。

　　《窦娥冤》是中国著名的传统悲剧之一，是一出具有较高文化价值、具有广泛群众基础的名剧。

## 2. 兔→免、冕、勉、娩、晚、挽

　　"免"字在字形上比"兔"字缺少了一点（、），这一点就是兔子的尾巴。俗话说"兔子的尾巴长不了"，为什么长不了呢？兔子善跑是为了躲避被抓，如果长长的尾巴在后面，那不就很容易被抓到尾巴而被捕食吗？于是，兔子进化成了短短的尾巴，也许是很久很久以前，老鹰抓兔子的时候，一爪子抓掉了兔子的尾巴，让兔子跑掉了，免掉了灾祸，就有了今天的"免"字。

　　从"免"的古文字看，另一初始字形是一人顶着一个大帽子，就是最早冠冕的"冕"字。后演变成一人跪在那里，头上加了一个大帽子（冃），这就是加冕。因"免"的字形与"兔"的字形相似，人们便另造了以"冃mào"表音表意的"冕miǎn"字。

　　于是，"免"专指免除、避免的意思，"冕"专指帽子。

　　"冠"在今天也指帽子，但与冕有所区别，"冃"下一人"元"，配手说明用手把头发整理好，再戴上帽子，这种帽子多有发笄贯通帽身以便固定。"帽"则是所有帽子的总称。

　　"勉励"的"勉"字配以力量的力，自然与力量有关。

　　兔子为了避免被老鹰抓住，只能使劲地跑，跑来跑去也快没力气了，怎么办，必须坚持再

167

加点力气，这就是"勉"。它的本意就是为了避免失败而继续努力。

长跑时，本来跑不动了，但人们在一旁加油助威，不断鼓励，于是再加把力气跑完它，这就是"勉励"。一件事情，做了一半快完成了，但坚持不下去了，于是人们在一旁劝说鼓励，这就是"劝勉"。当一件事情，人们用了最大的努力和强度才算完成，这就是"勉强"。但无论怎么样，这个"力"都不是白加的，是为了避免失败而加的，所以在"免"字的基础上再造。

分娩的"娩"，女字旁容易理解，女子生孩子为分娩。生孩子可是不容易的事情，且孕妇分娩时是要用力的，而且没有放弃、免除一说。

孕妇在人们的不断鼓励、勉励下只能一口气生下来，故此还有一个异体字为"嬔"。而且生育孩子，也是女子不可避免的经历。

"晚"字比较有意思，太阳落山时夕阳红似残血，好似太阳落回冥河分娩一般，去生那九个小太阳去了。同时太阳落山了，人们也可以免除劳作，回家休息了。

太阳出来是"早"，日挂枝头上，便是人们手拿工具开始劳作的时候，一早一晚，是人们安排一天活动的标志性时间。所以古人分别造字，以便提醒时间。

娩

隸書
景北海銘

草書
趙孟頫

晚

小篆
說文日部

隸書
景君銘

草書
王羲之

"挽"字由"晚"而来，天黑了人们手拉手互相牵引着，以免走失，这就是"手挽着手"。所以他的本意就是"牵引"，目的是避免走失。

"挽"字在今天，除了表其本身意思以外，它还合并了另一个字"輓"。

"輓"字配以车子旁，自然与车辆有关，什么样的车辆需要人们手挽着手来牵引呢？这就是送灵的灵车。亲人们聚在灵车旁，手挽灵车，除了牵引灵车以外也有挽留死者的意思，这种送葬的灵车就是"輓"。灵车两边常挂着白帆，并写有纪念死者的文字，这就是"輓联"。

今天人们写作"挽联"，虽依然可以表达对死者的"挽留"之意，但却给这个字加上一定的死亡阴影。在写"手挽手"时，总有一些心理上顾忌，让人有所避讳。

## 3. 兔→毚、馋（饞）、㑩（攙）、谗（讒）

"毚"字读音为"chán"，也是一种兔子，但可不是一般的兔子，而是一种大兔子——狡兔。上半部分是"㲋"字，读音为"chuò"，古书描述为一种好比青灰色的大兽，也就是大兔子，更善奔跑和蹬踏。中国武术中有一招"兔子蹬鹰"的招式，应该就是这种兔子的杰作。

其字形与"鹿"相似，为了避免二者混淆，下面加"兔"表示为一种大兔子，这就是"毚"。

成语"狡兔三窟"就是指这种兔子，出自《战国策》的名篇《冯谖客孟尝君》，"狡兔三窟，

169

仅得免其死耳。今有一窟，未得高枕而卧也。"
意思是狡兔三窟才免去死亡危险，你只有一处
安身之所，怎能高枕无忧啊！这也是成语"高
枕无忧"的来历。

"馋"字配以食字旁（饣），表示跟吃的有关，
今天是馋嘴、嘴馋的意思，右边部分就是"毚"
字的简化。

毚这种兔子比一般的兔子大，同时兔子属
于快速繁殖者，繁殖能力很强，它们吃各种草本，
对土地的植被有很大的破坏性。且狡兔三窟，
人们很难抓到它们，它虽有天敌，却因是兔子
中的强者，也很难被捕食，所以它们到处啃食
草木、庄稼，什么都吃，这就是"馋"。

历史上就发生过兔子捣乱的真实事件：
1859年的澳大利亚，一个农夫为了打猎而从外
国弄来几只兔子，进而引发了一场可怕的生态
灾难。这些兔子快速繁殖，且在澳大利亚没有
天敌，于是数量不断翻番，很快就开始毁坏草
场和庄稼，人们不得不组织大规模的灭兔行动。

到了1950年，兔子的数量从最初的五只增
加到了五亿只，绝大部分地区的庄稼或草地都
遭到了兔子的啃食，甚至引发了水土流失。

直到今天，澳大利亚的灭兔行动从未停止
过，这都是兔子贪吃、嘴馋惹的祸。

"谗"字配以言字旁，专指"谗言"，就
是到处说坏话，到处搞破坏，很难被制止。

# 二、鼠字家族

"小型啮齿动物"中我们还有一个小老鼠，这就是"鼠"字。

"鼠"的甲骨文像一只正在偷吃粮食的老鼠，地上散碎的稻壳。金文突出老鼠牙齿、爪子、身体和尾巴，小篆之后以此类推，没有太多的变形。

关于"鼠"字，详见《文部》，不在这里重复。此处，我们主要看看用"鼠"再造的字。

| 鼠字家族 | 甲骨 | 金文 | 小篆 | 隶书 | 楷书 |
|---|---|---|---|---|---|
| | 𩰪 | 𩱲 | 𩱼 | 鼠 | 鼠 |

鼱窜　鼲鼸　　　鼯鼴　鼬
　　　　獵猎　　　鼯鼢
　　　臘腊
　　　蠟蜡
　　　邋蹋

汉字中，用"鼠"再造的字不多，其中大部分是表鼠的分类与名称，如鼸鼠、鼯鼠、鼯鼠、鼬鼠、鼢鼠等。这些不讲，因为它们也有各自的读音家族中。

此处，我们主要来认识一个"窜"字和一组"鼠"字——猎（獵）、腊（臘）、蜡（蠟）、邋。

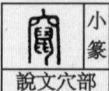

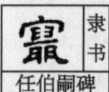

## 1. 鼠→窜

"窜"字是"鼠"字作声音所造的字，原本写作"竄"，古音"z、c、s"不分，简化后成"窜"，由"串"表音，意思没有大的变化，但却没有了老鼠的生动。

其本意是老鼠受到惊吓后，呲溜一下钻进了洞穴里，读音受"钻zuān"的影响读作"cuān"，抱头鼠窜。今简化的"窜"也很好地表达了原本的意思，老鼠有一条长长的尾巴，到处乱跑像一个小肉串一样，读音符号"串"也使读音更加准确。

"串"字从其甲骨文可以看出，原意为从物品中贯通，使其连在一起。古代人最早取贝壳、羽毛、兽牙、彩石贯绳以作饰品，"串"便是用绳子贯连起大大小小的物品。金文更加立体，字形、字意的表达更加清楚。到了小篆统一文字时，"串"字就有了今天的样子。

## 2. 鼠→鬣、邋

"鬣"字读音为"liè"，是一种大老鼠，且头顶有毛，所以字形在"鼠"的上面加有表示长发的"髟biāo"。

这种老鼠不是家鼠，而是野外的大老鼠，十分厉害，一般的家猫也不是它们的对手，唯有山猫、猎狗能捕。因它体型较大，所以也是古人打猎的目标之一。

---

窜

竄 小篆 說文穴部

鼠 隶书 任伯嗣碑

竄 草书 蔡襄

---

串

串 甲骨 藏龜·26

串 金文 晉姜鼎

串 小篆 篆典|部

串 隶书 隶字彙

串 草书 懷素

有一种类似狼和狗的犬科动物，因其身上多斑纹善群居掠食，称为豺狼或豺狗。又因其头顶就有一撮长毛，所以也叫鬣狗，指明头顶长毛的外形特点。

"鬣"字随后还造了一些字，如打猎的"猎（獵）"、腊月的"腊（臘）"、蜡烛的"蜡（蠟）"等，这几个字简化是都用"昔"替代了"鬣"。这次的替代不是同音替代，而是以文化意义为纽带的一次连锁反应，在《字部·天文》的"昔字家族"中重点解说过，不在这里重复。

这里仅解说一个没有被简化的，邋遢的"邋"。

"邋"字读音为"lā"，指人行走时头上的长发、身上的衣服没有打理，拖拖拉拉的在身后随行，好似拉着头发和衣服前行一般。

"遢"字读音为"tā"，指行走在床榻之上，不时的踩住榻上衣物。二者合在一起，形容一个人举止不利落，衣帽不整洁——邋遢。

"躤"字便是在这种邋里邋遢的情况下，踩踏出来的，表示不按次序，随意践踏的意思，配以足字旁。

173

# 第四节　爬虫类

地上的爬虫有很多，今天统称为虫，本次我们主要认识的就是这个"虫"字，以及与这条"虫"相关的其他字，如"它""也""巴""巳己己"等及其家族。

# 一、虫字家族

"虫"字就是一条长虫的样子，就是蛇。它的甲骨文画得非常明显，一条蛇的样子，突出了头部，金文也是如此。到了小篆，字形弯曲是蛇弯曲爬行的样子，此后"虫"字逐渐就代表了除蛇之外其他虫类，隶书、楷化一脉相承，变化不大。

| 虫字家族 | 甲骨 | 金文 | 小篆 | 隶书 | 楷书 |
|---|---|---|---|---|---|
| | ᒧ | ᵠ | ᦔ | 虫 | 虫 |

融　蜀　蟲　　蜗 蛙 蜜蜂 螃蟹 蝌蚪
蚕蠶 触觸 蛊蠱　虾 蝉 蝴蝶 蜘蛛 蚂蚁
茧繭 浊濁　　蛾 蛆 蜻蜓 蚯蚓 蜈蚣
　　烛燭　　　蚌 蝇 蚂蚱 蟑螂 蟋蟀
　　独獨　　　蛇 蚊 蝎 蚤 闽 蛋 蛮 蜇
　　　　　　　蠢 虽 雖 强 強 彊

"虫"字造出来以后，代表的东西太多了，所以就把它进一步分工，有一个虫的，两个虫的，三个虫的，大体分成了三大类：

一个的就是"虫"，表示一个大的种类，和个体较大的生物。如人无羽毛鳞甲为倮虫、鸟有羽为羽虫、鱼蛇有鳞为鳞虫、野兽有毛为毛虫，这是大的分类，此外老虎因个头很大也叫大虫。

两个的为"蚰 kūn"，两两一对虫，如螳螂一公一母、蜘蛛一公一母等，今书改为"昆"字。

三个的为"蟲"，群居有王的虫子，如蚂蚁群居有蚁后、蜜蜂群居有蜂王等。

无论"虫""蚰"还是"蟲"都还是虫，都以"虫"做旁归类，这就有了各种虫子的名字，如蚂蚁、蜜蜂、蜻蜓、蝴蝶、蚂蚱等，这些有管声音的部分，在各自的家族中。

"虫"字本身表读音和意义的造字，有融、蚕、蜀、蛊等字。

## 1. 虫→融

"虫"字做声音符号时，读音最接近的就是"融 róng"字，左边部分是一个"鬲"字，这个字当地名时念"gé"，当古代容器时念"lì"，详见《文部》。"鬲"与"鼎"都是古人做饭用的容器，就是锅。右边一个"虫"字表音表意，指虫肉即猎物的肉。"融"的读音便是"虫肉"的合音，侧重于肉，故以肉（r）表声，虫（ong）表韵。

"融"字最早的意思就是煮肉，把肉化入

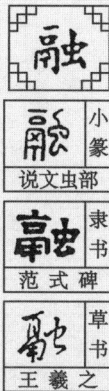

融

融 小篆
说文虫部

融 隶书
范式碑

融 草书
王羲之

水中成为肉汤，使肉的作用最大化，以便平均分配，所以引出"融化"一词。

今天更有"金融""融资"等词，就是把个人的金钱聚在一起，好似放在一个锅里融在一起，把钱的作用最大化，最终使每个人的利益的最大化。

祝融，是三皇五帝时夏官火正的官名，与大司马是同义词。历史上有多位著名的祝融被后世祭祀为火神灶神。祝融氏也是氏出多元，历史上有颛顼族祝融氏和炎帝族祝融氏。

其中，炎帝后代黄帝夏官祝融容光为南方灶神火神，颛顼之孙重黎是高辛氏火正祝融为北方人的灶神火神，颛顼之孙吴回（楚国先祖）在帝喾诛重黎后复居火正为祝融。

## 2. 虫→蚕（蠶）、茧（繭）

"蚕"字大家都很熟悉，吐丝结茧的蚕宝宝，繁体为"蠶"，由"朁 cǎn"作读音符号，是"簪"字的省略表音表意。"簪"就是簪子，是古人用来绾头发的竹片或木片，后来也多用金属、玉石打制。蚕是群虫，用"蟲"代表，二字合并时各有省略写成"蠶"，指一种在用竹片搭建的小架子上吐丝结茧的虫。竹片搭起的小架子也称蚕床，一个一个的很像人们插上簪子的发髻。

汉字简化时，"蠶"字着实难写，于是用字形简单、读音接近的"天"字替换，进一步

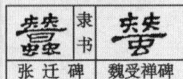

省略书写成"蚕"，也符合古人对蚕的一些神话表述——天赐之虫。

无论"蚕"还是"蠶"，虫都是一个表示归类的符号，没有明确的意义，但我们依旧把它放在这里是有原因的。因为蚕的甲骨文就画了一条虫的样子，它的文字就是象形字，一条大头大眼的小虫子——蚕虫。

养蚕必然结茧，但与在甲骨文就出现的蚕相比，"茧"却仅仅在小篆时才出现，这似乎有些不合理。原来"蠶"字本身就体现了"茧"的意思，后来文化的发展，小篆时汉字意思的不断精准，于是另造了专表蚕茧的"茧"字。其繁体为"繭"，把蚕吐丝结茧的样子完美地画了出来。汉字简化时，去繁就简写成"茧"，也不失其原本的意思。

中国古人用人文思想，把"天地人"结合在一起，构成了一个完整的思维体系，万物取于自然不忘天恩，始终贯彻"天人合一"的哲学观。古人与自然的和谐用的不是科学，而是智慧。养蚕取丝就是这种和谐下智慧的必然产物，用蚕丝制成蚕丝织品更是让西方人着实吃惊与喜爱，名扬海内外，丝绸之路便由此而来。

除了这条小虫，中国古人还在"天人合一"的大智慧下，从大自然中取来了一片树叶——茶；从大地中取来了一把土——瓷，它们在几千年前也一同踏上了丝绸之路，把中国文化传播到了世界各地。

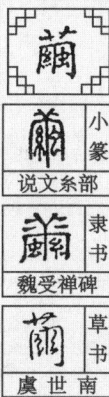

繭

繭 小篆
说文系部

繭 隶书
魏受禅碑

繭 草书
虞世南

### 3. 虫➝蜀、触（觸）、独（獨）、烛（燭）、浊（濁）

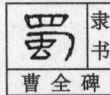

"蜀"字也是画了一条虫的样子，这条虫有个大脑袋和大眼睛。四川今天简称蜀，是因为古时这里是古蜀国。"蜀"字上面的四字形"罒"是"目"字的变形，本指一个大眼睛，后也暗指作茧自缚的网。它是什么虫呢？也是能吐丝的虫，古人认为它也是一种蚕。

"蜀"便指蜀虫，也会吐丝结茧，但比蚕虫要大，如柞蚕。传说中，古蜀王以此虫教人民栽桑养蚕，使四川成为中国最早养蚕的地方，于是用这条虫命名为"蜀国"。

今"四川"一名是后来才有的，四川地区古称"巴蜀"，巴、蜀本是两个古老的部落，秦灭巴、蜀后，在四川推行郡县制，在原巴、蜀地区设置了巴郡和蜀郡。唐宋后废郡县制为道路制，同时为加强中央集权的管理，此处一分为四进行管理，合成"川陕四路"，简称"四川"。元朝行省制替代道路制，"川陕四路"合为"四川行中书省"简称"四川省"，并沿用至今。

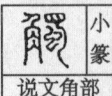

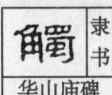

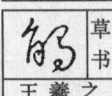

"触"字繁体写为"觸"，指虫子的触角，虫类的眼睛在头顶的两侧，因其爬行，所以只能看到两边和上面，不能看到前面，那前面的路怎么找呢？这就得靠生在头顶前方，伸出去的好似牛角的触，去触碰、去探路。因其本身就像一对小角，所以加"角"字表形。

后来人们发现除了蠕虫有触，昆虫也有类

蜀

甲骨
粹·1175

石文
石鼓

小篆
說文虫部

隶书
曹全碑

草书
王羲之

觸

小篆
说文角部

隶书
华山庙碑

草书
王羲之

似的长须用来触碰、探寻，一个角形，一个须状，于是分别称为触角、触须。

蠕虫类的肉质小角，最常见的就是蜗牛；昆虫类的长长触须，如蝴蝶、蚂蚁等。

"独"字我们天天用，独立自主，父母要培养孩子的独立性。但我们的独立性和对独立性的认识，往往还不如大自然中的一条小虫。

"独"是今天的简化字，繁体为"獨"，简化时"蜀"字省略为"虫"也还合适。

蜀是一种会吐丝结茧的虫子，大自然中除了蚕还有很多这样的虫子，如蝴蝶、飞蛾的幼虫，它们都会吐丝结茧成蛹，最终破茧化羽，华丽变身。

茧是虫子们的堡垒，保护里面的蛹，直到破茧重生的那一刻。每个茧里头就只有一条虫，它们虽群生，但独居，并独立完成破茧化羽，不需要也不能有其他帮助，很多蛹往往在此时永远地睡在茧里。

这是大自然对每一个生命的独立考验，也是对每一个生命的尊重，这就是独立性。

"独"配以犬旁（犭）而没有配人旁，也有一定的文化元素，人与人之间除了独立，更重要的是互助，这也是动物尤其是野兽跟人类最大的区别。当一个人过于独断专行时，往往表现出一种兽性，于是人们配"犭"时时提醒。人虽要独立也要互助，阴阳平衡才能成仁，否则一味独行只能毒害他人，故与"毒"同音。

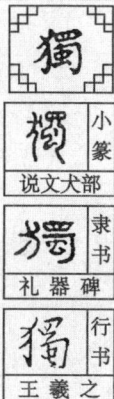

独 小篆 说文犬部
獨 隶书 礼器碑
獨 行书 王羲之

　　"烛"字繁体为"燭"，由"独（獨）"字省略，再配火另造，可用于点火取光。

　　"烛"单独一字也指蜡烛，蜡是制作烛所用的材料，用动物油脂做的就油蜡，采集白蜡虫所做的为白蜡，不管哪种蜡都是一根一根单独点燃的。蜡烛中包有一根独立的灯芯，好似蚕虫肚子里的丝线，且一只蜡烛的样子也像一只白白胖胖的大蚕虫，于是用"蜀"表音、表意、表形。

　　"浊"字也与这条蚕虫"蜀"有关，在煮茧缫丝时出现。

　　"煮茧缫丝"是为了去除丝上的蛋白和丝胶，使其丝膨胀、软化便于人们抽丝，此外也是清洗丝线的过程。煮茧缫丝后的水便是"浊"，因其中混有很多渣滓，所以水质浑，这就是浑浊和混浊。

## 4. 虫→蟲、蠢、蛊（蠱）

　　"蟲"表示一群虫子，也造了一些字。

　　"蠹"字不常用，读音为"dù"，但有一句话人们都非常熟悉"户枢不蠹"，出自《吕氏春秋》"流水不腐，户枢不蠹，动也"。意思是常流的水不会发臭，常转的门轴不遭虫蛀，这都是因为动。简单直白点就是，刀不用会生锈，人不思考会变笨。

户枢就是门轴，蠹就是蛀虫，蛀虫可不是一个两个而是一群、一窝，于是用表示群虫的"蟲"造字。字形上半部分就是一根笔直的圆木，插在由石槽组成的门轴中，正是"木中石"三字的合并，配以"蟲"，组成"蠹"字。

其读音与"木 mù"相近，因其蛀在木头中，所以还有一个异体字为"螙"。

"蛊"字也不常用，但却是中国巫术文化中不可缺少的一个字，巫术、巫师起初并不是今天人们所认为的作怪者，而是古医师，蛊也与古代医药有一定的联系。即使在今天，四川密林中的少数民族还依旧保留有巫师，并用"蛊"治病。

"蛊"字源本写作"蠱"，表示把很多虫子放在一个器皿中，最后制成药物，有一定毒性，也称蛊毒。今天我们对药物的认识也是如此，是药三分毒。

古代中原人学会采集植物来制作药物，寻相生相克之法治病救人时，远在深山密林的巫师们，便采集虫子制作药物，寻以毒攻毒之法治病救人，这种药就是"蠱"。

关于"虫字家族"我们就讲解这些，主要讲了以"虫"为主的大类，并没有介绍"虫"字本身表示"长虫"的意思与造字。因为古人在用它表示虫类以后，把它本身稍作变形另造了一个字，这就是我们随后要讲的"它"。

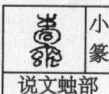

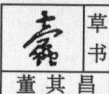

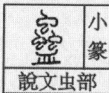

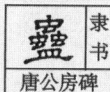

181

# 二、它字家族

"它"字也是一条长虫，就是蛇，详见《文部》。

其甲骨文在原来"虫"的上面加了一只脚（止），金文整体画得比较粗壮，是指一条盘蛇，小篆、隶书和楷书，按照金文时的样子规范书写。"它"字实际就是一条蛇盘起来的样子，我们今天称为蛇，是另有原因的。

古人最早并不称其为蛇，蛇的字形最早出现于小篆，在这之前就用"它"表示。古人虽认为"人"为万物之灵，但并不凌驾于万物之上，对大自然依然保留着敬畏。

人们对自然现象的敬畏，造了"神"；对死亡的敬畏，造了"鬼"；对野兽的敬畏，造了"青龙""白虎""朱雀""玄武"四方神兽。自古以来，人类并不能征服和改造自然，而是顺应和改善自然，敬畏之心是必须要有的。

蛇作为一个对人的生命构成威胁的动物，人们便对其敬而远之，称其为"它 tā"，古音念"tuō"，它有一条长长的尾巴拖在后面。后来，人们对有所敬畏的人或物都称为"tā"，不直呼其名，以示敬畏与避讳。

古人最早住在洞穴里头，洞穴里阴暗潮湿经常出现两种虫，一种是蛇，一种是蝎。两种喜阴的冷血动物，于是哪暖和就往哪去，所以人们总被蛇咬，或被蝎子蜇。所以见面打招呼常问"有它、无它"以示关心。

后来居住的问题解决了，吃饭的问题还没解决，于是见面改问"吃了、没吃"以示关心。

再后来到了今天，温饱都解决了，都炒股去了，于是见面就问"升了、没升"。这是我们一个很有意思的文化传统，源自于最原始的人与人之间的一种生命关爱。

"蛇"字的书写在小篆时才出现，此前一直用"它"表示，当"它"作为一种文化敬畏和避讳的称呼时，蛇就需要另一个字来表示。它原本就是画的一条虫的样子，既然另作他用，就再加虫旁归类，造了这个"蛇"字，读音为"shé"，取其特有的蛇信——舌为音。

| 它字家族 | 甲骨 | 金文 | 小篆 | 隶书 | 楷书 |
|---|---|---|---|---|---|
| | | | | | 它 |

蛇　　佗他　　驼駝
　　　舱　　鸵鼉
　　　柁
　　　砣

"它"再造的字，除了分化出"蛇"字本身之外，其他字也多与盘蛇样子有关，读音为"tuō"。

它→佗、舵、柂、坨、砣、沱、驼、鸵、跎

"佗"字读音为"tuó"，原本也是写作"它"，为了有所区别加人字旁，指一个人拖着东西行走的样子，后面留下一条长长的尾巴——痕迹。

今天"佗"这个字不常用了，仅用在神医"华佗"的名字上，东汉末年的著名医学家。而"佗"字也再现了神医当年拖着药箱，采药群山，治病千里的样子。

船舵的"舵"字配有"舟"作旁，说明与船有关。

舵一般放在船尾，是帮助船前行，和改变前行方向用的。在船前行时，舵在水中左右摇摆像蛇爬行时尾巴摇摆的样子，给船提供动力和方向，于是留下长长的拖痕，像一条蛇的样子。

其读音为"duò"，与"它 tuō"相似。

因其古代多为木质，所以也写作"柂"。此外"柂"还指房架前后两个柱子之间的大横梁——房柂，两根柱子好似骆驼两个驼峰，中间驮着一根大梁。

"坨"字配有"土"作旁，指一个小小的土堆的样子，好似一条蛇盘在那里。

"砣"字配有"石"作旁，指秤砣。秤砣是一块不大的石头，顶部凸起像一条蛇盘坐抬头的样子，并留有一个环扣，方便穿绳吊挂，长长的吊绳也似拖着个尾巴。

左侧图注：
佗
金文 古鉨
小篆 說文人部
草书 王铎

舵
小篆 篆典舟部
隶书 蛰道人

柂
行书 赵孟頫

　　"沱"字配有"水"作旁，最早为一条水名——沱江。

　　沱江位于四川中部，地势最低，除其主流之外，四周水源也常汇集于此，是一条混水江，且长期盘踞于此。

　　骆驼的"驼"和鸵鸟的"鸵"也都是由"它"字所造，骆驼和鸵鸟虽是不同物种，但却有相似之处，都有长长的脖子，当它们卧下时，远远看去似一条盘蛇伸着蛇头的样子。且骆驼的驼峰也像两个小土堆——坨的样子，背在身上。

　　二者，一属马类，一属鸟类，各自归类就是"驼"和"鸵"，读音不变。

　　"跎"字配以"足"作旁，指明与人的腿脚有关系，在《文部》讲"老"字的时候，我们提到"人老腿先老"。当一个人腿脚不便时，行走起来就只能弯腰驼背，身后留下一串模糊拖行的脚印。

　　这个字常与"蹉"连用，组成"蹉跎"，"蹉"指的是行走的路上出了差错，与成功失之交臂的，错过了美好青春。

　　日月蹉跎、岁月蹉跎，人们常以此感叹时光流逝，人已暮年，表达美好的青春时光白白过去了，自己还什么也没干成就已经老了。

185

# 三、也字家族

"也"字在《文部》也详细介绍过，是一条双头蛇的样子，甲骨文没有见到，金文是一条两个头、长尾巴的蛇形，小篆与"它"字的小篆相似。关于"也"字，还有一种说法为树叉，在这里我们仅采用"双头蛇"这一概念。

用"也"字再造的字也跟蛇有关，依旧是音意、形意两种。

| 也字家族 | 甲骨 | 金文 | 小篆 | 隶书 | 楷书 |
|---|---|---|---|---|---|
|  |  | 乜 | 也 | 也 | 也 |

| | | |
|---|---|---|
| 他 | 弛 | 迤 |
| 她 | 驰馳 | |
| 拖扡 | 池 | |
| 地 | 施 | |

在十几年前，拍摄《汉字宫》时为了实物取景，这个"也"字确实为难了我们一下，因为双头蛇可不好找。

不过"人欲行其事，天必助其力"，开拍半个月喜讯传来，在陕西下属的一个县里出现一条双头蛇，且被抓住了，正在送往剧组的路上。这可是谁也没想到的，算是一件趣事。

## 1. 也→他、她、地、拖、施

"他"字是今天的第三人称代词，加人字旁专指人，以示与"它"的区别，读音与"它 tā"相同，意思也相同。书写上为了与"佗"字区别，改用同样表示蛇的"也"字。

今天"它"泛指动物类，因其原本指蛇，且有敬畏之意，于是人们又专门造了牛字旁的"牠"，专表动物类。汉字简化时，则统一规定为"它"。

其实"他"字也是如此，在指第三人称时，既指男子也指女子，都是人。后在"五四运动"时期，西方文化的进入，带动了语言文字上的碰撞，英语中有"他"的男女之分"he、she"，于是人们造了女字旁的"她"相对应。

今天，人们已然习惯了"他她"的男女之分，更有甚者说把其归为"男女平等"之列。"他"字"人"旁，本就涵盖男女，融为一家互助互利，今天非要分为两家互为对立，分得清清楚楚确实科学，但文化倒不见得进步了多少。

"地"字算是人们最熟悉的一个字了，也是人类最早接触的实物，但这个字形却不是最早的，它最初时金文写作"墍"后写作"墬"，今天这些字形被当作"地"的异体字，它的本意就指动物活动的地面。小篆时文化信息的加入，字形变为"地"，"土"字旁表示土地本身，"也"表示虫类，是一个各种动物的总称，

他

甲骨
珠·271

金文
子仲匜

小篆
說文人部

隶书
孔龢碑

草书
王羲之

地

金文
不嬰敦

小篆
說文土部

隶书
曹真碑

草书
陳詩

187

合在一起表示各种生物活动的地方，大地。

在中国文化中，有专门的"地文化"——
后土，有地祇，更有后土娘娘，且被称为大地
之母、万物之母，等等。

关于"地"字的读音，很有意思，最简单
的理解就是物体掉到地面发出的声音"dì"。但
在中国沿海的福建地区，人们把"猪"就叫"dí"，
这似乎又与最早的"蠡"字联系到了一起。沿
海的福建人，多为古时中原人的迁徙，应该保
留着部分的中原古音韵，这对了解今天汉字的
读音和字形会有所帮助。

"拖"字读音为"tuō"，是蛇的古音，字
形就是一人（亻）用手（扌）抓着蛇（它、也）
的样子，提着蛇头或是蛇尾，长长的身子垂在
下面，拖在地上。

"施"字读音为"shī"，今天字形也是出
于小篆，最早为"也支"或"它支"，表示驱赶蛇，
这就指今天的"措施"。后来小篆时又加"方"
表示驱赶要有方向，不能乱赶。如果一个力没
有方向，很难说它是好是坏，所以古人后来给
它加方向，表明要把蛇赶走，远离人群，这就
是"施放"。当力有了方向，人们就可安心施
放这个力了。

"施"字的读音便是人们驱赶动物时发出
的声音，与排斥的"斥 chì"音近，意连。

此外，"施"字也可以简单看成由"旗"

拖

甲骨
後上·21

小篆
說文手部

隶书
夏承碑

行书
王鐸

施

金文
中山王壶

小篆
说文支部

小篆
说文方部

隶书
华山庙碑

省加"也"，旗面在风中摇摆的样子就似蛇形。今天人们依然在工地的周围插满旗子，表示此处正在施工。当人们挥动旗子左右摇摆时，好似蛇爬行时左右摇摆，表示是一种指示，一种信号，可以开始了、可以执行了，或者可以放行了。于是读音受指示的"指"、执行的"执"影响，有所变音。

同时，需要注意的是，"施"字有时还被读作"yí"，与"迤"字同音。"迤"表示蛇爬行的痕迹，那么无论人们驱赶蛇，还是旗子的摇摆跟蛇的形迹有关，本意是一致的，所以有时二字通用。

"五岭逶迤腾细浪"是毛主席《长征》诗词中的一句，用"逶迤"形容山势的高低起伏，又如蛇形蜿蜒崎岖。

## 2. 也→弛、驰、池

有张有弛，什么叫张，什么叫弛？它们都与弓有关，把弓拉开、拉长了就是张，张开、张弓，拉开了弓自然是要射箭，所以有"张弓搭箭"一词。张开的弓，弓弦紧绷着，随时准备射箭，这就是紧张。

弓不能总是扣着弓弦，所以在不用的时候，人们会把弓弦的一端解开，让弓背与弓弦放松下来，以便恢复弹性供长久持续地使用。此时的弓背与弓弦便组成了"弛"字，放松的弓弦一头挂在弓背上，弯弯曲曲的，像一条蛇的样子。

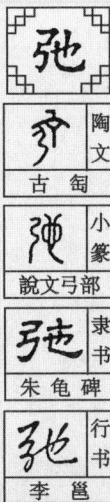

弛

矛 陶文
古匋

弶 小篆
說文弓部

弛 隶书
朱龟碑

弛 行书
李邕

成语"杯弓蛇影"就很好地阐述了"弛"与蛇的关系。

驼马奔驰，什么是奔，什么是驰？奔就是奔跑，而驰就是放松，这可不是跑一下休息一下，而是在运动的间隙放松，就跟呼吸一样，一吸一呼，一奔一驰。马的奔跑便是如此，马腿蹬地时发力向前，腾空时身体舒展放松，如此循环奔驰前行，可持续长久。一奔一驰间，肌肉一紧一松，可以保持长时间奔跑。

今天人们的自行车骑行，也在使用一奔一驰的方法，自行车脚踏与车座之间的长度便是人的腿长。这样在骑行过程中，腿部在每一次的发力蹬踏后，都有一次舒展的机会进行短暂的放松，既保护了腿部的肌肉，也加长了骑行的耐力。

"池"字的本意指城池，是古代环城而挖的护城河，似一条盘蛇围城而踞，多为人工挖掘用于储水。

古时的护城河最早并非打仗用的，而是为了防止洪水的。当洪水来临时，洪水先冲进又深又宽的护城河中，减低了洪水的冲击力，以便保护城墙的承受力，有放松水势，使水势松弛的作用，所以称为池。

洪水过后，池中的水便保留了下来，以备干旱时使用。后来人们挖坑蓄水便叫水池、蓄水池，挖出的水塘也称为池塘。

# 四、巴字家族

"巴"字从甲骨文来看并不是蛇，其甲骨文是一个人蹲下伸手扒土的样子，所以其本意为"手扒土"，读音与"八"同音。甲骨文、金文字形一致，所以"巴"字严格意义上讲并不是蛇，当看作"爬"字的古文字，表示趴在地上用手扒土前行，二者互为古今字。

| 巴字家族 | 甲骨 | 金文 | 小篆 | 隶书 | 楷书 |
|---|---|---|---|---|---|
| | | | | 巴 | 巴 |

爸　吧　　　　色　　　肥
疤　耙　　绝绝絕
芭　靶　　艳艳艷
笆　把　　邑阝
琶　爬　　阝-乡鄉郷鄉
　　钯

小篆时"巴"的字形因表示爬行的关系，变成类似蛇形弯曲的样子，上部依然是人伸出手的样子，隶书、楷书后规范成今天的字形"巴"。因其字形上的变形似蛇，所以我们把它归在蛇类，且上半部的样子很像一个大眼睛，有这么大眼睛的蛇自然就是大蟒蛇，于是在"双法字理"中，我们定义"巴"为一条大蟒蛇。

同时，将其定义为蟒蛇，也受表示蛇的"巳"字的影响。

巧合的是，四川巴蜀之地便多出蟒蛇——巴蛇，也许古老的巴部落与蜀部落，正是一个养蛇，一个养蚕。

人们用"巴"再造的字，多数都用它作读音符号，表音表意。

用它作形表意的不多，如肥胖的"肥"在今天看右边是个"巴"，但它原本并不是巴，是"配"的省略，是人形"卩或旡"的变形，是一个身上肉多的人。汉字简化时根据其草书连笔书写成"肥"，据此定形字体。同时，大蟒蛇身体粗大，皮糙肉厚，表示"肥"字也十分合适。又因其多与"胖"字连用，所以在讲到"胖"字时，再一并细述。

"色"字也是如此，字形下部因书写连笔而成"巴"，俗话"色字头上一把刀"，所以我们归于"刀字家族"去介绍。

"邑"字也用到了"巴"，也是人形"卩或旡"的变形，具体在符号家族中与"阜"字一起介绍。

### 1. 巴➜爬、耙、钯、芭、笆、琶、杷

"爬"字原本与"巴"互为古今字，但"双法字理"中因对"巴"字的重新定义，所以"爬"字我们定义为一条蛇爬行的样子。蛇虽然没有爪子，但加"爪"字进一步指明行进的方式。

大自然中，四足或多足类爬虫的行进也与蛇类似，行进过程中身体扭来扭去，让人看着害怕。于是，读音也有所扭曲，由"bá"扭为"pá"。

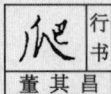

爬

隶书
张迁碑

行书
董其昌

　　"耙"字读音为"pá"，左边是表示农具的"耒"，所以它指一种农具，是扒土松地用的耙子。耙子的头很大，有很多齿，一根木棍作身，像一个大头长身的蛇。当用耙子耙地时，留下的痕迹弯弯曲曲，又因耙头很大所以痕迹很粗，像一条大蟒蛇爬行留下的痕迹。所以右边用"巴"表音表意。

　　古时的农具随着铁器时代的到来，也进行了铁器化，于是有了金属打制的钉钯，造字为"钯"。最著名的就是《西游记》里，猪八戒的"九齿钉钯"。但后来，随着我们对西方化学的学习，在化学元素中有一种金属元素为"Bǎ"，为了用汉字记录就借用了金属旁的"钯"表示，于是"耙"字就表示木制和铁制的两种耙子。

　　"芭"字很少单独使用，一般在"芭蕉"一词中使用，"蕉"字我们在前文"佳字家族"中已经见过，最常见的就是香蕉，另一种比香蕉小一点的为芭蕉。古人之所以称其芭蕉，是因为它的果实一个一个并排连接，并有一定的弧度，很像耙子的头部，且单独的每一个都像一个小尾巴结在树上。

　　"笆"字改草字头为竹字头，也很少单独使用，一般用在"篱笆"一词中。篱笆最早就是由竹子编排，后来也有用木板制作。

　　"篱"很简单，下边是分离的"离"，表

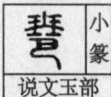

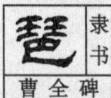

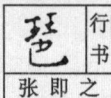

示有分离、隔离的作用。"笆"则表现了篱笆的样子，像一排排耙子的钉齿竖在地上用来隔离，防止有人擅自爬进来。二者合起来就是"篱笆"，有形有意，很好地表示出了人们用来围院隔离的小木墙——篱笆墙。

琵琶是一种中国传统乐器，古代由西域传入中原的一种弦乐器。古琴是我国弦乐器的最早代表，于是在造字时采用了"琴"字的上半部"玨"表示弦乐的归类，造了"琵琶"二字。

"琵琶"二字没有太多的造字缘由，就是模拟琵琶演奏时的主要音效"噼噼啪啪"而来。

与此同时，还有一种植物也叫枇杷，取名于其果实的样子。枇杷这种果实样子很像琵琶，颜色橘红，籽粒较大，人们吃完果肉吐出籽粒，坠地发出噼啪的声响。

## 2. 巴→疤、靶

伤疤的"疤"，似乎与蛇没有关系，那为什么还用它表音表意呢？那我们还要去看看"巴"字。

巴除了表示一条大蟒蛇以外，还表示尾巴，因为蛇的样子确实很像动物的尾巴。所以用"巴"所造的字也有一些与尾巴有关。尾巴在身体的后面，与身体连在一起，系在一起，于是引申出连结、结合的意思，所以有一个词叫"巴结"。

这时我们再看"疤"字，当肉身受伤破皮

（左侧栏）

琵

琵 小篆 说文玉部

琶 隶书 曹全碑

琶 行书 张即之

时会留下伤口，伤口过一段时间会愈合，但无论怎样都会留下一个痕迹。这个痕迹便是伤口愈合时肉皮结合留下的，所以叫结疤、疤痕。

靶子的"靶"配以"革"字，首先说明最初是使用皮革制作的，为了耐用。

其次，用"巴"表音表意是"疤"字的省略，人们射箭于靶子上留下一个一个的疤痕。

### 3. 巴→吧、把、爸

"吧"字是个语气词，是一种表示肯定的口气，所以加"口"字旁。

人们询问时说，可以的话就"把"事情办理了，或是"把"东西拿过来，这就是用了表示行动的"把"字再造。

"把"字就是用手抓住的意思，最初为抓住尾巴，今天多指杯子、门户的把手，即用手抓住的地方——把手。

无论杯子把还是门把手，都似主体之外的一个小尾巴，是方便人们手拿的部分，当然把手也有圆形短小的为柄——"把柄"。不管是"手把"还是"手柄"，都是为了让人便于把握的。

"爸"字算是我们生活中最熟悉的一个字，我们每个人都有爸爸、妈妈。同时，在中国文化中讲爸爸，就必须先说说父亲的"父"。

"父"字原本是一只手拿着东西，一般指

靶
靶 小篆
說文革部
靻 隸书
螯道人

把
杷 小篆
說文手部
把 隸书
韓勑碑
把 草书
赵孟頫

195

手拿斧子，就表示一个斧头，后来指手拿斧头的人为"父"，于是另造加"斤"表示"斧"。"斤"原本也是斧头，当它表示了交换单位以后，"斧"就不得不出现来专表斧头了。

所以，"父"的本意并不是父亲，是指可以拿着斧子干活的男人，多指成年男子。它是古时男子成熟的标志性器物，且表示力量，如历史人物"夸父"。

此外，"父"字有时候也写成"甫"，在古汉语当中二者有时通用，"甫"多指美男子。同时与它们读音相同，意义相仿的还有"夫"字，这个"夫"在造字和文化上就显得文雅了。不管怎样，他们都是古人对成年男子的形容，有力量型、美貌型、儒雅型等。

"父"因其指成年男子，故有父辈之意，因家族中父辈较多所以造了"爹"字，父辈依次为大爹、二爹、三爹等，自己的父亲便是亲爹。又因"伯"为兄弟之长者，故父辈之长也称伯父，依次为大伯、二伯、三伯等，比父亲小的父辈便是"叔父"，以古人兄弟间的次序名"伯仲叔季"来分称呼。

"爸"字由来较晚，但却造得很好。"爸"的读音跟"伯"相近。所以在北方，人们把"大伯、二伯"也称为"大爸、二爸"，且父亲更是一家之中把握全局的人。人们为了有别于"父"字的广，"爹"字的多，于是另造了表示把控能力的"爸"字专表父亲一意，在读音上既表现出了男子的霸气，也体现出了男子的能力。

# 五、巳已己家族

"巳已己"这三个字放在一起，有一定的比较性，因为他们三个字形十分接近，人们往往容易混淆，其实他们三个中只有"巳、已"二字与虫蛇有关，"己"字则仅仅是字形的类似。现在，我们来依次看一下：

| | 甲骨 | 金文 | 小篆 | 隶书 | 楷书 |
|---|---|---|---|---|---|
| 巳字家族 | | | | 巳 | 巳 |
| 已字家族 | | | | 已 | 已 |

| | 甲骨 | 金文 | 小篆 | 隶书 | 楷书 |
|---|---|---|---|---|---|
| 己字家族 | | | | 己 | 己 |

| 坦 | 记記 | 起 | 妃 | 岂豈 |
|---|---|---|---|---|
| 圯 | 纪紀 | 杞 | 改 | 异異 |
| | 忌 | | 配 | 导導 |

"巳"字与"已"字在甲骨文、金文、小篆时基本没有区别，在使用上前者用作表示蛇的"巳"，并在传统的纪年"天干地支"中排"地支"第六，即十二生肖中排名第六。"子鼠丑牛、寅虎卯兔、辰龙巳蛇……"，取其蛇形表爬虫类，读音为"sì"。

"已"字在规范书写时，为了与表示虫蛇类的"巳"区别，于是留有缺口以示区别。在今天主要表经历过的时间和事情——已经，人的经历都不是一帆风顺的，往往坎坷不平，一路走来起伏弯曲似蛇形，但无论怎样天地间都会给人留有余地，留有出口，尚可出头，让人活着。

正所谓"峰回路转、柳暗花明"，一个"已"字很好地阐述了古人的生活观——希望，读音为"yǐ"。

"己"字从甲骨文、金文、小篆看都与前面二者不同，仅仅是隶书时字形规范后与之近似，唯一不同的就是缺口明确，没有任何封闭。它的本意与古人结绳记事有关。

在这里，为了便于区分"巳已己"三字，于是给大家编了一个口诀：

封口堵"死 sǐ"就念"巳 sì"；

堵了"一 yī"半就是"已 yǐ"；

自己不能堵自己。

这样就把这三个字从字形和读音上区别开了，方便意思的使用和记忆。

三者的字形清楚了，随后我们就要看它们的造字了。因为"巳"与"己"二字在古时本就是一个字，仅仅在楷书规范时才做了区别。同时，由于简化的原因，它们原本造字的相似性，和今天简化替代的书写，也造成了一定的混乱。

岂有此理的"岂"字，原本写作"豈"，是根据它的草书简化而来，为了简化而简化，下面的"己"怎么书写都可以，具体的字理、字意在《字部·器物》中的"豆字家族"介绍。

异形的"异"字在今天是"異"的简化，"异"字很早就有，但使用很少，简化时用于替代了

"異"字。

"異"字上面是帽子，甲骨文就像一个人举起双手戴帽子的样子，所以"戴"字下面也有一个"異"字。人穿衣戴帽后样子就变了，所以有"变异"的意思。此外，河北省简称"冀"、鸟的翅膀叫羽"翼"，还有一串字族。

那么，关于今天的"异"字，从声音上来判断，上面部分应该是已经的"已"的微变，下面的"廾gǒng"是两个手的样子（见《文部》），也叫弄字底，最直接的认识就是"弄蛇"，也就是玩蛇人、喜蛇人。这种人一般都穿着怪异，拥有奇异的本领可与蛇交流，古人也称其为"异人"。此时，简化字的字理清楚了，二者的合并也就不难理解了。

"导"字是个简化字，上面部分本是道路的"道"，写作"導"有音有意，简化时依旧用了草书的字形简化。其下面部分的"寸"字没变，表示用手指点的意思，配上原本的"道"，就是指路，指明方向的意思。生活中为我们指明道路的师长、老师，就是导师。

生活中所有的道路都不是笔直的，通往成功的道路往往更加曲折，所以用表示蛇形的"巳"简化替代。

## 1. 巳→汜、圯

"汜"字是用"巳"所造的为数不多的一个字,读音为"sì",是一个水名,称"汜水"。

汜水这个地方水土充沛,其中有一城关大家都十分熟悉——虎牢关,是周王朝八大护国关卡之一,"虤"字就源于这里。这里最著名的历史事件,就是三国时的"虎牢关,三英战吕布"。

关于"汜"字的解释,因水流蛇形,且环而复之,故此用了封口的"巳"字表音表意。"汜水"之名出于东汉,原为"氾水",指一条容易泛滥而侵犯人们生活的水流。

"氾"与"汜"二字同源于金文,小篆时与"泛"字相仿,所以"氾"应是古人后来文化意义上的再造,指河水常泛滥,有侵犯之意,后由"汜水"替代。

当年楚汉争霸时,这里就发生过楚汉相互侵犯的"汜水之战"。

"圯"字读音为"yí",很少用,但却跟一本书有关,这本书就是著名的《钤经》,又名《玉钤经》,全书 1336 字。

《钤经》这个名字大家可能不熟,但它还有一个俗名大家应该还有听说,叫《素书》。这本书就是石头变的那位老人黄石公所著,后传给了张良,后世也称其为《太公兵法》。张良不是别人,正是汉高祖刘邦的军师。

历史上，黄石公传书张良的地方就是下邳的圯上（桥上），今称"圯桥"。

"圯"指用土石临时铺砌的小桥，所以用土做旁，临时铺砌自然高低不平，弯曲不直，所以用"巳"表音、表意。

"圮"字与"圯"字十分相似，也是土字旁，但右边是自己的"己"，读音为"pǐ"。本意为土墙经历风吹日晒后，墙皮自己断裂、倒塌，有毁坏的意思。

"己"没造什么字，因为它本与"巳"为一个字，所以用"巳"造的字其实也是用"己"造的字，读音方面也是"sì"与"yí"并用，正如"汜水"与"圯桥"。

## 2. 己➡纪、记、忌、起、杞

"己"字所造的字就稍多了一些，关于"己"有一些尚不确定的解说，我们不一一比较。在"双法字理"中，我们结合它的造字情况，在一个有内容结构的系统中去认识它，于是"己"字就是"纪"字的古文字，二者为古今字。

"纪（紀）"在今天是"纪念"的意思，配以绞丝旁"纟（糸）"表示与丝线有关，指把丝线一把一把系好了，以便按类排列。古代的丝线也要买卖的，并分有很多的等级，系好的一把一把的丝线要标上等级号，排列好了方便买卖时念号提取。所以，它还有记号的意思，

纪
己 金文 纪侯敦
紀 小篆 說文系部
紀 隶书 曹全碑
纪 草书 唐太宗

201

于是又造了言字旁的"记"字，表示记号、记录。

"记"字和"纪"字在使用上有时候很难区别，现在明白了它们二字的渊源，区别起来也就方便多了。

"纪"字可以简单地理解为系上不同颜色的丝线，以便念号提取——纪念；"记"字可以简单地理解为用语言文字刻录在案，以便录入查阅——记录。

忌妒、忌讳的"忌"，这是一种心理活动，所以配以心字底，表示由心而发。由谁的心而发呢？当然是自己的心，因为每个人的利益点和价值观不同，所以对一个人、一件事的妒忌和忌讳也只有你自己心里知道，同时往往不愿被他人所察觉。

禁忌也是如此，自己要记住什么事情不能做，什么东西或药品不能吃，这往往是针对你自己的禁令，而不是对别人的。

"起"字读音为"qǐ"，左边一个"走"字，表示行动，古意是跑的意思。那么右边自己的"己"最早就是"巳"或"己"，表示蛇突然直立起身体的样子，"走"字便表示像人跑动时身体挺立的样子，这就是起立。隶书时书写成"己"，表音的同时，也表示一个人要想起身自立，要靠自己的力量，在哪里摔倒就在哪里起来。

今天，最能表现这个字的就是百米赛跑，

运动员们蹲下身体，在发令的瞬间起动，就是
"起"字最好的表现。

"杞"字读音为"qǐ"，木字旁表示与树
木有关，指杞树。说到这个字就不得不提及两
个词，一个是"杞人忧天"，一个便是"枸杞"。

"杞人忧天"在《山海经》《淮南子》《史
记》中均有记载，大致为：杞国有个人担心天
塌下来，吃不好饭，睡不着觉，有个智者从天
体构成对他进行了开导，终释疑惑。那么"杞国"
是哪里呢？就是今天河南开封的杞县。

它是夏朝时期就有的一个诸侯国，在周朝
初年重新建国，封杞地为杞国，在今天的杞县
境内有众多夏、商、周的文化沉积。关于它名
称的由来，则因杞国境内多"杞柳"而得名。

杞柳属灌木，古人收割其枝条，对其割条
剥皮，晒干后按粗细分级成捆，这就是"纪"，
以便贮藏，待以后用于编织。因其是木本类，
所以配以木字旁归类，造了"杞"字。

"枸杞"离"杞国"可就远了，我国宁夏
是它的主要产地，其果实为"枸杞子"，药用
价值非常高，被誉为"东方神草"。

枸杞之名，最早始见于二千多年前的《诗
经》，明代李时珍云："枸杞，二树名。此物
棘如枸之刺，茎如杞之条，故兼名之。"

关于"巳已己"的字形，另有妃、配、改、包、
巷等字，多为人的变体，归于《字部·人体》。

杞

甲骨
後下·37

金文
杞伯敦

小篆
說文木部

隶书
李夫人碑

草书
王羲之

# 第三章　水中游的

　　天上飞的、地上跑的讲完了，现在就该"水中游的"部分了。水里动物很多，按大的归类就是"鱼"。在这里我们把字形与之相仿的"龟"与"鱼"并为一组，便于形象上的联想记忆。

　　龟壳、龟甲就引出了"甲"字，于是同为硬壳的"贝壳"也就引出来了，"甲"与"贝"又是一组。贝壳中的大贝壳生物为"蜃"，我们便要介绍一下"辰"字。于是"辰龙"一词中就自然而然地讲"龙"，这又是一组。

　　所以，"水中游的"部分，我们有三组六个家族要认识，分别是鱼、龟；甲、贝；辰、龙；涵盖了水中游鱼、四足、硬甲、软体等生物。

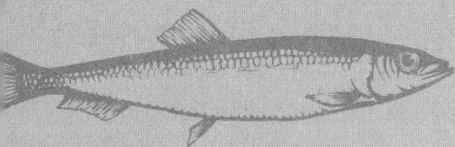

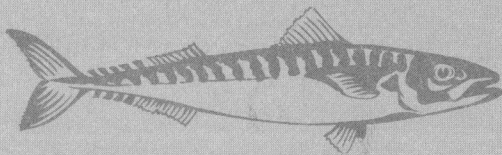

# 第一节　鱼龟

# 一、鱼字家族

　　"鱼"字在《文部》已经讲得很清楚了，同时鱼字归类的字非常多，因为水族生物大都配以鱼字旁，主要是鱼的名字，如鱿鱼、鲤鱼、鲫鱼、鲢鱼、鲶鱼、鲑鱼等。

　　其次是鱼的器官，如鱼鳞、鱼鳃、鱼鳍、鱼鳔等。这些字都有它们的读音符号，归在各自的家族。

　　"鱼"本身表读音和意义的造字，数量不多，所以此处，再将"鲜"字重复一下。

　　"鲜"字由一个"鱼"一个"羊"组成，由鱼表示鱻，由羊表示嫩，合在一起便是鲜嫩，是人们对多种食材的综合体验，这个字造得非常妙，只可意会不可言传。

　　后来因新鲜、鲜嫩的食材不宜多得，又有了"少"的意思。如孔子曰，"巧言令色鲜矣仁"，今人亦有"鲜为人知"之说。

　　"鲜"字还造了苔藓的"藓"，苔藓是一种小型绿色植物，颜色总是很鲜绿，多生于台阶背阴处，故名"苔藓"。

　　苔藓俗称"地衣"，具有保持水土的作用，它的生命力很强，有水和阳光就能复活。目前

人们已经复活了 6000 年前的，南极洲最古老的
苔藓。

　　"渔"是用"鱼"再造的读音最准确的一
个字，"渔"是什么意思呢？鱼儿本身是离不
开水的，所以加"水"表示养鱼，即渔业。养
鱼的目的自然就是捕鱼，所以也有打鱼或打渔
的意思。

　　常言道"授人以鱼，不如授人以渔"，说
的是传授给人以知识，不如传授给人学习知识
的方法，出自我国道家文化。

　　其实，"双法字理"教授大家的就是"渔"，
而不是"鱼"。

## 1. 鱼→鲁、噜、撸、澹（卤）、橹

　　"鲁"字上面是个鱼，下面是个日，读音
为"lǔ"，由"鱼 yú"做读音符号，古音中"u、
ü"不分。"鱼"做声音符号表示和鱼有关，下
面"日"表示什么信息呢？汉许慎《说文解字》
释为"鱼干"，就是晒干鱼。山东地区的沿海，
多晒有鱼干，所以叫鲁国，可以说得过去。

　　另有学者认为，"鲁"原本为"鱼口"二
字非"鱼日"，指鱼入口中，或鱼入锅中，后
改口为"甘"依旧指入口的美食。其读音"lǔ"，
也许正是鱼锅煮鱼的咕噜声，这鲜美的咸鱼汤
便是"卤"。当"卤"后来指卤盐时，便又写
作"澹"。北方面食中专门有"打卤面"，便

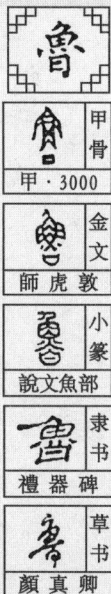

鲁

| 魯 | 甲骨 甲·3000 |
| 魯 | 金文 師虎敦 |
| 魯 | 小篆 說文魚部 |
| 魯 | 隸書 禮器碑 |
| 魯 | 草書 顏真卿 |

是在面条上浇有鲜美的肉卤汁。

单独来看，以上的种种解说都能成立，但文字并不是单独存在的，它除了文字本身的内容以外，还有一定的结构性—造字性，要在其前后的造字意义中去发现和理解。所以，在"双法字理"下我们除了了解"鲁"字的基本字形和意义使用以外，还要去了解它所造的字"噜、澹、撸、橹"等，找出必然和必要的联系，从而确定它的造字缘由，这就是"授人以渔"。

"鲁"的字形原本为"鱼口"，下面的"口"就是水面的意思，合在一起表示鱼儿跃出水面。当气压比较低的时候，鱼儿会在水面打蹦，一为换气，二为捕食水面上的飞虫。此时鱼儿自己会从水里咕噜一下蹦出来，这就是"鲁"。

鱼儿在水面蹦来蹦去，就暴露自己的位置，所以"鲁"读音与暴露的"露"读音一致，字形上逐渐变"口"形为"日"，表示暴露在阳光下可以看见。随着鱼儿位置的暴露，人们便划船过去捕鱼，此时鱼儿往往会蹦到人们的船上，这没头没脑的行为极为莽撞，此为"鲁莽"。

一个人往往会因自己的鲁莽而受到训斥、指责，轻者则被扒掉衣服鞭打，重则打掉帽子，免去官职，这就是"撸"。

鱼儿蹦出水面的咕噜声就是"噜"字。

人们捕来的鱼做成鱼汤，这鲜美的汤汁自然要造字表示，于是加"水（氵）"表示汤汁，这就是"澹"。后来被"卤"字替代。

"卤水"古时还指碱水，当碱性很大时便

有毒性，故也指毒水。

"橹"指船橹，是划船用的一种工具，比船桨要长很多，一般置于船尾。人们持橹插入水底推动船只，以提供动力和方向，如"摇橹过江"。

人们摇橹于水中的声响，就是呼噜呼噜的水声，因由木制所以配以木字旁归类造字。

### 2. 鱼➙稣（酥）、苏（蘇、蔌）

"稣"不常见了，主要用于音译词"耶稣"，同时它的异体字还有"酥"，则多指食品"桃酥、马蹄酥"，一种中国甜点。

"稣"字用鱼作声音符号，那么配"禾"字表示什么呢？"稣"字很早就有，金文就有了，其本意就表示"再生"，于是小篆时又造了文化意义的"甦"字，生物死而复活的再生即为"复苏"，睡着醒来为"苏醒"。

古人最初见到的这种"再生"或"更生"就是"草木再生"和"积水生鱼"，于是取"禾鱼"二字造了"稣"，也可书写为左禾右鱼。

关于"草木再生"最形象的描述就是"野火烧不尽，春风吹又生"。那么关于"积水生鱼"，凡是大自然中有水的地方就会有鱼，即便河水干枯了，当来年降雨积水后还会有鱼，最典型的就是肺鱼。于是古人挑了这两种神奇的现象，表达了生命的反复，周而复始，造字为"稣"。

209

耶稣一词是西方传教士到中国传教时才出现的，音译"Jesus"一词。他是一位西方的圣人，根据《圣经》的内容，他替人们受难被钉死在十字架上，裹尸埋葬后，于第三天复活，向门徒显现神力，复活后第四十天升天，坐在神的右边。于是人们根据这段描述，音译其名称时，选了位于耳朵右边的"耶"，和表示复活的"稣"字，"Jesus"的中文名就书写为"耶稣"。它不仅仅是简单的音译，还有文化信息上的严密性。

桃酥、马蹄酥的"酥"，也与"稣"有关，这种食物入口即碎，放到舌头上的感觉麻麻点点，似身体复苏时的"苏麻"感，也称"酥麻"。因它是一种甜品，故称"苏麻糖"，配"酉"表示味道的香甜，并与"稣"字区别开来。

这种甜品很早就有，三国时就有杨修变"一合酥"为"一人一口酥"的趣事。

"蘇"字是小篆时加了草字头，意思一样，只是更加体现了野草的再生能力，今简化为"苏"。"苏（蘇）"字后来成为地名，进而成为姓氏，逐渐与"稣"分离。

今天的江苏省、苏州市都有深远的历史文化，且是鱼米之乡，人口兴旺，一个"蘇"字把此处的地理和人文表现得淋漓尽致。

蘇

稣 金文
頌敦

稣 小篆 蘇 小篆
說文禾部 說文艸部

蘇 隸书
華山廟碑

蘇 草书
蘇軾

# 二、龟字家族

"龟"字所造的字不多，于是在它的家族中我们加了"黾（鼃）"字及其家族。因为它们虽非同类，但二者字形有一定的相似性，"龟"指乌龟，"黾"指蛤蟆、青蛙。

| 龟字家族 | 甲骨 | 金文 | 小篆 | 隶书 | 楷书 | 简化 |
|---|---|---|---|---|---|---|
| | 𩑶 | 𩑶 | 龜 | 龜 | 龜 | 龟 |

龟-龜　　黾黽　　　黿鼋
阄鬮　　渑澠　　　鼃鼃灶
穐穐秋　　蝇蠅蠅　　鼆鼆
　　　　　绳繩繩緷

"龟"是今天的简化字，原本写作"龜"与甲骨文字形基本一致，后又简化为"亀"，今天的字形在此基础上完成。它有三个读音，乌龟的"guī"，龟裂的"jūn"，龟兹国的"qiū"。

龟甲是古人占卜用的材料，甲骨文就是在其腹甲上的文字，其背甲则用来钻孔烤火，以显征兆。古人认为龟是一种有灵性的生物，身体结构自然天成，涵盖"天地人"三元素。且龟背上的纹路更是神秘，最典型的就是模拟龟甲的"含山玉龟"，至今约5600年。

同时，中国文化中所有的数字几乎都能在龟甲上一一对应，所以古代神话中的"河图洛书"并不是子虚乌有的，而是真实生活的艺术加工。所以"龟"者"归guī"也，万法归一。

　　龟裂的"jūn"取音于"皲"，由军队的"军jūn"表读音。古代行军打仗十分艰苦，每天风吹日晒使皮肤缺水干裂，这就是"皲裂"，俗称"皴cūn"。不管"皲裂"还是"皴"，皮肤都变得干硬有裂纹，像龟甲背壳的纹路似的，所以也写成"龟裂"，此处读音为"jūn"。

　　龟兹国的"qiū"取音于"丘"，是我国古代西域大国之一，"库车"的古称，也称丘慈、邱兹、丘兹等。这里拥有比敦煌莫高窟历史更加久远的石窟艺术，被称做"第二敦煌莫高窟"。能挖高窟的地方，自然是个大土丘，凸起的样子像个龟背，此处"龟"与"丘"同音。

　　"黾"是个简化字，原本写作"黽"，指大眼镜、大嘴巴的蛙。它造的字也不多，于是"鼋""鼃（鼍）""鼀（鼀）"等各有所属。

## 1. 龟→阄（鬮）、秋（龝）

　　"阄"字读音为"jiū"，与"龟"字的三种读音都有所不同，此字用于"抓阄"一词，是一种定胜负、判先后的方法。今天人们依然使用这种方法，来做一些判断和选择，乃天意使然，以示公平。此时"阄"由"龟"字所造的用意就明显多了，与占卜、选择有关。

　　"阄"字繁体为"鬮"，可以看到今天简化为"门"的外框，原本为"鬥 dòu"，指打斗的意思，汉字简化时被量斗的"斗"同音取代。

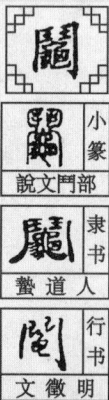

鬮

鬮 小篆
説文鬥部

鬮 隶书
螯道人

鬮 行书
文徵明

可见抓阄的目的原本与打斗有关，但为了避免真实的决斗，于是才用抓阄的办法判断胜负。以"龟"字表示占卜，指天意的选择，不可违背。

秋天的"秋"字，繁体为"穐"，在《字部·植物》中已有过详细的介绍，此处仅作列举。

## 2. 黾→蝇、渑、绳

"黾"字读音为"mǐn"，实际就是蛙鸣的"鸣míng"字。甲骨文字形就似一只大肚青蛙的样子，上面一个"口"强调了青蛙的嘴巴大。古文字"黾"形除了强调了青蛙有一张大嘴巴以外，还强调了它的两只大眼睛。下半部分的笔画，后变形为一只青蛙蹲坐的样子。

"黾"就是一只青蛙的象形文字，此外蟾蜍、蛤蟆都是"黾"，它们各有不同，但都属于一类。

青蛙喜欢鸣叫，尤其是在夜晚一受惊吓，就不停地叫，后用来形容人们夜晚还在辛勤劳作，就由"勤勉"引出了"黾勉"的意思。于是"黾"受"黾勉"一词的影响，也有了"miǎn"的读音，且"mǐn"音与"miǎn"音近似。

"蝇"字读音为"yíng"，以"黾"作读音，俗称蝇子，泛指苍蝇。蝇子属于昆虫，所以虫字旁归类，用"黾"体现了苍蝇的样子，大眼睛、大肚子，也是青蛙喜欢捕食的一种飞虫。

黾

甲骨 前56·4

小篆 說文黽部

隸书 桐柏廟碑

草书 張瑞圖

蝇

小篆 說文虫部

隸书 杨震碑

草书 孙虔礼

渑池的"渑"读音为"miǎn"，本名就是"黾池"，因池中生有"黾"而得名。后用作水池名、地名时为了与"黾"字区别，加水另造"渑"字，专表名称"渑池"，今隶属于河南三门峡市。

"完璧归赵"的故事大家都很熟悉，事后秦国与赵国就在渑池会盟，以示言归于好，但是又引出了一个"赵王鼓瑟、秦王击缶"的故事。

此外，"渑"还有一个读音为"shéng"，为水名"渑水"。渑水在今山东境内，源于临淄齐国故城的申池。古时此处平地出泉，泉流汇聚成池名"申池"，邻近的城门称"申门"。申池之水向北流为渑水，后分出西流为系水。北宋时著有《渑水燕谈录》，成语"开卷有益"便源于此书。这里也是因"百家争鸣"闻名于世的"稷下学宫"之所在地。

申池水由泉水汇集，向北延伸而成"渑水"，似申水的延续，字形中"口"为泉眼；"黾"替"申"更表现了水的蜿蜒北流，"氵"作旁表明与水有关，变音为"渑shéng"与"申水"区别。

绳子的"绳"读音为"shéng"，跟搓麻拧绳的过程有关。

人们把一缕缕麻皮搓在一起，成为单股，然后将单股对折固定做头，似一个"口"字形，下两股搓好的麻，此时与渑水的"渑"字理相似，一个源头引出的两条水源。然后将两股麻拧在一起成为绳子，并不断搓麻续接，不断延伸，最终成为很长的绳子。

繩

繩 小篆
說文系部

繩 隶书
夏承碑

繩 行书
黃庭堅

# 第二节　甲贝

## 一、甲字家族

　　龟壳就是龟甲，讲完"龟字家族"我们紧接着来看看表示龟壳的"甲"。

　　今天，"甲"在字形上似"龟"字去掉了脑袋，拉直了尾巴，以便与"田"区别，突出了龟壳的样子。但实际的古文字并非如此，也跟龟没有什么必然的联系。

　　在"双法字理"下，我们把"龟"与"甲"联系在一起，除了因为今天字形和意义的一致性以外，也是为了方便记忆和联想，且字理也是相对完善的。因为"甲"本身就是外壳，只不过造字时不是乌龟的外壳，而是植物种子的外壳。

| 甲字家族 | 甲骨 | 金文 | 小篆 | 隶书 | 楷书 |
|---|---|---|---|---|---|
|  | 十田 | 十田 | 申 | 甲 | 甲 |

　　钾鉀　　鸭鴨　　呷　　闸閘
　　胛　　　押　　　匣

　　"甲"字在《文部》介绍过，无论字形、字意、读音都有详细的解说，以及"甲"作为天干第一的原因和它的文化内涵都有说明，不再重复。

现在，我们来看"甲"造的字的情况——"甲字家族"。

## 1. 甲→钾、胛、鸭、押

"钾"字在今天是化学元素专用字，它在金属元素中因活泼性最强而排名第一，元素符号为"K"，对人体和动植物的生长、发育起很大作用。

当年，我们的前辈在京师同文馆，做了大量西方文化的翻译出版，那是下了很大功夫的。翻译化学元素时也不是简单的纯声音翻译，选字时右面的声音符号也是有依据的，是经过认真推敲而定。

例如钢笔尖所用的"铱金"，铱的化学性质很稳定，是最耐腐蚀的金属，所以用来做金属外层的保护以防氧化，如外衣一般，于是造字为"铱"。

但前辈们的这些努力都被今天的人们所淡忘了，原本丰富多彩的文字变得枯燥呆板了，这不能不说是一种文化的遗失。

肩胛骨也称肩胛、胛骨，俗称琵琶骨、扇子骨，位于胸廓的后面，是背部上方左右两块三角形的扁平骨头。

"胛"是人体背部保护胸部器官的骨头，有"甲胄"的作用，与锁骨、肱骨共同构成肩关节，所以称为"肩甲骨"。

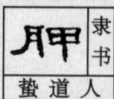

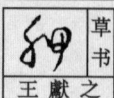

胛

小篆
六書統

隶书
蝥道人

草书
王獻之

因其包在肉中，皮肤之下，不是裸露在外面的硬甲，于是加肉月旁另造了"胛"字，以示与"甲"字区别。

鸭子是鸟类，所以加个鸟字旁，用"甲"来做它的声音，首先是模拟鸭子的叫声"嘎gā"。且鸭子的嘴巴又大又硬，像一个大甲壳，人们煮鸭子时把肉都煮烂了，鸭子嘴都不会煮烂，所以俗语中用"死鸭子嘴"形容一个人嘴硬。

鹅也有一个很硬很大的嘴巴，但因叫声为"额é"，且有一个大额头，行走时挺胸抬头一副非常自我的样子。所以古人造字时，用了与"额"音近的"我"字表音表意，造字为"鹅"。

"押"字用于画押、抵押，就是按手印、摁手印，把手指的纹路压印在纸张上，以作凭证。用手指的什么地方压下去、按下去呢？自然是有指甲的第一关节按下去，这就是画押。

画押作为一种个人凭证，用来充当和抵用财物，所以又有"抵押"一词。

## 2. 甲→呷、匣、闸

"呷"字读音为"xiā"，小口饮食的意思。"甲"本指植物种子的开裂，就是一个小口发芽的样子，配以"口"字表示饮食。

这种小口的饮食习惯多指饮茶、品茶，呷了一口茶。如果大口的话，那就是喝茶、喝水了。

鴨　小篆　说文鸟部
鴨　隶书　瞽道人
鴨　草书　王献之

押　小篆　說文手部
押　隶书　刘熊碑
押　草书　裴休

呷　小篆　說文口部
呷　隶书　隸書

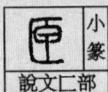

"匣"字专指匣子,外面的"匚"就是匣子的外形,一个长方形的小木盒,一面开口配以活动的挡板,这就是木头匣子。配"甲"字形容如种子的外壳或龟甲,如用来保护脆弱生命和肉体那般,是用来藏匿有价值的东西。

古时多用于收藏珍贵的书籍、典册,或女子存放用于梳妆打扮的首饰、珠宝。

闸门的"闸",外面自然是个门字,多指水闸,用于蓄水放水,常言道"开闸放水、水涨船高"。对于这个字认识,当你在长江三峡上经历过一次"开闸放水、水涨船高"的过程,就可以很好的看到和理解这个"闸"字了。

因为蓄水的原因,闸门两侧的水位有高低之分,此时船只的通行就要靠闸门来控制。一般由前后两个闸门配合操作,当船只通过闸门进入闸道后,水闸如门般慢慢关闭,当完全关闭时,船只就如在一个大大的匣子中。此时高水位或低水位的闸门慢慢打开,开始放水,船便随着水位的上涨不断升高或下降,直到闸道内外水面平稳,船就可以正常行驶了。

船只走后,闸门再次关闭,准备下一次的升降调度,以便其他船只的通行。且闸门不是竖直关闭的,而是有一定的倾斜角,可以卸掉水压和靠水压保持封闭性。

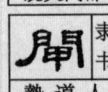

# 二、贝字家族

水族里的还有一种带壳的生物，它们多是软体生物，天生有保护自己身体的硬壳——贝壳。最典型的蚌，海中的为海蚌，河里的为河蚌，古代寓言故事"鹬蚌相争"中就提及过它。

"贝"与"蚌"读音相近，前者甲骨文就有，是象形字；后者小篆才有，配虫归类为音意字，具体在"丰字家族"中介绍。

"贝"的甲骨文和金文，就是一个贝壳的形象，小篆是加了表示分开的"八"表音表意，指明贝类是一种可以分为两半的生物，暗含贝壳可张合分开，同时上面字形为目，表示了贝的样子。隶书、楷书依此而来书写为"貝"，简化为"贝"。

在《文部》中，"贝"字讲得很详细，以及它表示财富与货币的关系，这里主要了解用"贝"再造的字——"贝字家族"。

| 贝字家族 | 甲骨 | 金文 | 小篆 | 隶书 | 楷书 | 简化 |
|---|---|---|---|---|---|---|
| | 𦈢 | 𦈢 | 貝 | 貝 | 貝 | 贝 |

贝-貝

| 贿賄 | 贵貴 | 贡貢 | 赑贔 | 购赌财贩贱贱 |
| 败敗 | 遗遺 | 愤憤 | 婴嬰 | 赔赠贬赐赚赚 |
| 坝壩 | 溃潰 | 喷噴 | 樱櫻 | 赋赊赎账赈赈 |
| 得得 | 馈饋 | 则則 | 缨纓 | 贮赃贼贴贾贞 |
| 碛磧 | 匮匱 | | 罂罌 | |
| | | | 鹦鸚 | |

"贝"字造了很多字，表音表意二者都有，

同时也是财富和钱财的标志性符号，所以在很多字中做为归类符号，表明与财富、钱财的关系。如购、赌、财、贩、贱、赚、贬、赂、赠等，这些都有独立的读音，归于各自表读音部分的家族中，不属于“贝字家族”。

“赑”字读音为“bì”，仅用在一处“赑屃（bì xì）”，传说龙生九子，此乃九子之首。它力大无穷，龙头龟身善负重，驮三山五岳于汪洋之中，是一种祥瑞。

在古代碑林和历史遗迹中，人们随处可见一种驮着石碑的大石龟，那只石龟就是赑屃。当你知道了“赑”的字理、字意，它的文化含义便可以慢慢体会了。

### 1. 贝→败、坝（壩）、得、碍、贿

败
金文
余秝鉦
小篆
說文攴部
隶书
礼器碑
草书
王羲之

“败”字读音为“bài”，与“贝”声母相同为“b”，韵“ai”与“ei”音近。反文旁的“攵”，在《文部》的“符号”中做过介绍，原形为“攴 pū”，手拿着木棍的样子，有敲打之意。于是贝壳被打破了、坏了，所以它的本意是破、坏，进而指财富、财产的毁坏、破坏，失去了价值，这就引出了破败、破坏、失败的意思。

军队是一个整体，打仗时被打得七零八散，这就是打败、败仗。

中医上，把体内干燥上火需要降火，也称为败火。

"坝"字今天我们认为是"壩"字的简体字，其实它们是两个字，其繁体本应为"垻"。

"坝"与"壩"不同，"壩"字才指今天我们认识的大坝，最著名的就是"三峡大坝"。而"垻"指一种地形，四周环水，地势不高是一块低洼地，随着降水的多少，陆地面积或大或小，像一个大贝壳躺在滩涂上，随着海面潮起潮落，若隐若现。因表示是一种地形，所以配土字旁就造了"垻"字，简化为"坝"，多用于地名，江西瑞金就有一个沙洲坝。

"壩"字由"霸"表音表意，有霸道的意思。河里的水本来流得好好的，结果被你霸占河道给拦住了，这就是拦河大壩。俗话说"水来土挡"，因由土石所挡，所以也加土字旁造了"壩"，专指拦河大坝。

二者一个表地形、地名，一个表水利枢纽，汉字简化时因二者读音相同，于是笔画繁多的"壩"被替代，统一使用"坝"字。

得到的"得"字，在今天看字形和读音上与"贝"没有什么联系。

"双法字理"中还原它的原貌，你就发现二者之间的联系，其原本写作"寻"，上边一个"贝"下面一个"寸"，后书写为"导"，就指用手得到财物。后来又加了表示行走、行动的双立人"彳"，指明财富不是平空出现在手上的，是需要用实际行动来换取，来创造的。

得

得 甲骨 前13·8

得 金文 古鉥

得 小篆 說文彳部

得 隶书 孔宙碑

浮 草书 王羲之

221

可见古人很早就明白，没有不劳而获的财富。

"德"字也是如此，《道德经》我们都知道，那么这三个字仅仅是那本书的书名吗？

"道"是什么？它是虚的、是空的，要用身心去悟，所以叫"悟道"。你没有"悟道"，那是你的悟性不够，谁也没办法，这是先天的。而"德"则不同，是你身体力行所得，所以叫"德行"，实实在在的真实行为，这是后天的。

"孝，德之本也"，孝悌为先，这是人与人之间实实在在的行为，这个"道"谁都知道，但有多少人悟出这是"德"之本，而身体力行呢？古语说得好，"家和万事兴"，家和者，首孝悌。

悟道，并以德行者，必得。无论齐家、治国、平天下皆此法也，这就是大学问。

故《大学》开篇："大学之道，在明明德……"

"得"字今天的读音为"dé"，但本身原本读"děi"，例如"不得劲、你得注意、你得执行"等，常用语句中，依然保留着它的古音"děi"。在今天的方言中，"dé"音就读作"děi"，例如在德州，著名的小吃"德州扒鸡"，当地人的方言音就是"děi 州扒鸡"。

"碍"字读音有所变化，省去了"得"的声母"d"，剩下与"e、ei"相近为"ai"音。原本走过去就能得到了，结果道路被一大石所阻，得不到了。它的读音也因此而来，没能得到就去掉"d"，于是就只剩下唉声叹气的"ai"声了。配以石字旁，这就是阻碍的"碍"。

今天，"碍"字还有一个被认定为异体字的"礙"，右边是个疑问、怀疑的"疑"，它本指因有疑虑而不能前，是思想上的、无形的障碍和阻碍。二者意义相同，使用上有所区别，汉字简化时合为一字。

受贿的"贿"也是用"贝"字做读音，"ui"与"ei"近韵。"贿"字与前面"得"字相比，就有了不劳而获的意思。

"有"字表示手里提着块肉，是表示手的"又"与"肉"合而造字所得，拿在手中的东西表示拥有的意思。标注"贝"字，指拥有钱财，"贿"便是对他人行使钱财，使其不劳而有之，这就是行贿。于是，接受钱财，便是受贿。

"贿赂"便是用钱财的"行与受"进行联络的行为，是一种不道德的行为。

## 2. 贝→贵、遗、溃、馈、匮

"贵"字是由"贝"字所造，后由"贵"再造字成"贵字家族"。

在"双法字理"下，家族概念也是有辈分的，一般为三辈，也有一些家族会出现四辈，极少出现五辈的家族。

"贵"字上面的部分，最早是一个人伸出两只手的样子，须臾的"臾"字，表示时间短。

"臾"表示用两只手掐住一个人的脖子，

往上举，人在短时间内就死了，所以有短时的意思，也有高举的意思。古文字中，"贵"原本就写作"貴"，下面一个"贝"表示与钱财有关。

"贵"的造字确实最为直接，每个人、每个家庭、每个国家的生存都是要靠金钱，靠财富来支持的，没有了财富就没了生活资料，就要付出昂贵的代价，好似掐住了脖子须臾间就要死亡、要灭亡。

大家应该都很熟悉，物价的上涨就对应了货币的贬值，就如掐住了财富的脖子，让财富须臾间灰飞烟灭——"貴"。所以，古人造字这个字用了上下结构，很有意思。

所以"贵"指的是高物价、高价格，后来人们把价格高的物品也称为贵，这种物品往往十分稀少、重要，也就有了"贵重"之说。当一个人的财富多了，其可以拥有的贵重物品也就越来越多，就有了"富贵"的意思。当一个人富足了，便可"行有余力，则以学文"，其文化水平和道德修养也就越来越高，社会地位也就越来越高，于是有了"高贵"的意思。

在今天，我们往往把"贵"字只理解成"富贵"，而忘了它在中华五千年的文化熏陶下所铸就的"高贵"。

"贵"是今天的简化字，但也依旧蕴藏着文化的内涵，中国人一生对财富的寻求之道，始终如一的不就是大学之道、中庸之道吗？在金钱财富和精神财富之中，我们选择了二者之

貴

金文 古鉨
金文 古鉨

貴 小篆 說文贝部

貴 隶书 孔宙碑

貴 草书 欧阳询

间唯一的重点——中点，并"一以贯之"保持它们的平衡，但无论何时财富总是居于下方的。所以始终如一的精神财富就是"中一"，这才是真正最宝贵的，比金钱更重要的，所以"贝"在下面，这就是今天的"贵"字。

汉字的字形虽然变来变去，但滋养和维护其本身的"文化"永远没有变，始终把汉字的字形饱满地撑起来，立在那里，让你来认识它。

随着文化的发展，"贵"字便造了很多字。

遗留的"遗"今天读音为"yí"，但实际上它的本音念"wèi"，由"贵"字表音表意，表示给予贵重物品的意思。

毛泽东的诗词《念奴桥·昆仑》中，就用到这个音和意，表达出中华民族的大气与豪迈。

《念奴桥·昆仑》

横空出世，莽昆仑，阅尽人间春色。

飞起玉龙三百万，搅得周天寒彻。

夏日消溶，江河横溢，人或为鱼鳖。

千秋功罪，谁人曾与评说？

而今我谓昆仑：不要这高，不要这多雪。

安得倚天抽宝剑，把汝裁为三截？

一截遗 wei 欧，一截赠美，一截还东国。

太平世界，环球同此凉热。

"遗"指贵重的物品赠送出去了，自己就没有了，就失去了，所以叫遗失。此时读音受逃逸、逸失的"逸"影响，变音为"yí"侧重于失去，以求得安宁。

遗

遗 金文 智鼎

遗 小篆 說文走部

遗 隶书 孔宙碑

遗 行书 苏轼

　　同时与它意思相近而混用的，还有丢失的"丢"，这是无意识的、大意的，因其本身不贵重所以没在意，就弄没了、丢了。

　　"遗"则多指贵重物品的流失，或因忘记、或因贵重而留在某处，进而引出遗忘、遗留。

　　"溃"字三点水做旁，表示跟水有关，一般指水坝或水堤因水位过高而发生了决口，这时大水从高处往低处倾泻下来，所以叫溃坝、溃堤。

　　"溃"一定是从高处往下，势不能挡，堤坝如山崩般倒塌，被大水冲得一片破败，所以又有崩溃、溃败。

　　溃疡的"溃"也是这个字，指红肿发炎时脓水多到一定程度，冲破了表皮，如皮肤决口破烂一般，于是有"溃烂"一词。表皮溃烂形成伤口，又病变成"疡"，这就是溃疡的形成。

　　"馈"字指馈赠，食字旁（饣）表示与食物有关，在人类社会初期，最宝贵的不是金钱而是食物，所以往往有了好吃的东西总想送予他人分享，这一份贵重的情谊。

　　今天我们依然保留这种习惯，把好吃的东西留给或送予亲朋分享，把这种饱含贵重情谊的食品赠送予人，就是馈赠、馈送。

　　馈赠之物，礼轻情意重，后来泛指贵重物品的赠送。

溃
小篆
说文水部
隶书
魏大飨碑
行书
王羲之

馈
金文
段敦
小篆
說文食部
隶书
高彪碑
草书
孫虔禮

"匮"字读音为"kuì"，外面一个"匚"是前文"匚"的省略，指装贵重物品的匣子。我国有一本珍贵的中医典籍《金匮要略方论》，由东汉医圣张仲景所著，原名《伤寒杂病论》。

在北宋时期，由翰林学士发现于翰林院书库，书简共3卷，重新编校后，取其古本之一的《金匮玉函要略方》为名改作《金匮要略方论》。

"金匮"就是放在鎏金大匣子，一种小柜子，贵重的医书、药方存在里面。

"玉函"是一个玉制的，更小的盒子、匣子。

"匮"其实就是我们今天柜子的"柜"，但它是专门放贵重物品的。贵重的东西装到匣子里，再放到这个柜子里面，以示珍贵、贵重。那么原本表示柜子的"匮"怎么办呢？

因为它是由木头做的，于是加木字旁，造了"櫃"字，表示平时使用的大衣柜、大立柜。汉字简化时，就用了与之字形相似、笔画简单的"柜"字替代。而"柜"原本指一种树木，柜柳。

柜柳是柳树的一种，多生于水岸边，可固沙土，叶繁枝茂十分巨大，其柳枝韧，故此常被古人剥皮编筐，所以"柜柳"也就是前文说到的"杞柳"。因它有两个名字，且又有"枸杞"一词常用，于是"杞柳"之名盖过"柜柳"之名，后者便逐渐淡出人们视野，汉字简化时便将它借去。柜柳编制的器物也多是大形器物，用以存放东西，也有巨大的意思，用以替代"櫃"也是有一定考虑的。

匮

匱 小篆
說文匚部

匱 隶书
耿勳碑

匱 行书
王羲之

櫃

櫃 小篆
说文木部

櫃 隶书
尹宙碑

227

## 3. 贝→贲、愤、喷、坟（墳）

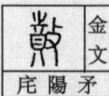

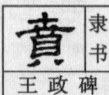

"贲"字很少用，但它所造的"愤"和"喷"字经常用，我们每个人都会遇到让人气愤的事情，感冒发烧打喷嚏，更是谁都经历过。那么它们的字头"贲"字，是什么意思呢？

"贲"有不止一个读音，有"bēn""bì"音等，于是在文字学上也有两种解释。

一种认为上面部分是花卉的"卉"字，与下面的"贝"结合，表示贝壳上密布的花纹，故此有纹饰、装饰的意思，且贝壳也是人类最早的装饰物。读音"bì"受墙壁的"壁"影响，就指贝壳表墙上汇集有美丽的纹饰，且在今天的闽南沿海地区，依然保留有用各种贝类的壳做墙壁的习惯，是一种很有特色的天然装饰物。

另一种说法认为上面部分是奔跑的"奔"字略写，读音为"bēn"，专指"虎贲"。三国时曹操手下的第一猛将许褚就是统帅"虎贲军"，相当于曹操的警卫团。

那么"虎贲"是什么意思呢？它就是"虎符"，是古代作战时的"兵符"，刻成老虎的样子象征武力。兵符往往可一分为二，成为两半，就好似贝壳可以一分为二，二者相遇时合为一处，是一个紧急情况下借调兵权的凭证。

古代作战时，统帅出征前和国君要做好约定，根据实际的军情来增补兵源，当需要补兵时便派人持"虎符"奔回城池搬兵。因统帅军前督战不能亲自回来，于是派人持半个"虎符"

为凭证交予国君，君王取自己留下的另外一半"虎符"与之相合，以确认信息的真假。此时，往往都是军情大事、急事，来回都是奔跑之势，故读音与"奔"相同，与"半"相近。

战国时期，就有信陵君魏无忌"盗虎符"的故事。

当时，赵国被秦国围攻，赵王向魏王求救，但魏王畏惧秦国的强大，只派大将晋鄙屯军境上，按兵不动。在魏国国内，信陵君魏无忌主张援赵抗秦，竭力劝魏王出兵，但魏王不听。最后信陵君得魏王妃子如姬的帮助，盗去了兵符，夺取了晋鄙的兵权，主动出击打破了秦兵围赵的计划，保全了赵国。

气愤的"愤"读音为"fèn"，是用"贲"字的"bēn"音来表音造字，指内心的气愤。人们生气是脑袋生气，还是心里生气呢？显然是心里生气，竖心旁表示得十分准确，怒气生于心房，居于胸口，越聚越多就是"卉"。待到忍无可忍的时候，这种心情如怒火般爆发出来，这就是"怒"的心情。人们释放愤怒的心情，似有股奔放之势，此为怒放。

愤怒要如何释放呢？

人们往往通过呐喊来释放心中的愤怒，于是就有了口字旁的"喷"。把胸中的怒气通过"口"，通过声音散发出去，以缓解心情。而后世的文人墨客，多使用诗歌来抒发心情。

生活中，最典型的"喷"，就是人们吃饭

愤

愤 小篆
说文心部

愤 隶书
孔彪碑

愤 行书
蔡襄

时讲笑话，笑岔气了一口气喷出来时，把口中的饭实实在在地喷了出来。不过由气愤而来的"喷"，最早也许指被气得口吐鲜血、口吐白沫，例如在《三国演义》中，诸葛亮首次北伐，对阵魏国军师王朗，王朗自命不凡，阵前与诸葛亮唇枪舌剑，结果被诸葛亮冠以"皓首匹夫，苍髯老贼"，质问其"九泉之下，何面目见二十四帝乎"！王朗听罢，又羞又怒，竟大叫一声，口吐鲜血，摔死于马下。

"喷"字在民间还用来表示棉花的开放，棉花开了叫"喷"，开一次为一喷，摘了以后隔一段时间棉花桃又开了，叫二喷。以后再开为第三喷，三喷的棉花质量就不怎么好了，人们收购棉花往往以头喷棉花为最好。

"墳"字今天被简化掉了，由"坟"替代，而"坟"最早指地下藏书的地方，如"三坟五典"中三坟指伏羲、神农、黄帝的地下藏书；五典指少昊、颛顼、高辛、唐、虞的书册总集。

"墳"字小篆才有，指高起地面的土堆，似地面喷出的土包，后指今天的土包坟。如《诗经》当中写到的"汝墳"，但汝墳不是坟，而是汝河的河岸，即高于河水的土岸——河岸，用"贲"字表示有高起的意思。后来，人们埋藏死者而堆起的高于地面的土包，也称为"墳"。

土包坟的样子就像个贝壳趴在地上，且祭奠死者往往献上鲜花、花圈，于是土包之上布满鲜花，至今人们依旧把坟头长出的鲜花，视

墳

墳
小篆
說文土部

墳
隸书
鄭固碑

墳
行书
褚穗邊

为生命的诞生，吉祥之兆。后来人们立碑刻文，以纪念死者，文化、文字的介入后，使人们又回头看到"坟"的存在，汉字简化时便用书写简单的"坟"取代了"墳"，文化的寓意也更加深厚了。

### 4. 贝➝婴、樱、缨、鹦、嫛（嬰）

"嬰"字上面部分为"賏 yīng"，便是人们模仿小贝壳相互碰撞时发出的清脆声响，配"女"字指明最初多为女子佩戴。

贝有大有小，小的精致漂亮，质地光滑，于是古人用来作为饰品佩戴，这就是"嬰"。后来，人们把它作为一种祝福佩戴在婴儿身上，且贝壳碰撞可发出清脆悦耳的声响，可愉悦心情，安抚婴儿。于是带着"嬰"的新生儿，就是"婴儿"，随后"嬰"字逐渐代指婴儿。

樱桃、樱花的"樱"，木字旁归类，表明与树木有关。

樱桃树结果小而红，似一颗颗红色的宝石，如婴儿戴在脖子上的宝石饰品。野生樱桃一颗颗精致可爱，但果肉较少，今天我们用于水果的樱桃是经过改良的品种，单个较大，果肉较多。

而且，樱花树开花美丽，花瓣绯红，也似婴儿戴在脖子上的饰品的贝片。

红缨的"缨"，最常见的就是红缨枪，在

嬰
金文
婴次盧
小篆
說文女部
隸书
老子銘

樱
小篆
说文木部
隶书
曹全碑
草书
文徵明

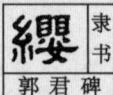

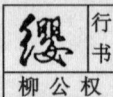

枪头位置与枪杆结合处配有红色的丝绸配饰，像枪脖处挂着饰物，多以红色为主，也有白色的。为什么要配以红色的丝绸装饰呢？

除了美观以外，更主要的用于干涉对手的视线，起到便于击杀的目的，所以配绞丝旁造了"缨"字。

鹦鹉我们都见过，其实最早给这种鸟起名为"婴"，指一种能言之鸟。"婴"也指婴儿"咿咿呀呀"的说话声，此鸟能言如"咿咿呀呀"婴儿之语，后加鸟字表类成为"鹦"字。

鹦这种鸟属于典型的攀禽，短足有力，两趾向前、两趾向后，非常适合抓握，还有一个威武的大嘴巴，给人一副孔武有力的样子。于是，人们根据其形态威武的样子，又称其为"婴武"或"英武"。小篆时，汉字归类标注偏旁，加"鸟"旁归为鸟类，于是有了"鹦鹉"二字。同时，鹦鹉自身的颜色也十分美丽，尤其脖子部分的颜色更为艳丽，似带有一串缨络（项链）。

"鹦鹉"二字把这种鸟能言的本领、美丽的羽毛、英武的样子都一一表现了出来。

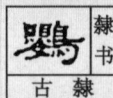

"甇"最早指一种瓦器，本写作"罂"，是用来盛放食物的小器皿。

"瓦"本指搭盖屋顶用的瓦片，依次叠放，这样屋顶的房屋称为"瓦房"，是我国传统的建筑材料。瓦由人们挖泥土烧制而成，于是由挖泥烧制的物品统称为"瓦器"。

当"瓦"表示一种器物属性后，"甇"字表达器皿的意义就不再准确了，于是止于小篆，另造了配以表示器皿"缶"的"罂"字，读音不变，意思不变。

"罂粟"指一种植物，其开花十分美艳，颜色浓郁漂亮，其果实的样子大肚小口如"罂"的样子，且果实颗粒较大用"粟"表示，起名"罂粟"，开花为罂粟花。在《中国植物志》中，罂粟特指鸦片，是一种毒品，被世界各国所禁止。我国百年近代史的开端，即 1840 年的"鸦片战争"，就与罂粟有关。

马克思关于宗教的问题有句名言，德语原文为"Sie ist das Opium des Volks"，出自马克思的《黑格尔法哲学批判》导言一文，其中"opium"就是"鸦片"，但同时也是"镇痛剂"的意思。所以，这句话的意思是"宗教是人民的镇痛剂"，而不是被人们理解的"宗教是人民的鸦片"。正如马克思是一位伟大的思想家，他不仅是从思想深处总结的一句话，而且也是从语言表面说出的一句话。

当然，至今人们对这句话的理解还在不断的争执之中，二者没有谁对谁错之分，在不同的历史背景下，这句话所需要扮演的角色往往不同。这需要在具体的环境中，以适应当时的文化背景的需要，脱离了整体的争执是没有意义的。就如汉字的解说与认识，脱离文化的背景和家族的构建，单独解说是没有什么意义的。

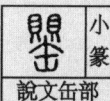

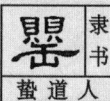

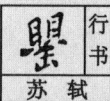

## 5. 贝→则、侧、恻、厕、测、铡、贼

"则"今天的读音为"zé"，古音亦念"zéi"，由它字再造的字数量较多，又是一个小家族。

"则"的甲骨文没有找到，金文的左边似乎不是贝壳，而是一个鼎，右边一个刀字问题不大。小篆时左边的鼎似个"贝"字，右边依旧是刀，隶书时左边部分又重新规范为"鼎"字的书写，楷书时因左右结构，书写空间的限制又变鼎为贝，简化便有了今天的"则"字。

鼎最早就是人们做饭用的锅，是一种金属重器，在金属稀少的年代是一种很奢侈的物品，仅为皇宫贵族所用，百姓用的是泥瓦烧制的鬲，见《文部》。因为王权的阶级性，鼎作为一种王权重器也就有了一定的阶级性，于是规定"天子九鼎，诸侯七鼎，卿大夫三鼎"，用错了就相当于犯上，是要治罪受刑的，所以配表示刑刀的"刀"字，表示有惩罚意义的"规则"。

此外，还有一种解释认为，鼎旁的"刀"为刻刀，即在鼎的一侧刻上法规明文，"则"有"刻"的意思，且读音相似。古时也确有把法律、法规刻在鼎上的做法，于是有了"法则、规则"的意思。除了法律、法规，人们也刻写一些颂文、祝福或勉励的话，不时地提醒自己做人的原则，这就是后世的"座右铭"。

其实用后来"贝"字替换"鼎"字也有一定的意义，也有古人真实生活的表现。

随着文明的发展，鼎作为王权的象征逐渐

退出了历史的舞台，并由"黄金"取而代之，成为王权和财物的象征，于是"贝"表示财富与刀合在一起，指货币交换的法规。一个国家的货币交换法则，是一个国家稳定的基础，所以秦始皇统一六国后，随后统一了"度量衡"，目的就是统一"货币交换法则"，其分发到各个郡县的石权、金权上都刻有铭文法则。

我国考古出土的宋代贸易古船上，就有用于交换的金页子，上面有用刀子按法规刻好的纹路，购买商品时，人们展开金页，按照交换价格剪下所需的黄金，这就是"规则"。

其实，今天"则"字的左边，到底是"鼎"还是"贝"，已然并不重要了，且在古文字中的字形演变中，"鼎"被缩写成"贝"的情况也时有发生。况且，以上种种规则、守则，无论是等级法则、度量法则、交换法则等，都是要遵守的，这些都是"守则"，不然就要受到处罚，于是又引申出"否则"。

"侧"字的造字和意思比较简单，原本就是"则"，因铭文本就刻在鼎的一侧，后来当"则"表示法则、规则后，于是加单立人"亻"表示一侧。

鼎的一旁、一边篆刻铭文不就是一个人吗？这就是一侧、侧边、侧面等，造得非常形象。

"恻隐之心，人皆有之"出自《孟子》，是孟子回答学生关于"人性是否天生善良"时的回答。

侧

剆 金文
無專鼎

偑 小篆
說文人部

俱 隶书
桐柏庙碑

侧 草书
柳公权

恻

小篆
说文心部

隶书
孔彪碑

行书
王献之

厕

小篆
说文广部

隶书
刘熊碑

草书
孙虔礼

孟子曰："乃若其情，则可以为善矣，乃所谓善也。若夫为不善，非才之罪也。恻隐之心，人皆有之；羞恶之心，人皆有之；恭敬之心，人皆有之；是非之心，人皆有之。恻隐之心，仁也；羞恶之心，义也；恭敬之心，礼也；是非之心，智也。仁义礼智，非由外铄我也，我固有之也，弗思耳矣……"

那么，加竖心的"恻"该怎么理解呢？

"恻"字配有竖心旁（忄），说明是一种心理活动，心分左右心房，难道真在存在于心之一侧吗？当你遇到的难事，自然与我没有什么关系，但我在一侧看到，记在心里替你牵挂，这就是"恻"。这种牵挂隐匿在我的内心世界，为你所不知，所以这种心理活动叫"恻隐"。

汶川地震，全国人民自发、自愿地捐钱、捐物，那里也许没有你我的亲人，但作为同胞心中深深地牵挂着他们的安危，这就是"人心"，是天生的"仁"。正如选文中孟子所说，"仁义礼智"都不是由外在的因素加给我的，而是我本身固有的，只不过平时没有去想它，因而不觉得罢了。

"厕"字今天几乎成了"厕所"的专用，就是早期的茅房，也叫茅厕。

认识"厕"字，首先要知道它在中国古代房屋建筑中的位置。它在厢房之侧，那什么是厢房呢？厢房指院落东西两侧，门与门两相对应的房子，所以叫"厢房"，东厢房、西厢房。

236

元代著名戏曲，王实甫的《西厢记》，就是发生在普救寺西厢房中的一段爱情故事。

古人一般在院子的西南角搭建一个小茅屋，用来解手，称之为"茅房"。院落的东南角一定是正门所在，取日出东方"紫气东来"之意。当傍晚时分，起风时刮西北风，于是污垢聚于西南角，浊气散于西南方。所以古人定西南角为解手之处，建一个简单的茅屋、茅房。因其在西厢房之侧，所以称为"茅厕"。

厕所的"所"字，左边的"户"指一个单扇的小门，右边的"斤"指其中放置的工具，如扫把、簸箕、斧头等，放好了锁起来，以防丢失。这样一个盛放杂物的单门小房就是"所"。于是，"茅厕"因其也是一个简陋的单门小房，所以也叫"茅房、厕所"。

测量的"测"，水字旁表明最初与水有关，即"测水"。测量水面的高度，就是人们在河岸的边上，刻录水面在河岸的侧面留下的水痕，用于比较不同时期水面的高度。

人们不时地测量水面的高度，和高度上涨的速度，用以判断引发洪水的可能性，做好提前的防洪准备。如果水面不断降低，则要判断旱情的大小，以便做好蓄水来应对可能的旱情。

铡刀的"铡"，金字旁表明用金属做的一种器物。铡刀这种器物现在已经很少见了，古时多为人们用来给牲口切割草料所用，早期的

测

溳 小篆 说文水部

澗 隶书 袁良碑

测 草书 董其昌

237

农村还有使用。铡刀很大，有一个很大的刀床，刀床上有刀槽，刀槽的一端固定刀头，刀刃朝下立于上槽，由刀把控制上下开合，切断大捆的草料。

铡刀的刀身很重，往往一人控刀，一人在一侧推放大捆的草料，这种需要在一侧辅助的金属刀具就是铡刀。铡刀在铡成捆的草料时，往往发出较长的"嚓chā"声，于是变音为"zhá"。

关于"铡刀"，最著名就是龙图阁大学士包公的三口御赐金铡，"龙头铡"专斩皇亲国戚，"虎头铡"专斩大小官员，"狗头铡"则斩平民百姓。《铡美案》又名《秦香莲》，便是包公审案里一个很有名的故事。

"贼"字比较麻烦，它今天的写法为"贝"与"戎"的组合。

"戎"指的是盾牌里面的垫衬，用来缓解冲击，来自外面硬壳的格挡，所以"戎"加绞丝旁就是绒布的"绒"。其字形左下角的"十"字形，便是"甲"的古字形，也似盾牌内面的把手，指代盾牌；戈表示武器和武器的冲击力，合在一起表示武器的进攻与防守，进而表示征战，古人骑马作战，于是有"戎马一生"之说。

那么加"贝"字，表示骑马打仗，夺取财物者为贼吗？也许"贝"是"侧"省，打仗之余，私自掠夺财物者为贼。于是，强盗也称为盗贼。

还原文字，在金文中你会发现它原本是由"则"与"戈"组合而成，这才是"贼"字的

賊

戚 金文
散盘

賊 小篆
說文贝部

賊 隶书
景北海碑

賊 行书
颜真卿

238

本来面貌。贼不偷东西，偷东西者为偷、盗，二者还有区别。而"贼"可不是一般人，中国历史上最有名的一个贼是谁呢？曹操，白脸奸贼，这是用了它的本义。

"贼"字原为左"则"右"戈"，读音与"则"相近，指以兵戎破坏规则的人，即谋反。所以，贼往往是国家内部的人，在国家内部以违反国家法则而暴乱的人，泛指"内贼"。曹操为什么被各路诸侯骂为"曹贼"，就因其传假诏，后又"挟天子以令诸侯"，是破坏规则之人，故为"贼"。

在"贼寇"一词中还有一个"寇"字，俗语中有"成王败寇"之说，即"胜者为王，败者为寇"。"寇"就指战败后逃走的王，"宀"表示他王室的宗庙，"元"表示宗庙里的供桌上摆着祭器，"攴"表示被人闯进来敲打破坏。这些元素合在一起，表示战败后宗庙被毁坏、祭器被夺走，毁灭了他原本王室的地位，没有了宗庙只能流落山林野草间，这就是"落草为寇"，简称"草寇"，后占据山林，自称为王。

贼是内贼，是想通过谋反来自称为王的人；寇为外寇，在朝野之外，二者一内一外，所以经常连用表示国之祸患——贼寇。

# 第三节  辰龙

# 一、辰字家族

"辰"，一个有大贝壳的软体动物，它在中国文化中有很深的文化脉络，我们每天都会看到它，并跟着它开始一天的劳作。

"辰"字的古文字画的是什么？很多种说法，我们在《文部》中已经详细介绍，它就是一个大海蚌的样子，有软足。甲骨文、金文依形而画，小篆规范文字，隶变统一字形为"辰"。

| 辰字家族 | 甲骨 | 金文 | 小篆 | 隶书 | 楷书 |
|---|---|---|---|---|---|
| | 𠨍𠨎 | 𠨏𠨐 | 辰 | 辰 | 辰 |

| | | |
|---|---|---|
| 辰-蜃 | 震 | 农農[辳] |
| 晨 | 振 | 浓濃 |
| | 赈賑 | 脓膿 |
| | 娠 | 哝噥[譨] |
| | 唇屑 | 侬儂 |
| | 辱 | |

辰是一种大贝壳的软体生物，大海蚌、大河蚌的贝壳有天然的弧形边缘，可以用来制作锋利的刀具，所以也是古人最早割草的工具，即最早的农具。所以"农"字就是由"辰"造的，繁体为"農"。

同时，也有专家认为"辰"是"地蚕"，啃咬庄稼的根，是一种虫子。不管怎样，人们都认为它是一种生物，是一种软体的虫，这就加虫字归类，有了海市蜃楼的"蜃"字，它还有个异体字为"蜄"。

海市蜃楼常出现在海上、沙漠中，简称蜃景，是物体反射的光经大气折射和全反射而形成的自然现象，是一种光学幻景的虚像。"海市蜃楼"出自《史记·天官书》："海旁蜄（蜃）气象楼台；广野气成宫阙然。云气各象其山川人民所聚积。"在《汉书·天文志》也有记载"海旁蜃气象楼台"。

古人最初认为，海中"楼台之象"乃是大海蚌"辰（蜃）"所吐的气变化成的象。为什么是辰所吐的气呢？那就要看看辰的样子，大海蚌的样子是上下两个大贝壳，一张一合如天地开合，天地间有云气，所以古人就认为它在海中吐气成云，于是海上的云气总是很多。

"辰"与"蜃"是一对古今字，古人之所以加"虫"字用于归类，更主要的是因为"辰"被另作他用——星辰，表星星。

星星为什么叫星辰呢？天上的星星很多，所以"星"字最早写作"曐"，这么多星星从哪里来的呢？古人也思考这个问题，从大自然中去找答案，于是找到了辰。大海蚌、大河蚌的贝壳内能产生珍珠，一颗一颗如星星般密布在张开的贝壳上。所以古人认为，星星是由辰吐气时吐出来的，吐出一颗珍珠就诞生了一颗星星，代表一个生命，于是有了"诞辰""星辰"

| 蜃 | |
| --- | --- |
| 屬 | 小篆 說文虫部 |
| 蜃 | 隸書 蟄道人 |
| 屋 | 草書 孫虔禮 |

241

之说。

在天文学上，人们常常以北极星为准，众星环而拱之，于是北极星就是北辰，北京亚运村就有个北辰路。《论语·为政》曰："为政以德，譬如北辰，居其所而众星共之。"

此外，还有"时辰"一词，"时"就是人们看着白天的太阳来把握时间，所以由"日"做旁，简化时用表示把握的"寸"，也合字理，原本写作"旹"，后写作"時"，简化为"时"；"辰"就是人们看着夜晚的星星来掌握时间，二者合在一起就是白天和黑夜的时间安排——时辰。

我国古人把一天的时间分为十二段，十二时辰，对应十二个字，"子丑寅卯辰巳午未申酉戌亥"，后衍生出十二生肖一一对应，成为中国文化中不可缺失的一块内容。

在中国古代天文学史中，十二时辰就对应着十二个星辰，是中国古人智慧的结晶。

早晨的"晨"，在"辰"字的上面加了个"日"，表示日光升起把辰星的光芒都掩盖了，众星退去，这就是早晨。

早晨起来，天边最亮的那颗星星是启明星，于是也叫"晨星"。

晨

甲骨
中山王壶

金文
伯晨鼎

金文
古鉨

小篆
说文白部

小篆
说文日部

隶书
史晨後碑

行书
赵孟頫

## 1. 辰→震、振、赈、唇（脣）、娠

地震、雷震的"震"字，由大贝壳的"辰"配以"雨"字头所造，用今天的科学看这个字并不科学，但了解完古人的造字理由，你会发现这个字造得十分聪明。

古人对地震的认识，源于对世界的认识。中国古人认为大地是漂在海面上的，由神龟托着漂浮。当辰在大海中一张一合地吐气时，大海便会发生震动，从而影响到大地的动荡。加"雨"字头，正是辰吐气生云雾，自然有雨，同时带着大地震动。因地震时，往往伴随着云雨，所以古人认为这种自然现象与辰有关。

"八卦"中有"震卦"，古老的《连山易》便是以震卦为开头的，它与今天的八卦开于"乾卦"不同。没有震动哪有这个世界产生，这是《连山易》震卦开头的道理。

中国古人这种认识大自然的智慧，在今天正在被科学不断证实，陆地板块学说不正是神龟托地与大辰震动的自然化描述吗？即便是科学对生物起源的研究，已然认为细胞最初形成来源于大自然中天地间的一次大震动——雷电。

振臂高呼的"振"，这个比较简单，指手臂的抖动而引发的震动，有别于大自然的震动。

这种震动幅度较小，如小贝壳在手中一张一合的抖动。

震
震 小篆 說文雨部
震 隸書 孔宙碑
震 行書 董其昌

振 金文 百晨鼎
𣪩 小篆 說文手部
振 隸書 楊君碑
振 草書 董其昌

赈灾的"赈"加一个贝字旁，表示与钱财、财物有关，这个字今天主要用在"赈灾"一词上。当国家的某地发生灾祸时，百姓缺衣少穿，生活难以维持，此时皇帝便代表国家打开国库发放物资救济百姓，以震慑灾情。

"赈"字右边"辰"字既有灾情之大震动皇帝，又有皇帝实施举措震慑灾情，稳定民心之意。稳定民心可不是件小事，往往关系到国家时局的稳定，无论古代还是现代，灾情发生时的赈灾工作都是国家头等的大事。

嘴唇的"唇"，读音有所变化，读音为"chún"，此外它还有一个异体字为"脣"。这个字不用多说，把嘴巴的样子和蚌壳的样子比较一下，造字的缘由就明白了，都能一张一合。

"唇"字加了口，表示与嘴巴有关，指嘴巴外形的样子，因是肉体所以另有"脣"字。

妊娠的"娠"，配了女字旁，指女子受孕为妊娠，是从受孕至分娩的整个生理过程。其读音为"shēn"，与身体的"身shēn"同音，"身"字我们《文部》已经介绍，是一个孕妇的形象，正是一个妊娠的女子，所以加了女字旁。

"妊"字和"娠"字不同，"妊"字强调了这是女子的任务和责任，它与"任"字互为一对，"任"则表示一个人有担当、承担的意思。"娠"字则强调了孕育生命时生命的震动，每一个胎儿都不光是阴阳两个细胞的结合，他需要一个能量来启动，这个能量就是震动。中国古人认为生命与日月星辰是有关的，即使在西方文化中，人们也认为天上的每一个星星都代表一个生命。

中国古人发现了生命是由三个力量完成的，阴、阳与震动，这震动就是星光，这三个力量构成和启动一个生命的开始。一旦这个震动开始，生命就会一直震动下去，直到死亡。

### 2. 辰→农、浓、脓、哝、侬

农业的"农"字是个简化字，最初甲骨文写作"辳"，经金文之后，在小篆时演变成"農"，隶变为今天繁体的"農"，汉字简化时写为"农"。

从其甲骨文可以看出，它最初与树林、林木有关，因为最初没有田地，是刀耕火种之后才有的田地。刀耕火种是新石器时代的农业方式，是原始的荒耕。人们以石斧、铁斧砍伐高大的树木，用原始的辰刀割掉高草，待其根枯茎朽后用火焚烧。经过火烧的土地变得松软，不需翻地，同时利用草木灰作为肥料，用于农业种植。所以甲骨文字形中有"林"的字形，"辰"字除了表示贝壳农具，亦有斤斧之形。

金文时，字形上方的"林"字改写为"田"，专指田地的耕种。同时也有加人形，表示男子在田中劳作，"辰"依旧表示农具的使用。

小篆时，字形规范为"農"，依旧可以看出两只手在田中劳作。隶变为"農"，上边部

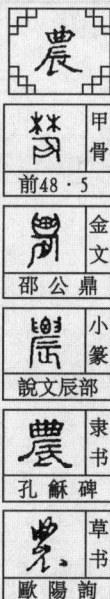

| | |
|---|---|
| 農 | |
| 甲骨文 前48·5 | |
| 金文 邵公鼎 | |
| 小篆 說文辰部 | |
| 隶书 孔龢碑 | |
| 草书 歐陽詢 | |

分变成弯曲的"曲"，除了书写的简单，也反映了人们在田地里劳作的样子——"面朝黄土背朝天"，弯曲身体的样子。

"农"字读音为"nóng"，与"洞dòng"、"窿lóng"的读音相近。古人最早的种植就是用棍子在地上戳一个洞、一个窟窿，埋下种子。

"浓"字，我个人非常喜欢安子介先生的解说，就是指"农业灌溉"。

农民浇地的水都是混浊的，井里打出来的水是干净的，但一经过水渠再到垄沟，就成了混水，这就是"浓"。水中混的泥土多了、厚重了就是浓厚、浓重的意义，后来泛指水中混合物的多少——浓度。

"脓"一般指脓血，是肉体溃烂后从疮口流出来的黄白色汁液，是死亡的白血球、细菌及脂肪等的混合物。

人体因各种炎症，会在皮肤表面形成脓包，溃烂后流出浓稠的汁液，就是流脓。因此，当身体有创伤时，要即时清理伤口，以免伤口感染产生炎症，进而化脓形成脓肿。

嘟哝的"哝"比较有意思，庄稼地里不是一个人种，农活时大家会相互打个招呼以避免孤单，但是耕地很大彼此说的也不一定听得清楚，大概知道个意思就行，听错了也没关系。

此外，还有一个言字旁的"譨"，二者意

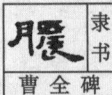

思相同。"哝"侧重大声喊也听不清，"讛"
侧重小声言语听不清，后由"哝"字统一。

　　"侬"字在今天是个方言音——上海方言，
第二人称"你"的意思。
　　"侬"的古意今天已经废用，在古诗文中
表示"我"，是人们自谦时"奴"字的雅称改写。

### 3. 辰→辱、褥

　　辱没的"辱"字，读音取于"农"，古音中"女
nǔ（rǔ）"与"汝 rǔ"同声。字形中"辰"在
上表示时辰，"寸"在下表示手持，本意为手
拿农具割草的意思。
　　辰本是一种灵物，如灵龟般有天地有肉体，
可占卜用之，如今却被用来割草，埋没于草丛
之下、草堆之中，于是有"辱没"之意。
　　"耨"字读音为"nòu"与"农"音似，就
是古人用来除草、割草的一种农具。"耒"是
最早的农具，后成为农具的标识，在这里表示
不再是手持大贝壳的意思，而是配以长木把，
人们可以在行走间割草翻地以便耕种。

　　"辱"加衣字旁（礻）就是被褥的"褥"——
褥子，一种人们坐卧时垫在身下的棉垫子。
　　因其总是被坐在屁股下面，或压在身下，
好似被辱没一般，所以叫褥子。

247

# 二、龙字家族

古人夜观天象看的就是星星的亮度、星辰位置，我国古代天文学最著名的就是"二十八星宿"。二十八宿从角宿开始，自西向东排列，与观日、月运动的方向相同。

"星辰"中第一个出现的就是"苍龙七宿"，所以"辰"字之后我们介绍"龙"字。

"龙"字在《文部》就用了比较大的篇幅来讲，因为它是我们中华民族最古老、最伟大的图腾，我们中华民族更是"龙的传人"。

龙最初一定是一种威猛的生物，经过几千年的文化熏陶成为中国人的精神之神。河南濮阳西水坡，近7000年前的仰韶文化古墓群，出土了令人震惊的蚌壳摆塑的龙虎图，也称蚌壳龙虎。又如河南洛阳偃师二里头夏代遗址的一座墓葬中，出土的距今至少有3700多年的绿松石龙形器，是一个夏代的龙形器物，它象征着华夏文明的龙图腾的形成。这一龙形器物被命名为"中国龙"，它的出土为华夏民族的龙图腾找到了最直接、最正统的根源。

龙的甲骨文既像一个张开大嘴的怪兽，又像一个闪电形象，张开大嘴似伴有"隆隆"的雷鸣。金文时加了肉月表示大口，并配有龙须、龙角，右边依旧是弯曲的身形，闪电的样子，也似蛇形。小篆时又配了龙爪，使龙行于天地，完成了今天繁体“龍”字的书写。

| 龙字家族 | 甲骨 | 金文 | 小篆 | 隶书 | 楷书 | 简化 |
| --- | --- | --- | --- | --- | --- | --- |
| |  |  |  | 龍 | 龍 | 龙 |

| | | | |
| --- | --- | --- | --- |
| 龙龍 | 咙嚨 | 栊櫳[槞] | 龛龕 |
| [竜] | 聋聾 | 珑瓏 | 袭襲 |
| [龙] | 胧朧 | 垅壠 | 龚龔 |
| | 垄壟 | 陇隴 | 讋 |
| | 笼籠 | 宠寵 | |
| | 拢攏 | 庞龐[厐龎] | |

龙吟震天动地，似一股能量灌到入蛰的生命中，使其惊醒复苏，雷鸣电闪给大地补充了能量。春雷炸响，万物惊醒开始复苏，这就是惊蛰。闷热的夏天，暴雨雷鸣过后，顿感清新凉爽，按今天科学的说法是大气中所含的负离子多了，而古人没有这么多科学可言，就认为是龙吟雷鸣叫醒了身体和大地。

于是，隆隆的雷鸣声“lóng”就成了“龙”的读音。

### 1. 龙→咙、聋、胧、垄、垅

“喉咙”一词，我们不止一次提到过，学中国的文字一定要逐“字”落实，然后再说“词”。

“喉”指喉结，是男性的特征，似吞咽食物时的关卡要道——咽喉要道。“咙”则是咽喉下面的气管，长条形吐气发声，合称“喉咙”。

嚨

甲骨 新·2455

小篆 說文口部

隸书 孔宙碑

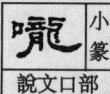

聋

聋鼎 金文

说文耳部 小篆

聲道人 隶书

王羲之 草书

朧

说文月部 小篆

曹全碑 隶书

壟

说文土部 小篆

雍阙碑 隶书

赵孟頫 行书

耳聋的"聋"，一个人耳朵听不见了就是聋子，但它的本意不是听不见，而是因雷声巨大，耳朵被震得听不清了，暂时的失聪，严重的会失去听觉，今泛指耳朵的失聪。

老年人因器官机能衰竭，耳朵听不清，也称耳聋，俗称耳背，但大声说话还是能听见的。

月光的"朦胧"，日光的"曚昽"和眼神的"蒙眬"，三者除了字形上的相似之外，意义上也是相近的，今天统一被"胧"字所代表了。

月朦胧，指人们在夜色下看月亮，有一层薄薄的云雾遮蔽着月光——月光朦胧。

眼蒙眬，指人们睡觉醒来时，睡眼朦胧，所看事物皆是模模糊糊的样子——目光蒙眬。

日曚昽，指太阳刚出来的时，光线还不强烈，且因大气中有云气，眼睛看到太阳是一个模糊的太阳——日光曚昽。

"垄断"一词中的"垄"指的是田垄，也就是田地中用来划分田块的田埂，隆起的田埂像一条卧在田地里的长龙。田垄除了划分田地以外，还有引水灌溉的作用，人们沿着田垄挖好灌溉用的水沟，这就是垄沟。

"垄"字还有一个左右结构的"垅"字，后来"垅"转作地名使用，如湖南的岩家垅、江西的铁山垅，左宗棠的故乡——左家垅，等等。

"垄"字认识了，我们再了解一下"垄断"的由来。田垄用来划分田块，把田地分割成了一段一段，无论耕种还是浇灌，遇到田垄就是断开了，这是最初的垄断。后来表示市场交换中的垄断、金融交易上的垄断，源于《孟子》"必求垄断而登之，以左右望而网市利"。

垄断行为会阻碍行业市场的发展，且可以获得暴利，所以被各个国家所禁止，并颁布《反垄断法》进行判定和制裁。

### 2. 龙➡笼、栊、拢、珑、陇、宠、庞

鸟笼、蒸笼的"笼"，也用于套牲口的笼头，鸟笼、蒸笼多为竹条编制，所以配上竹字头，下面由"龙"字表音表意。

"龙"的读音来自于雷鸣般的"lóng"龙吟，由天而降有笼罩的意思，所以把鸟罩住为鸟笼、把牲口的头罩住为笼头。

蒸笼、笼屉也是把食物罩在里面，像个笼子一样，再用热气笼罩以蒸熟食物。

"栊"与"笼"相对，它是专指木棍铁钉制作的木头笼子，是用来困野兽的——兽栊。

后来它还用来囚困犯人，就是囚车木栊，后被"笼"字替代。

"拢"一般指两手环抱合拢，今天常用于大桥、大坝的合拢。两个手环形相扣，像两条龙结合在一起，成为一条大龙。

251

"珑"字的王字旁或玉字旁，表示是一种玉器——龙形玉，它是一种祭祀使用的玉制品。后来，成为人们佩戴的玉器饰品——龙形玉佩，彰显尊贵，有辟邪驱魔的作用。

今天常用"玲珑"一词形容玉器质地优良、纹理优美、晶莹剔透，于是有"玲珑剔透"之说。

"陇"专指陇山——六盘山。为什么把它叫陇山呢？那就要先看看它的地理位置与形态，它似一条长龙卧于宁夏南部的黄土高原之上，呈东南至西北的走向，历来就有"山高太华三千丈，险居秦关二百重"之誉。

此处有山有水，与之相伴的水便是黄河，一山一水两条龙，在地理上互为阴阳。因指山地，所以加了山阜的"阜"，后简化成左耳旁（阝），这就是"陇"。

"宠"本意为家中供养的神灵，读音受崇拜的"崇 chóng"影响，有所变音。

"崇"指祭祀山神，在山顶建有庙宇，摆有供桌用来祭祀、祭拜。鬼鬼祟祟的"祟"与它字形十分接近，古人言"烧的香多，惹的鬼多"，这句俗语很好地解释了这个"祟"字。

"宠"指在家中祭拜神灵，"宀"表示房屋，"龙"表示神灵，每日敬神祭拜，保佑一家平安。后来逐渐表示对喜爱的人或物，关爱有加，不容有半点闪失，这就是宠爱。因为太爱了，物极必反，于是宠坏了。

今天的家长对孩子们的爱，可算是自古以来最为宠爱的时候了，甚至对孩子有了敬畏之心，生怕孩子有半点的不如意。而原本看家护院的猫狗，更成了成年人的贴心宝贝，成了宠物，衣服鞋帽也是应有尽有。

"庞"指庞大，庞然大物。它的读音"páng"受"盘 pán"字的影响，即盘龙。字形中的"广"指宽广的大殿，殿内立有大柱子，这龙就盘在柱子上——盘龙柱，俗话说"金龙盘玉柱，不是大庙就是金殿"。房子里能够立起盘龙大柱，那一定是大房子，所以有大的意思——庞大。

"脸庞"一词中也用了这个字，这脸面可够大的，其实就是"脸旁"。龙盘在圆形的柱子上，不管你怎么看，都只能看到正面和柱子两旁的侧面，就跟看人的脸面一样，都只能看到正面与两个旁边的侧面，一个轮廓。其读音与"旁"相同，意思有所关联。

"龙"字再造的字还有一些，如"茏"指一种高大连绵的水草；"泷"指下雨，飞龙行雨之意。

同时，"泷"有个读音为"shuāng"，即"泷水"，这是今天广东省罗定市的旧称，南朝时期此处开设泷州，它地势奇特，是一天然古国，古称为两（双）山之间（云开大山和云雾大山）的古王国之地，此处有条河名为"泷江河"。

关于"龙字家族"我们就介绍到这里。

庞

甲骨
後上·9

金文
叙钟

小篆
說文广部

隶书
曹真碑

253

# 第四章　肢体部位

　　前面三章讲了"飞鸟""走兽""水族"，基本涵盖了大自然中的各种动物。大自然中的动物是人类的伙伴，人们最初对动物的认识来自于生存的需要——捕食。最初人们吃其肉是为了果腹，剥其皮是为了取暖，留其角爪是为了武器，存其羽毛是为了装饰。

　　随着人与动物的不断接触，人们对动物的认识升华为一种信仰与恩赐，各种动物幻化为各种图腾成为人类社会文化的一部分，是人们对动物们各种能力的敬仰，雄鹰代表飞翔、老虎代表凶猛、狗熊代表能耐，等等。那么如何获得这些能力呢？古人便佩其羽毛、穿其皮革、食其骨肉、戴其角爪，以此形式来寄予自己获得这些能力的希望。

　　本章主要介绍动物的肢体部位，大体也分为四组，分别是羽毛、皮革、骨肉、角爪等。

# 第一节　羽毛

## 一、羽字家族

羽毛的"羽"《文部》有过介绍，硬为羽，软为毛，后来划分为飞禽的身上长的为羽，走兽身上长的为毛。

其实，羽就是硬翎，毛就是绒毛。

| 羽字家族 | 甲骨 | 金文 | 小篆 | 隶书 | 楷书 |
|---|---|---|---|---|---|
| | | | 羽 | 羽 | 羽 |

| | | | | |
|---|---|---|---|---|
| 栩 | 弱 | 翅 | 翎 | 翰 |
| 習习 | 溺 | 翔 | 翀 | 翱 |
| 翁 | 扇 | 翻 | 翩 | 翘 |
| | 骗骗 | 翌 | 羿 | 翼 |
| | | 翡 | 翠 | 翟 |
| | | 翁 | 羁 | |

"羽"字不是一根羽毛，它画了鸟的两个翅膀表示硬羽——翎。羽毛非常轻，柔弱不经风吹，但多根排在一起却能带着鸟儿飞翔于天际。它所造的字多与鸟儿翅膀有关，如羽翼、羽翎、翱翔等，这些字都有专门表示读音的符号，依旧归于各自的读音家族。

## 1. 羽→栩、习（習）、翕

"栩栩如生"这一成语出自《庄子·齐物论·蝶梦》，"梦为蝴蝶，栩栩然蝴蝶也"。

"栩"字在前文"象字家族"讲"橡"字时有过介绍，它的读音为"xǔ"，由"羽 yǔ"做读音符号，古音中"y、u、ü"不分。

认识这个字，就要知道"庄子化蝶"的典故，这样我们通过一个字，就又了解一遍庄子的《蝶梦》，此时树叶"栩栩然"的感觉便跃然而出，使文章读起来更有味道，更能体会庄子此时的意境。如果仅仅读文章，而没有和文字、生活结合，光读是体会不出味道和意境的。

"栩栩"就是栎树的叶子上下翻动，像蝴蝶翻飞一般，如此"栩栩如生"就明白了，原本的树叶似有了生命般飞动起来，有了灵气。

"习"是个简化字，如今看不出任何字理与意思，它原本写作"習"，与羽，与翅膀有关系。

关于它的古文字，有好几种写法，下面是个"白"，也有人认为下面是个"日"，或是表示鸟巢的"臼"，或是自己的"自"，等等。

"日"与"白"字理相似，都表示天亮了，小鸟要练习飞翔开始扇动翅膀。"臼"则表示，小鸟还不能自己飞，在鸟巢里扇动翅膀练习。"自"就表示飞行只能要自己练习，别人代替不了。

栩

栩　小篆
說文木部

栩　隶书
尹宙碑

栩　草书
文徵明

習

習　甲骨
甲·920

習　石文
会稽刻石

習　小篆
說文羽部

習　隶书
娄寿碑

这几种解说都能成立，最终由"白"字统一，把各种字形和意义都包含了，表示太阳出来的白天，小鸟在鸟巢里自己扇动翅膀，学习和练习飞行，这就是"習"字。汉字简化时，保留特征，简化为"习"。书写是方便了不少，成为习惯性的书写后，便把文化给丢掉了。

汉字作为最古老的"象形文字"，是建立在人与自然和谐关系基础上，这种关系就是文化。人类最初对大自然的认识，刻画下来就是"文字"，这些文字不断演化出使人明白的内容就是"文明"，最终转化为人类自己的内涵就是"文化"。但万变不离其宗，最终还是人与自然的和谐。

关于"习"字，最著名的一句话就是《论语》的第一句话"学而时习之，不亦说乎"，几乎所有中国人都知道这句话。"习"在这里就是本意"练习"的意思，孔子的时代"学而时习之"中所学的，不是我们今天说的枯燥的科学知识，而是做人的道理与礼节。知道做人的道理和礼节，你就要去实践练习，这就是"习"。通过实践练习，得到人们的认可和自身的成长，有了成就感，自然"不亦说乎"。

今天的教育与学习为什么很难"不亦说乎"，是因为我们总是在学枯燥而脱离实际的知识，且没有把实践与之相结合，只有书本的复习而没有实践的练习。

理查德·文莱曾任耶鲁大学校长20年之久，他曾说过："如果一个学生从耶鲁大学毕业时，居然拥有了某种很专业的知识和技能，这是耶鲁教育最大的失败。"

因为真正的教育是自由的精神、公民的责任、远大的志向，是批判性的独立思考、时时刻刻的自我觉知、终身学习的基础、获得幸福的能力。真正的教育不传授任何知识和技能，却能令人胜任任何学科和职业。这才是教育，也是判断一个人是否受过教育的标准。简单地说，教育就是学"做人"并"成仁"。

"翕"往往会被读错，它的读音为"xī"，合并的"合"表示两个翅膀合到一块停止飞翔，休息一下，所以有合并、停止的意思。

翕张就是一合一张的意思，翕动就是一停一动的意思。

## 2. 羽➙弱、溺、扇、煽、骗

"弱"指小鸟的翅膀还不硬朗，羽毛新生还是弯弯曲曲的样子，表示雏鸟的两个翅膀。人们今天的俗语中还依旧使用"翅膀硬了"来形容一个人的成熟，反之"翅膀没硬"就是弱，此时身形还小，就是弱小。

"弜"的字形也似两个并排的"弓"，与"弱"字相似。"弜"读音为"jiàng"表示很硬的弓，指弓身强劲有力。二者一强一弱，互为相反。

"溺"指溺水，从字形上看是弱小的鸟儿

259

溺

小篆
说文水部

隶书
娄壽碑

草书
颜真卿

扇

小篆
說文户部

隶书
蛩道人

草书
王羲之

煽

小篆
说文火部

隶书
衡方碑

草书
米蒂

练习飞行时落入水中。

幼鸟的羽翼尚弱、体力尚小，所以飞行中因能力和体力的不足就掉落下来，落入水中往往难以自救，就淹死了，所以引出溺水而亡——溺亡。后来人们把在水中游泳时，因能力和体力不足而导致的死亡，统称为溺亡、溺水。

它的读音为"nì"，受"逆nì"字的影响，取水逆行入口，窒息而亡。

"扇"指的是门扇，两个门板像鸟的翅膀一样开开合合，开门关门。这个字造得很形象，所以古人配了表示门户的"户"，指明与门户有关，一扇门。在《文部》我们讲过"门"与"户"二字，两个门板即两扇为大门，单个门板即单扇为小户。

此外，它还指"扇子"。今天的扇子最能看到它与羽毛的关系，就是羽扇，但最初羽扇却与门扇有关。西安法门寺至今还保存有一把汉朝时的大扇子，就如一面门扇一般，单边扇柄如门轴，多为两人抬起来扇动。后来有了各种各样的小扇子，如蒲扇、芭蕉扇、团扇、折扇等。扇面也由原本单一的编织纹路，逐渐加入了彩绘诗画，成为中国特有的扇面文化。

"煽"加了火字旁与取火有关，侧重指"煽风点火"之意。

人们生火时吹火助燃，只不过不再用嘴吹，而用扇子扇火了。

"骟"专指"骟马"，通常情况是骟公马，母马一般不骟，用来生养小马。

公马如果不骟的话，它发情时会因争抢母马而撕咬打斗，暴躁时更会撕咬母马。且公马较母马强壮，多作为战马使用，而母马不能上战场，母马见到公马自己就怕了，这仗也就没法打了。所以古语说"骒马不上阵"，骒马就是母马。同时公马发情时见到母马也会影响作战，所以不作为种马的公马一般都要进行阉割，这就是骟马，俗称"去势"。这跟前文我们讲的"劁猪"是为了去其杂念，让猪一门心思吃料长肉一样，"骟马"也是如此，去其杂念而一门心思的打仗。

那为什么用"扇"字来造这个字呢？那就要看看古人骟马时的工具，有一个木制的大板夹，像一个小型的双扇门，是骟马的主要工具，相当于今天手术用的止血钳。因为马的个体很大，这个夹板就不能太小，去势完以后，也方便人们缝合伤口，完成后松开夹板，所以叫骟马。

中国汉字的每一个字都是中国古人从实际生活中提炼来的，如果你不知道这个生活经历，没见过这个工具，这个字你就很难理解。死记骟马、劁猪倒也可以，却不知道虽都是阉割但方法不同，造字的不同告诉了人们不同的操作重点，告诉后人每件事情要怎么做。这种告诉是经验的传达，是文化的传递与传承。

# 二、毛字家族

"毛"的古文字像是硬羽上的软毛，中间一笔是羽管，两侧是柔软的细毛，后泛指毛发。

它所造的字都与毛发有关，依旧是音意和形意两类，形意中有具体读音归在各字的读音家族中。如"毯"归于"炎字家族"，又归于"火字家族"；"毡"归于器物的"占字家族"；"毽"归于"建字家族"；等等。

| 毛字家族 | 甲骨 | 金文 | 小篆 | 隶书 | 楷书 |
|---|---|---|---|---|---|
|  |  | ψ | ψ | 毛 | 毛 |

| 牦 | 耗 | 表 | 毯毡毽 |
|---|---|---|---|
| 髦 | 蚝蠔 | 笔笔 | 毫氅麾 |
| 耄(耋) | 毫 | 尾 | 毬毿球 |
|  | 霭 |  |  |
|  | 橇 |  |  |
|  | 撬 |  |  |

## 1. 毛→牦、髦、耄

牦牛的"牦"很简单，就是很多毛的牛，生活在高原寒冷地带，正是因毛发多且长所以耐寒，才能生存下去。

时髦的"髦"上面部分是表示长发的"髟biāo"字，多指动物头顶的长鬃毛，跑动时随风飘摆。"長彡"就是长毛飘摆的样子，相合而成"髟"字，再加"宗"字就指马鬃。

我们经常说"时髦"，时髦是什么意思呢？在今天一般指新颖的、时尚的、流行的，符合时代潮流的事物。从中我们能看到"时"表示"时代、时势"，却仍没看到"髦"。它其实指女子的刘海儿，在额头上飘摆的长发。

不同的历史时期，人们的装扮不同，从发型上就能判断一个人的生活环境和生存年代。今天，人们依旧把做头发看作紧跟时尚和追赶时髦的行为，高档理发店比比皆是。

耄耋的"耄"，指人老了，七八十岁的样子。古人把人一生不同的年龄阶段都有命名：初生为襁褓，童年为垂髫，男子二十为弱冠，三十而立，四十为不惑，五十知天命，六十为花甲，七十为古稀，八十为耄耋之年。

耄就指高寿的老人，年纪越大毛发越长，最典型的形象就是"白胡子老头"的样子。胡子有多长呢？长可至于地面，这就是"耋"，合在一起为"耄耋"。

古人为什么要留这么长的毛发，而不像今人一样剃须剪发呢？这就又涉及中国的"孝道"文化，《孝经·开宗明义章》："身体发肤，受之父母，不敢毁伤，孝之始也。"

首先，一个人要做到毛发无伤，即爱护自己，老人便放心，这是孝的表现。今天，我们出门在外，能让父母在家放心等你归来，就是尽孝了。

髦
小篆
說文髟部

長髦
隶书
白神君碑

行书
蘇軾

耄
小篆
说文老部

耄
隶书
陈贵塔碑

草书
唐高宗

## 2. 毛→耗、蚝、毳、橇、撬

"耗"字左边是个表示农具的"耒"字，农具经常使用，用久了就变短变小了，可平时也没见到什么大的缺损，就像一点点如掉毛一般，在不知不觉中消失掉了，这就是消耗、耗损。

好比一把新的斧头，买回来时尖角锋利，使用的时间长了就尖消锋无，这就是在使用过程中的消耗。

老鼠在民间有个别名叫"耗子"，就是因为它在人们不知不觉中一点点地消耗人们的粮食，等你发现时已经被它消耗掉很多粮食了。

"蚝"是个简化字，原本写作"蠔"，一种个体较大的牡蛎，生于沿海一带，所以也称海蛎、蚝蛎、生蚝等。《本草纲目》记载，蚝初生海旁，如拳石，四面渐长，高一二丈，相互黏附如山，俗呼蠔山。

生蚝的个体看着很大，但去掉壳后里面的肉并不大，一口就没了，所以这个东西吃起来消耗很快，不一会就能吃出一大堆的壳，看着很豪气的样子。

"毳"由三个"毛"组成，读音为"cuì"，指一片散碎的小毛发，指鸟兽身上的细小的绒毛，也指人皮肤上的寒毛。

人们手臂上的汗毛，松松散散的一片，有散碎的意思，读音受其影响变音为"cuì"。

雪橇的"橇"读音为"qiāo"，古人很早就有雪橇，一头翘起的长木板可在雪地中滑行，一般的雪地滑不了，要在厚厚的雪地上，地上铺满了雪绒花。鹅毛般的大雪覆盖了整个地面，在厚厚的雪面上前行，人们就要使用这种一头翘起的木质长板——雪橇。

所以"橇"就指在毛茸茸的雪面上滑行的长木板。因它的特点就是一头"翘"起，用于引导和破开雪路，所以读音取"qiào"音。


撬开的"撬"读音也为"qiào"，它也与"翘起"有关，吃生蚝时就要撬开它的壳。人们手拿薄片插进生蚝的壳缝中，用力使壳翘起来，这就是"撬"。所用的工具就成了撬棒或撬棍，加提手旁表示与手的动作有关。

今天，人们在沿海一带吃生蚝时，都会发放一个专门撬蚝壳用的小锥子。

后来，凡是类似于撬开贝壳的行为都是撬，如撬锁、撬门、撬箱子等。

### 3. 毛→表、笔（筆）、尾

外表的"表 biǎo"也是由"毛 máo"表音所造的字。它的上半部分就是"毛"，下半部分是"衣"，指衣服外面的表层。

人们最早的衣服就是兽皮，兽毛朝外，所以有外表的意思。与之相对应的是"裏"字，其实最初"表"的写法与"裹"相同,"衣"字拆开"毛"在中间,在隶书改为现在的样子。因为是外表、表面的意思,包在里面自然不够准确,所以隶书隶变为今天的"表",并沿用下来。衣服的"表"与"裹",就是内与外。

当一个人如果言行不一时,人们就说这个人"表里不一",内心所说与他的外在行为不一致。"裹"因为与"表"的相对关系——内外,便有了"裹外"的意思,汉字简化时被书写简单的"里"字替代,详见《字部·地理》。

"表"字在今天还指手表、怀表、钟表等,这些最初都是金属做的,所以原本加个金字旁,写作"錶"。中国古代没有表,人们都是白天看太阳和日影来定时间,夜间有更夫打更报时,分别由日晷和水漏测时,以十二时辰划分时间。机械表是后来从西方传入中国,称为西洋钟。

"表"字又是如何用来"表时间"的呢?首先它是衣服的外表,有表面的意思,逐渐引申出表达的意思。古人最早测时间就是看日影——立竿测影,"竿"立在大地表面逐渐成了表示时间的"表",它也由竹竿、木杆变成了石柱——圭表,最终演变为"华表"。

时间的运行谁也看不见,但古人用一根木棍的影子把它显示出来,表现了出来。所以当西洋钟出现的时候,人们便把这个能表示时间,整点响钟的物件称为"钟表",小的佩戴在手上的就是"手表"。简化汉字时,删去了金字旁的"錶",依旧写作"表"。

"笔"是个简化字，但简化得十分形象，是中国典型的毛笔的样子，一根竹管为笔身，一撮软毛为笔头。

"笔"字在《字部·植物》中的"竹字家族"也有提及，因为它取竿为身，且考古出土的最初的笔就是一支木笔或竹笔，毛是后来才加的。这个字放在"毛字家族"，则重点说了此时毛笔的出现，以及毛发在笔上的重要性，为以后数千年的中国书法艺术奠定了基础。

其实，文字的发展也是随着社会文明的发展而发展的，每一个字的文化内涵也在不断加深和完善。

"双法字理"不强求每一个字放在哪个家族最好，而是在不同家族中侧重的文化不同。如"笔"在"竹字家族"中，强调笔身以竹枝为主；它在"毛字家族"中，则强调笔头以毛发为主。且毛笔的笔头也经历过重大的变革，晋唐时的毛笔为"柱心被副"笔，被世人称为"唐笔"，宋元之后的笔为"无心散卓"笔，就是今天的毛笔。笔头的变化也带来了随后一千七百多年的书写变化，书法的艺术又有了新的发展。

其实"笔"原本写作"筆"，属于"聿字家族"，所以我们还会在《字部·人体》中会再遇到"筆"。"筆"字中的"聿"就是一个手拿毛笔的样子，侧重与手有关，自然就与笔的书写和用笔的技法有关，皂隶的"隶"、建设的"建"、天津的"津"等也都与手有关，都属"聿字家族"。

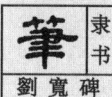

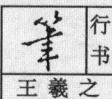

筆

筆 小篆 說文竹部

筆 隶书 劉寬碑

筆 行书 王羲之

尾巴的"尾"读音有两个,一个是"wěi",一个是"yǐ"。这个字很形象,字形中表示身体的"尸"下面一个"毛"字,说明在身体后面毛茸茸的一条尾巴。

《文部》中专门在"人体"一章介绍过"尸"字,它本表示一个人端坐的样子,坐着干什么呢?代表祖先接受后人的敬拜,他不能乱动以示庄严和严肃,时间长了肌肉僵硬——僵尸,而非殭屍。后来人们使用塑像和画像的方法,就不再用子孙长时间坐在那里了,尸字也就不常用了。汉字简化时用于替代比划繁琐的、表示死尸的"屍"。

中国古人很早就发现了基因遗传的相似性,所以在最早祭祀祖先的时候,便由晚辈来充当祖先,坐在祭台上接受祭拜,后来有雕塑和塑像以后,逐渐淡去了真人祭祀的做法。

那么最初由家族中的谁来代表祖先呢?一般由长孙代表,也就是今天遗传学的"隔代遗传",长孙坐在祭台上表示祖先在此,让大家来祭拜。所以"尸"除了是一个人的身形以外,也为祖先和神的代表,读音与"示"相同,与"身"、"神"相近。

关于"毛字家族"就介绍这些,这样动物的肢体结构中的"羽毛"一组就告一段落,随后我们去了解下一组的"皮革"。

268

# 第二节 皮革

　　"皮革"二字作为文在《文部》都有介绍，分别指生皮、熟革，因为革是由皮加工而来，今天我们统一称为皮革。

　　"皮之不存，毛将焉附"，这句古语出自西汉时期刘向的《新序·杂事》，很好阐述了毛与皮的关系，比喻万事不可本末倒置，事物没有了存在基础，必将不复存在，可谓得不偿失。

　　战国时魏国的国君魏文侯，便是在这件事上领悟到了治国之道——下不安则上不居。

　　"皮之不存，毛将焉附"出自《左传·新序·杂事》：魏文侯出游，见路人反裘而负刍。文侯曰："胡为反裘而负刍。"对曰："臣爱其毛。"文侯曰："若不知其里尽，而毛无所恃耶？"

## 一、皮字家族

　　"皮"的古文字中，右下角一只手像是正在从动物头部往下扒皮的样子，到了小篆时手的样子成为"又"，配合原本动物的头、身体就表示被剥的皮。隶变时更加规范，后世楷书延续字形直到今天。

　　同时，古文字的字形也像手拿皮铲的样子，把兽皮一点点地与肉分离开，方便剥取。其读音"pí"，是人们剥皮时，皮肉分离发出的声响。

| 皮字家族 | 甲骨 | 金文 | 小篆 | 隶书 | 楷书 |
|---|---|---|---|---|---|
| | | 冑 | 肖 | 皮 | 皮 |

披　　波　　破　　皱皴
被　　菠　　坡　　皱
疲　　簸箕　跛　　鞁鞍韗
玻　　婆　　颇頗
彼

古人用它再造的字，都与表皮有关，仍就是作声音符号和作意义符号两种。

### 1. 皮→披、被、疲、玻

"披"字加了提手旁（扌），表示用手把皮盖在、覆在身上以取暖，这就是人们最早剥取兽皮的意义。因为兽皮作为早期最简单的衣服，没有扣子，就是披在身上裹着取暖，所以后来人们把披在身上、挂在身上的衣物称为披挂，如士兵的披挂为铠甲，百姓的披挂为披风。

"披"的读音为"pī"，但在方言中也念"pèi"，这是后来受被子的"被bèi"的读音影响。古音中"被"的读音也念"pī"，与"披"意思相同，只不过披的不是兽皮而是布匹。"衤"指布衣旁，表示与布匹、衣服有关，替换"扌"后为"被"字，就是今天的被子。

"被"就指被子，常有"被褥"一词，一个是覆盖用的，一个是铺垫用的，是人们必备的床上用品。在古书经典当中"被"的读音就

披
報　小篆
說文手部
扷　隶书
孙叔敖碑
搜　草书
王羲之

为"pī"，如《尚书·尧典》中"光被四表，格于上下"，就是阳光覆盖于四方，如大地披上了阳光，天地之间都是光明。

荆州博物馆就保存有一床古老的被子，与今天的被子略有不同，它有专门类似挂肩的部分，可以披在身上不至于滑落，不像今天的被子四边都是平整的，当人们平躺时，挂肩便可盖住肩膀，不使受凉，非常实用。

"疲"字配有病字旁的"疒"，指疲劳、疲惫，一副无精打采生病的样子。

病态之状披在脸上，挂在身上，让人一眼就看出来了。"疲"还暗含是外表的病态，但身体本身并没有生病，休养一下就可以恢复，但如果不适当休息就会积劳成病。

"玻"字常与"璃"字连用，组成"玻璃"一词。通常我们认为玻璃是外来的，由古波斯国传入我国，因其如琉璃般流光溢彩，所以称为"波璃"，后改为"玻璃"。

我国古代没有玻璃，但早在西周时期就有琉璃，它是青铜器铸造时分离出来的副产品，颜色五彩斑斓被称为"五彩石"，被视为奇珍异宝。它在光线下流光溢彩，表面光滑十分滑溜，也称琉璃或瑠璃。

"璃"指烧制陶器、瓷器时，最外层可以剥离的釉，有玉石的质感，而且无论琉璃还是玻璃，都是从矿物质中分离出来的透明晶体。

其实，"玻"字很早就有，指水玉，清澈如水波般的玉。

## 2. 皮→波、菠、簸、婆

波浪的"波"字，我们引用古人王安石的解说"波者，水之皮"，这一解说曾引出了一场王安石与苏东坡的对峙。

王安石研究汉字，并著有《字说》，是汉字"右文说"的代表人物，认为汉字右边表声音的部分是汉字的主体，于是有"波者，水之皮"之说。苏东坡得知后打趣道，"滑者，水之骨也"，以此来讥讽王安石。

王安石变法失败后，他的"右文说"理论和《字说》也随之被毁。

"波者，水之皮"，一点不错，水波就是水面表皮，而"滑者，水之骨"也确实不对。

"滑"字今天的读音为"huá"，古音为"gǔ"，由"骨"表音表意，三点不指"水"，而指"油"。《史记·滑稽列传》就读"gǔ"的音，"滑稽"的读音为"gǔ jī"，是啃骨头时，手拿骨头滑稽滑稽打滑的声音，依旧遵从汉字的"右文说"。

菠菜是人们常吃的一种蔬菜，草字头没有问题，且它是一种外来蔬菜。

菠菜是两千多年前波斯人栽培的菜蔬，也叫做"波斯草"，后在唐朝时由尼泊尔人传入我国，称为波斯菜。又因其叶大有棱，也称菠

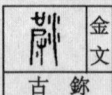

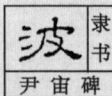

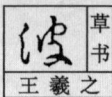

薐菜，草字头后加，表示一种蔬菜。

菠菜还另有别名为红根菜，就取其根的颜色命名，或鹦鹉菜。菠菜营养丰富，有"营养模范生"之称，它富含类胡萝卜素、维生素C、维生素K、矿物质（钙质、铁质等）、辅酶Q10等多种营养素，且有养血、止血的功能。

簸箕人们天天用，打扫卫生离不开它，是日常生活当中的一个工具。在认识"簸"字以前，我们先认识一下"箕"字。

"箕"原本就是"其"，就是一个人两手拿着簸箕的样子，后加竹子头，表示由竹条编制。箕主要用来清理杂物垃圾，尤其是人们盖房子挖地基的时候，要用"箕"来清理地基下的土石。

"簸"便是一种箕，所加之"皮"是"波"的省略，是人们用来扬米去糠时用的箕，左右上下地晃动，如水波左右摇摆、上下起伏。

后来"簸箕"二字连用，泛指这类样子的器物，在闽南地区还称其为"畚斗"。

老婆婆的"婆"字很好理解，女子总是美颜多姿，老了以后脸上的皱纹如清秀的水波纹一般，于是用来形容年老的女子——老婆婆。当然，男子老了也是满脸皱纹，但男子总是很严肃，不苟颜色，用清秀的水波纹形容难免轻浮，毕竟女子更美嘛！

"婆"还有一个异体字，写作"嫠"，另有篆书中的"嫛"字也已废除。

### 3. 皮→破、坡、跛、彼、颇

石字旁的"破"字，就是用石头把皮子打破，古代最早的工具就是石器。人们狩猎或交战中，用石斧打在兽皮上，"噗"地一声开了个口子，这就是"破"。

打破的兽皮不能做衣服了，就是坏了、烂了，进而有破坏、破烂的意思，等等。

土字旁的"坡"字，与水波的"波"相近，水面起伏才有了水波、波浪，所以地面的起伏就是"坡"。山丘就是地面上土层的凹凸起伏，大土坡。

"跛"字紧跟着土坡而来，人们上坡、下坡的样子就是一脚高、一脚低，这就是跛。如果一个人在平地上走路还是这个样子，身形高高低低，这就一定是腿脚有了毛病——跛了，俗语说跛子。

童蒙经典《弟子规》中有句"勿跛倚"，此处的"跛"字念"bǐ"，而不是"bǒ"，这是为什么呢？

"跛"字在这里读了"彼"的音，"彼倚"就是彼此相倚相靠，身体歪歪斜斜的样子，为了能体现出歪斜的意思就用了"跛"字，而且足字旁也有行走的意思。于是用了"跛"的字形和"彼"的读音，就把"彼此倚靠、歪歪斜斜"的意思全部表达出来了。这并不是古人读错了，

破

小篆
说文支部

破

隶书
吴仲山碑

坡

金文
古鉨

坡

小篆
说文土部

坡

隶书
曹全碑

跛

小篆
说文足部

跛

隶书
鼇道人

彼

草书
孙虔禮

而是我们没有理解，当然今天很多书上都标"bǒ"音，虽不是错，但文化却少了一些。

"彼"字读音为"bǐ"，古音"b、p"不分。"皮"指表皮，有外表、对外的意思，双立人的"彳"，在《文部》讲过是"行"的一半"彳亍"，表示在十字路口来回行走，行人之间你来我往就是彼此，河的两岸就是彼岸、此岸。

"此"是"这里"的意思，表示一个人留下了脚印，就是来过这里的意思，后指代"这里、这"。"彼"相对于"此"，带有双立人就表示有远去的意思，指远处的"那里、那"，后引指为内外。朋友之间的交往虽说不分彼此，但也不能顾此失彼。

今天人们对汉字的学习和认识，也应简繁不分彼此，在简体字和繁体字的保留与取舍上要以文化为基础，切莫顾此失彼，得不偿失。

"颇"字也与山坡的"坡"、跛脚的"跛"有关，页字旁表示人的头部，走路歪斜的样子自然就会歪着脑袋，这就是它的本意。

一个人总是歪着脑袋自然是不正常，于是有"非常、很多"的意思。

"颇为得意"就是一个人得意洋洋，歪着脑袋的样子；"颇有道理"就是一个人歪过头来表示赞同；"颇有微词"就是有很多小不满。

"皮字家族"我们就了解这些，随后去看看生皮熟了以后的"革"。

275

# 二、革字家族

皮原本带着毛，后指没有加工过的生皮，人们对皮子去毛加工后使其光滑柔软，这就成了熟皮——革。人们对生皮再加工，去其蛋白使其有所改变，更加柔软，是一个“变皮为革”的过程，进而有“变革”的意思。

“革”字从金文开始，像一张加工后正被撑开晾晒的皮革。

| 革字家族 | 甲骨 | 金文 | 小篆 | 隶书 | 楷书 |
|---|---|---|---|---|---|
| | | 革 | 革 | 革 | 革 |

霸 勒

堇 勤 谨謹 仅僅 槿 瑾

汉漢 叹歎 艰艱 难難 滩灘 摊攤

鞭 鞑韃 鞀 靶 鞘 鞍鞌 鞅 鞋 鞣

## 1. 革→霸、勒

“霸”字需要重点介绍下，前文在“贝字家族”我们遇到了河坝的“坝”，繁体为“壩”指霸占河道使水不能流的意思。这个字为什么有占据的意思呢？

“霸”实际上是由“䨣”加“月”字再造。

“䨣”的读音为“gé”，但在北方陕西和山西的方言中念“gà”。

　　"雨字头"加上"革"，表熟皮子的方法——沤皮。在水池中用石灰水浸泡生皮，一段时间后再进行搓揉软化，这是一个由皮变革的过程。雨字头表示浸泡的意思，生皮原本是薄的，经过长时间的沤泡会发胀膨大，进而充满整个水池，所以有逐渐满盈的意思。随后进行晾晒，失去水分后又逐渐缩小复原，于是"霏"字表达了一个由小到大，再由大到小的过程。

　　当人们发现月亮总是"月圆月缺"时，便在"霏"字上加"月"造了专表月行变化的"霸"字。月初时月上玄，月牙初生由小变大，即"生霸"；月初至月中，月牙生为月满，即"霸月"；月中后月下玄，月满而缺由大变小，至月末而亡即"死霸"。每月周而复始，约三十天，就是今天一个月的天数。

　　"霸"表示"霸占"的意思，就源于月满时日光占满整个月球表面，有时也去掉雨字头写作"朝"。中国古代的天文学十分发达，很早就明察了月光是日光的反射，所以"霸"也表示，太阳扒开了月亮羞涩的面纱，照亮了她的美丽脸庞，所以满月时人们总是喜欢望月，欣赏月亮的美，所以"霸月"也称为"望月"，这也是我国传统节日"八月十五"望月、观月的来源之一。

　　"霸"有"霸占"的意思以后，逐渐引出了霸道、霸主、霸王的意思，开始远离最初圆月的美丽，变得越来越凶残了，回归到原始的杀生扒皮之上了。

"革"字作声音符号还造了一个"勒"字，它有两个读音，悬崖勒马的"勒 lè"，勒紧的"勒 lēi"。不管哪个读音都是用力拉缰绳的意思，所以右边一个力量的"力"，因与力量有关所以取"力 lì"的声，保留"革 gé"的韵，读"lè"。

"力"在文部讲过，就是古代最初的"耒 lěi"，所以读音"勒 lēi"也是对的。

### 2. 革→堇、勤、谨、仅（僅）、槿、瑾

"堇"的读音为"jǐn"，今天字形下面的"土"部分原本是"火"，指用火烤皮子，去水分使皮面收紧，所以与"紧"读音一致，侧重"烤皮收紧"的意思。

后世在书写中，"火"变形为"土"。

"堇"还是"勤"的古文字，后加"力"表示出力劳作的"勤劳"。人们可用于耕种的田，不能都是泥土，否则灌溉后土层易板结不透气，不利于农作物的生长，于是常人为地参入沙土增加透气性和伸展性，防止灌溉后泥土因板结而收缩过紧，造成地面龟裂。这就是人力对土壤加以改变，变革成可耕种田地，以加"力"表示勤劳。

最早的"刀耕火种"就是焚烧山林，草木灰就是最好的土壤调和剂和肥料，起到了松弛泥土的作用，是古人最早的对土壤的变革。

勒
金文
頌鼎

勒
小篆
說文力部

革力
隶书
憬功勳銘

堇
小篆
說文艸部

堇
隶书
蟄道人

勤
金文
宋周鐘

勤
小篆
說文力部

勤
隶书
張遷碑

勤
行书
王羲之

严谨、谨慎的"谨"加了言字旁，与言语说话有关。"谨"指人们所说的话语要紧密周全，就像翻整田地一样，要面面俱到，不要有所遗漏，以免影响农作物的生长和收成。民以食为天，这可是关乎生存的大事，必须严肃对待，进而有"严谨"一词。

"慎"指人们做事情要用心认真，不能马马虎虎，与"谨"连用为"谨慎"，用于提醒人们的言行举止。

"仅"是今天的简化字，繁体为"僅"，常用于"仅仅、仅此"，表示数量很少的意思。它是指人为地改造土壤时，加一点沙土就好了，不能太多了，只是一个调节的作用。

单立人（亻）侧重于人的因素，决定参入多少是人的行为，并与"勤"区别。人为作用的不加也可以，但效果不好，所以常有"仅仅一点"说法，并不改变本质。

"槿"指槿木，又名木槿，夏秋开花。木槿花的开花时间仅有一个白天，朝开暮闭，为时短暂，花期颇为紧张。它花色多且艳，非常美丽，且花瓣紧蹙，多复瓣、重瓣交叠，亦有紧的意思。

　　　槿花（唐·崔道融）
　　槿花不见夕，一日一回新。
　　东风吹桃李，须到明年春。

279

木槿花还是韩国的国花，在北美更有"沙漠玫瑰"的美称。

"瑾"字，人们最为熟悉的就是三国著名人物周瑜，其姓周名瑜，字公瑾。

瑜与瑾都为玉旁，在古时常连用为"瑾瑜"表示美玉，"瑜"强调玉质光亮，在光照之下瑕瑜互见，"瑾"强调玉质肥润，纹理紧蹙。

古代男子成人，不便直呼其名，故另取一与本名涵义相关的别名，称之为字，以表其德。人们相敬而呼，必称其表德之字，也为"表字"。这种称呼起源于商朝，盛行于周朝，后来形成了一种称呼制度。

这不仅仅是一种称呼制度，更是一种文化，先是对人的尊重，不直呼其名以示礼貌。二是文化的关联，中国人起名字都是有寓意的，姓不能改，名就是父辈对一个人一生的美好祝愿与期望，望其成人成名，最终名扬天下。至今中国的父母给孩子取名字，都要绞尽脑汁选取寓意美好的文字，表达对孩子的关爱，但成年时的"字"已经很少有了。这也应算是中国文化中的一项缺失，正如南怀瑾老先生所说，中国文化今天已然伤筋断骨了。

我认为中国文化确实伤了筋，但没有断了筋，骨头虽然断了，但筋连着骨头，这骨就还能续上，因为外面还有5000年文化底蕴的肉保护着。那么这没有断掉的"筋"是什么呢？就是中国文字——汉字，这是中国文化的魂，撕不断、扯不烂，中国的"汉字"断不了，这骨头早晚是能接上的。

生命中的磕碰在所难免，它是生命的教训与历练，它会让我们更加珍惜和爱护生命，汉字的命运亦是如此。

## 3. 堇→汉（漢）、叹（歎）、艰（艱）、难（難）、滩（灘）、摊（攤）

汉字的"汉"是什么意思？我们一直介绍汉字与汉字文化，这回算是遇到文化了。

"汉"到底指什么？为什么我们是汉族，是汉人？为什么男子又称男子汉？何时又有了汉水、汉江？古语中天汉指什么？……那就来一起看看"漢"字。

"漢"右边的"堇"这次没有变形成"土"，大体保持了"火"的样子，指人用火烤皮子时，人在火边也被烤得大汗淋漓。此外，它也被解说为火刑、烤刑，总之出了一身的汗。后借指人们在田地中勤劳干活时身上的汗水，于是造字为"漢"。因与干事、干活有关，所以读音取"干 gàn"音为"hàn"，古音"g、k、h"不分。

"大汗淋漓"也称"挥汗如雨"，雨从天河而降，故此称天河为"天漢"。当"漢"字后来另作他用专表天汉时，于是人们又另造了专表干活时人体所流的"汗"。

所以从那时起，"漢"的意思就指天上的天河——天汉。"气冲霄汉"中，"霄汉"指

漢

漢 金文
父乙觥

漢 小篆
說文水部

漢 隸书
衡方碑

漢 行书
趙孟頫

云霄和天河，泛指天空，形容气魄非常大，有大无畏的精神和气节。所以银河，也叫银汉，"汉"开始指代大水、大河。

中国文化讲究人与自然的和谐，阴阳的平衡与统一。天地相应，天地间的万物自然也是相对应的。点点繁星就是世间的生命，地上有房屋，天上有星宿；地上有山河，天上有银河。

恰巧的是大地上真有一条大水名为汉水，汉水的源头在秦岭，由汉口汇到长江，"汉口"之名就由此而来，汉水之口。汉水发源于秦岭，而秦岭是中国南北的分界线，南边的气候热，在此处与北边的冷空气交汇便下起雨来，且大雨不断，所以这里的植被很茂盛。这些雨水便汇成汉水，出汉口流入长江，所以也称汉江。因为汉水是由大雨汇集而成，于是便与天上能降雨的天汉互为对应，是一条祥瑞之水。

汉高祖刘邦当年被驱于汉中，汉中正是汉水路上最肥沃的一块土地，有秦岭为天然屏障，正是国家休养生息的好地方。《史书》记："刘邦始封'汉中王'，初不欲就国。有进言曰，'汉水上应天汉。汉中，据有形胜，进可攻退可守，秦以之有天下。'刘邦乃就汉中王。"

汉之大业便在这里悄然发育，并孕育了此后400多年汉王朝。陈仓古道今天依然还在那里，见证着后世汉人的不断发展。

"汉"续"炎黄""华夏"之后，成为中国人再一次的统一符号。天汉银河似夜空中的一条闪烁巨龙，又一次承载着中华民族的梦想继续腾飞，"汉"依旧是龙的传承。

一个朝代、一个国家的生存并不容易，汉朝初期依然要面临内忧外扰的问题，国内休养生息尚且可以慢慢发展，但外敌侵扰可时不待人，这也是中国历史上历朝历代都不能避免的外扰。在汉初抵御外侵不久，汉人在"汉武大帝"的率领下，以强健的体魄和勇武的战斗力将游牧民族封锁在中原之外，平定了外患，彰显了汉人的强大，汉族亦被称为"大汉民族"。

"汉"随之被赋予了强健、勇猛、大气魄的文化寓意，于是有这种大气魄的男子，被美誉为"男子汉"。直到今天，我们还依旧以一个人的勇敢来称其为男子汉、英雄好汉。

四百年汉业，虽然在历史长河中也只是一个过客，但它留下了汉人勇往直前的气魄，这种气魄被历朝历代所推崇。正所谓改朝不换代，名改了，姓留着，神还在，依旧是汉人，传承的还是汉文化，使用的还是汉字。

"漢"虽被简化成"汉"，但右边的"又"还是一只手的样子，是一只有力的手紧紧抓着文化的脉络；是一只紧握成拳头的手，依然表现出汉人的勇敢与无畏；也是紧握工具的手，依然体现了汉人耕读传家的勤劳质朴，和不断前进，探索科技的能力。

所以在"双法字理"下，汉字的繁简并不矛盾，如同阴阳和谐统一，由中国五千年的文化相互联系，共同构建起一个立体的文化太极。

嘆
噗
小篆
説文口部

嘆
隶书
史晨奏銘

歎
藜
小篆
说文欠部

歎
隶书
樊安碑

歎
草书
王羲之

艱

甲骨
甲16·3

難
金文
不娶敦

艱
金文
歸父盤

艱
小篆
説文艮部

難
小篆
説文佳部

艱
隶书
造橋碑

難
隶书
趙君碑

艱
草书
王羲之

難
草书
王羲之

叹气的"叹"是个简化字，原本写作"嘆"或"歎"，表劳作时叹气、叹息的意思。

"歎"指人们干农活累了，弯下腰深深吐出一口气，汉字简化时依照"漢"到"汉"的简化，后为了与"欢"字区别，被"口"字旁的"嘆"替代，简化为"叹"。

简体"叹"字的"又"，本就是手的意思，更是很好地阐释了"捶胸叹气"这个成语。

"艰难"这两字都是简体，繁体为"艱難"，看着就挺难写的。

"艱"字右边为"垦"的省略，表示土地十分坚实，人们虽十分勤劳，但仍旧苦于开垦出好的良田。这就是艰苦的意思，为了体现"艰"的不容易，人们取了坚实的"坚"为它的读音，同时也暗含坚持的意义，只要坚持，再艰苦都有出头之日，能使凡土变为良田。

"難"字右边是个"隹"字，表示用火烤鸟，它与烤食鸟肉的"焦"相似，但又有区别。

人们最早"刀耕火种"时焚烧树林，树林中的野兽都跑了，小兽也多被母兽噙在嘴里带走了，飞禽中大鸟能飞，可鸟巢里的小鸟苦于不能飞行，大鸟也带不走它，于是遇到"刀耕火种"便都被烧死在树林中了。这就是遇难、苦难的意思，读音"nàn"就是小鸟在惊恐中奄奄一息的喃喃叫声。

艰苦、苦难，都是生活不如意的事情，于是常常连用为"艰难"，一同表达生存、生活的不易，沿用至今，简化书写为"艰难"。

沙滩的"滩"，繁体字写为"灘"，最初指水岸滩头，因其多为沙地故称沙滩，与水有关配以三点水归类。沙滩与"难"有什么关系？

沙滩白天多被海水覆盖，往往在夕阳时分，太阳下山海水退潮时才大面积出现，于是很多小鱼、小虾、小螃蟹、小贝壳等水族生物就搁浅在沙滩上，等待它们的往往都是死亡。

有时一些大型水生物也会因退潮而搁浅于沙滩，或是死后被海水冲到沙滩上，所以沙滩、河滩就成了这些水族生物们的遇难地。

摊开、摊摆的"摊"，繁体写为"攤"，古时食物短缺，所以无论是树林里烧死的鸟兽，还是河滩、沙滩上搁浅的鱼虾都是人们取食的对象。人们拨开堆积的灰烬，寻找遇难鸟兽为食，或扒开沙粒、石块寻找搁浅的鱼虾、螃蟹、贝壳为食，这就是摊开。

人们把寻找到的食物带回去整理干净，摆放清楚以便储存，这就是摊摆，一个一个摊开摆放的位置就是摊位。当人们把多余的食物在地上摊开摆放，用以商品交换时，就有了最原始的地摊，这就是摆地摊。

其实，汉字是十分有趣的，当你了解它的造字原因，那随后它所产生的词和词义就随之而来了，它的文化延续性就逐渐显露出来了。

灘

灘 小篆 说文水部

漢 隶书 史晨奏銘

灘 草书 方孝孺

攤

攤 金文 师𣪘敦

攤 小篆 說文手部

攤 隶书 夏承碑

# 第三节　骨肉

## 一、肉字家族

在“骨肉”这组中，我们先讲“肉”字，因为毛皮之下就是肉，肉下面才是骨。生活中我们常用“骨肉相连”一词，表达人与人之间的亲密性——亲情。人虽相互独立，却又相互联系，这种亲情古人在造字时也一同埋在文字里了，“骨”字中有肉——肉月底，“肉”字有骨——仌（骨架），骨肉相连。

| 肉字家族 | 甲骨 | 金文 | 小篆 | 隶书 | 楷书 |
|---|---|---|---|---|---|
| |  |  |  | 肉 | 肉 |

有　　　　　　肉–月　脸脑脖肩膀胳膊
肴　随　　　　⺼　胸膛　腹　肚　腰　股
淆　髓膸䯝　　　腿　膝　脚　肌　肤　胖
　　隋　　　　　肠　胃　膜　脉……
　　陏　　　月：朝　期　望　朔　朗　明
　　堕　　　舟：服　滕
　　惰　　　　　能　龍

“肉”是个象形字，最早甲骨文就刻画了一块肉的样子，像今天“夕”字的形状。金文时增加了肉的纹理和层次，类似“骨”的甲骨文“Z”，小篆依旧，使字形趋同于“月”。隶书时为了与日月的“月”区别，结合整扇肉的样子，隶变为"宍"，后楷书规范为今天的"肉"字。

人们用"肉"造了很多字，都与肉本身有关，即肉体有关。如胳膊、腿脚、胸膛等，保留了肉的古文字，类似"月"的形态，所以被称为"肉月旁"，多位于字形的左边，当位于字形底部时，为"肉月底"。而日月的"月"本身所造的字，多位于字形的右边，如朝、明、期、朗、望、朔等。

此外，还有为数不多的月字旁，既不是肉，也不是月，而是"舟"字的变形，如服、胜、腾、滕等字。但在今天，仍有一些字保留着"肉"字原本的样子，最常见的就是豆腐的"腐"字。

## 1. 肉➡有、肴、淆、崤

"有"字是一个由"肉"再造的字，上面的"ナ"就是手的样子，最熟悉的就是"又"字，以及左右手的"左右"二字，下面部分的"月"就是一块肉的意思。二者合在一起，表示手里拿着一块肉，这就是"有"的意思。

"有"读音为"yǒu/yòu"和"肉"的古音相同，今天湖南、湖北以及山东方言中"吃肉"就说"吃yòu"，与"油"的读音相近，因为肉有脂肪，总是油乎乎的。同时"ナ"既是"又"也是"右"，右手拿着一块肉，表示拥有。一家人有肉吃的日子，自然是过得富足，进而表示富有。

今天"有肉吃"，依旧是人们生活富裕、富有的代名词。

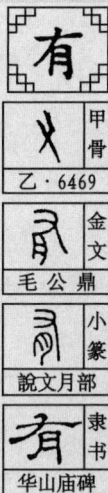

有

火 甲骨 乙·6469

金文 毛公鼎

小篆 說文月部

有 隶书 华山庙碑

肴

小篆
說文肉部

隶书
魏大饗碑

行书
文徵明

毃

小篆
说文殳部

隶书
费凤别碑

淆

小篆
说文水部

隶书
孔宙碑

草书
王羲之

佳肴的"肴"，上面部分是六爻的"爻yáo"字，下面依旧是个"肉"字。

"六爻"是八卦中六个用于组合的阴阳符号，三个一组表示"天地人"，阴阳两组，一共六个。最初人们用蓍（shī）草占卜卦象，到宋朝时才有了"以钱代蓍"的占卜方式。占卜时一根一根的蓍草相互交叉，表示阴阳结合达到平衡，所以"爻"本身就是交叉的意思，与"交"字的读音、字形都相近。

"有"表示有一块肉，这块肉怎么了？这块肉被横切竖切，交叉切碎后做成了美食，这就是"美味佳肴"。所以"肴"就是指把肉切碎加工，混入各种配料，做成各种美味的肉食。在"爻"与"有"结合时，因字形上的重复，省"爻"为"乂"，或省"有"为"月"，书写成"肴"。

"肴"还有一个繁体字为"毃"，除了表示把肉切碎，还表示用重锤把肉打成肉泥的意思，二者都是制作美食的方法。

混淆的"淆"在"肴"字的基础上就很好理解了，作为食材的肉总是要清洗一下，此时混有油腥的水中，油与水看得出却分不开，当炖成肉汤后，更是看不出来了，混淆分不清楚了。

中国传统美食中，饺子是最好吃的，饺子馅中剁碎的肉与菜混在一起，你想分辨出哪是菜、哪是肉可就难了，混淆成一体，难以辨别。

"混淆"后来逐渐指概念模糊，界限不分明。

《抱朴子》中就有"真伪颠倒，玉石混淆"之说。成语"混淆视听"便出自《三国志》"如此之类，正足以诬罔视听，贻误后生矣"，表示故意用假象谎言与真相混在一起，迷惑他人。

崤山的"崤"专为山名，此山虽不出名，但在春秋时期此处发生了"晋秦争霸"中一场决定性的战役"崤山之战"，此事记于《左传》。

周襄王二十四年，秦穆公得知郑、晋两国国君新丧，不听大臣蹇叔等劝阻，执意要越过晋境偷袭郑国。此时的晋襄公为维护霸业，正欲痛击秦国。为不惊动秦军，准备待其回师时，设伏于崤山险地围而歼之。当秦因伐郑无果而重返崤山时，被晋伏击于此，身陷隘道，进退不能，终全军殂灭。

这座山为何命名为"崤"呢？这与它的地理地貌有关，崤山山脉为秦岭东段的支脉，其地貌特征差异明显，海拔大都在1300～1500米，由于众多河流的切割，山体相当破碎，次级分水岭纵横交错，呈现为一种波状起伏的中山地貌景观。

崤山山脉整体为褶皱断块山，似山脉被切碎了一般，于是取"肴"字形容，命名"崤"。

## 2. 肉→随（隨）、隋、髄、堕、惰、椭

"随"字是个简化字，本意是跟随。它原本写作"隨"，字形中左耳（阝）是表示山坡

崤
小篆
篆典山部

崤
隶书
五瑞碑

崤
草书
苏轼

隨
小篆
说文阜部

隨
隶书
张迁碑

随
行书
王羲之

的山阜，即"阜"字的简化（详见《文部》），右边是"遀 suí"，汉字简化时改为"迶"，这就是今天的"随"。但这一字形的简化并没有完善，也仅仅是对部分常用字做了简化，另骨髓的"髓"、隋朝的"隋"、懒惰的"惰"等字，没有简化。于是同一字形有了两种形体，这在汉字的系统认识上就有了一定的干扰。

那么"左"字下面一个"肉"是什么意思呢？最直接的意思就是"左手拿肉"，与"右手拿肉"的"有"相对，互为阴阳。左手拿的肉是祭祀、祭拜用的供肉，也称胙肉，周天子就经常赏赐胙肉给诸侯，叫赐胙，即胙肉之赐。

《史记·周本纪》记载"（显王）九年，致文武胙于秦孝公……三十五年，致文武胙于秦惠王"。"分胙"便是人类最早"祭祀分食"行为的文化延续，不仅是在中国，即使在西方，人们祭祀杀生之后的公牛，也是要进行分肉的。

最早的祭祀，就是祭神、祭祖，自然要到山上去，于是加表示行走的"辵"（简化为辶，详见《文部》），和山阜的"阜"，这就是"随"。首领们手拿胙肉，按着神灵的指引上山带路，民众们在后面跟着，这就是"跟随""随从"。

"随"最早就是部落首领带领民众上山祭祀的行为，因为有食物可以分享，于是跟随的人无论大小去了很多，这就引出"随便"的意思。但"随"字可不是一个随便的字，据史书记载，华夏始祖"炎帝神农氏"就诞生在随州烈山，此处后为西周之封国"随"，是炎帝神农故里，是最早开启华夏 5000 年"农耕文明"的发祥地之一。农历四月廿六日为"炎帝神农诞辰日"，大量的海内外炎黄子孙随着血脉前来祭祀，寻根问祖，"随国之名"也许在千年之前便源于此。

"随"早先便是一个国名，西周时期附庸在楚国之下的诸侯国"随"——"汉东之国随为大"，战国末期归属于楚，设"随县"，后世"隋朝"之名便与此处有关。

隋文帝杨坚之父杨忠，是南北朝时期西魏、北周将领，因战功显赫，北周建立后，杨忠出为随州刺史，进封随国公，就任在今天的随州市。后其子杨坚出随州刺史，进位大将军，遇皇姑寝疾三年，昼夜不离左右，代称"纯孝"，袭爵"随国公"。周静帝（宇文阐）7 岁即位，任命杨坚为丞相，后被杨坚夺权，不久后，周静帝以杨坚众望有归下诏宣布禅让。杨坚三让而受天命，即皇帝位，定国号"随"，因忌恶"随"字带"走"旁，恐不祥而改为"隋"，是为隋文帝。

今天的"随州"经过几千年的风雨，在新中国成立后设为随州市，隶属湖北省，但依旧给世人带来了不少惊喜。1978 年春，随州"曾侯乙墓"出土了距今 2400 多年的"曾侯乙编钟"，它震惊了世界，改写了世界音乐史，被称为"世界古代八大奇迹"之一。随着这套"编钟"的再次敲响，人们又听到 2500 年前古人祭祀的乐章，随州也因此被国家授予"中国编钟之乡"的美称。可见"随"字，一点都不随便。

| 隋 | |
|---|---|
| 篝 | 陶文 古匋 |
| 隋 | 小篆 說文阜部 |
| 隋 | 隶书 张平子碑 |
| 隋 | 行书 文徵明 |

骨髓的"髓"为什么用了跟随的"随（隨）"呢？那就要看看骨髓的作用。

骨髓是身体中的造血物质，是身上所有血液的源头，也就是祭祀之源。此时，它用"随"省略再造的意思就一目了然了，因存于骨腔之中，所以配"骨"表示，造字为"髓"。

由"髓"的造字，我们可以看出古人很早就明白，人体精髓来源于骨中之髓，虽没提到造血之用，但在中医理论下"肾精化生脑髓"是中医藏象学说的一个重要理论内容，肾中之精气具有化生脑髓的生理功能，即在生理状态下，肾精足则髓化有源，脑髓足则神旺。而肾精足，不就是气血足吗？髓化有源，气血自然来源充沛，一个人的精神、精力必然旺盛，可见我国古代医学的高明与发达。

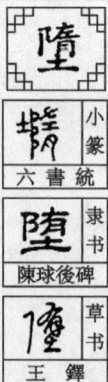

堕落的"堕"读音为"duò"，本义指人们上山祭祀时，因多人多次上山下山的行走，而踩坏了山坡上的土石，土石松动滚落——堕落。因指土石的落下，所以配土字底，造字为"堕"。

人们祭祀时上山下山，多人来回行走，似来回踱（duó）步，松动的土石也似跺（duò）脚而松动，于是"堕"字取"duò"音，表示与行走、松动有关。

惰性、懒惰的"惰"，人们最初跟着首领上山祭祀，就是为了祭拜神灵、祖先，感谢赠予食物和祈祷以后生活的富足，分配食物是祭祀完之后的事情，是给民众参加祭祀的奖励。久而久之，随着祭祀活动的增加，分配食物的频繁，就有人产生了依赖的心理，这就是懒惰；由懒惰之心而生不劳而获之性，这就是惰性。

"惰"就是一个人勤劳之心的堕落，民以食为天，寻找食物是大自然中所有生物内心的天性，所以"堕"字还原省略，配以"心"字做旁，造了"惰"字，读音不变。其实，"惰"字就有一个"心"在底部没有省略的"隳"字，二字并行，今由书写简单的"惰"字统一。

椭圆的"椭"字，读音为"tuǒ"，古音"t、d"不分。根据资料记载，为古代一种狭长形的木桶，木字旁是因为古代的桶都是用木板箍的。木桶多为圆形，这是古人经验的总结，方形的桶也有，但是少。因为同样的材料下，圆形的容量最大，可承受的水压最大。

圆桶也正因为是圆形能盛放更多的东西，且所占体积最大，于是人们在搬运祭品时，同等空间的车厢内能够放置的桶的数量就少。为了解决这个问题，古人取介于方形与圆形之间的形状，既没有减少桶太多容量和承压力，又增加搬运的数量，这就是椭圆形的桶。

今天，我们依旧能看到古人留下来用于搬运食物的大食盒，都是狭长的方形或椭圆形。

"肉字家族"大体就是这些，随后是与肉相连的骨——"骨字家族"。

惰

小篆
說文心部

隶书
鲁峻碑

草书
赵孟頫

椭

小篆
说文木部

草书
赵孟頫

# 二、骨字家族

　　"咼"的甲骨文像一个字母"Z"，画的是两段大骨头中间有连着的筋，无论动物还是人类的骨骼，以头骨、盆骨和腿骨最大，骨质密度最高，所以野外考古挖掘常发现古生物的头骨和腿骨，其他较细的骨头不是腐化就是遗失了。所以，古人造字时取头骨和腿骨为主，造了"凸"字，加盆骨为"咼"，为了依然表示与肉相连，逐加肉月底为"骨"，沿用至今。

　　"咼"则全是骨头，且为遗骸之骨，所以多表示灾难指灾祸，今天被简化写作"呙"。遗骨都是以往的尸骨，所以加走之底"辶"表示过往、过去的"過"，简化为"过"。

| 骨字家族 | 甲骨 | 金文 | 小篆 | 隶书 | 楷书 |
|---|---|---|---|---|---|
| | | | 骨 | 骨 | 骨 |

骨——呙　　　　　　　　　　骷髅　骸
滑　　剐剮　祸禍　　肯　　　髁髀　髓
猾　　娲媧　窝窩　　啃　　　胯骻　骶
　　　锅鍋　蜗蜗　　　　　膑膑髌髓
　　　埚堝　涡渦
　　　過过　莴萵苣

　　关于"骨"的造字情况，便是"骨"与"呙"两个家族之合。

## 1. 骨→滑、猾

滑稽的"滑"字，我们在前文"皮字家族"中讲述水波的"波"字时，有过交代。它古音就读"gǔ"，《史记》列传中便有《滑 gǔ 稽列传》。

"骨"的读音就是骨头滚动的"咕噜"声，"滑"读音随之，表示油腻的骨头难以啃食，总是咕噜噜打滑。且古音中"g、k、h"不分，人们抓取和啃食油腻的骨头，不小心掉到地上，于是发出"a"的一声惊呼，这就是"huá"。

今天，人们手中的东西不小心掉了，依旧还是"啊"的一声。

"双法字理"实际就是一个"理"，"理"通"意"就顺，遵循汉字的表意功能，所以是一种"汉字表意说"。在解说汉字时，为了使大家便于理解怎么表意，于是就用了"读音表意"和"字形表意"两种方法——双法。所以，文字本身不是记语言的声音，而是记语言的意义，字形的不断组合，字意就不断表达出来，音作为意义的提示或保持、或有所改变。

狡猾的"猾"字，右边是"滑"的省略，加上反犬（犭）旁，表示与野兽有关。它表示某个动物很难抓到，看似已经抓到了，结果还是跑掉了，好似从手中滑落一般，这就是"猾"。

它常与"狡"连用为"狡猾"，那么"狡"是什么意思呢？"交"指交叉，那么"狡"就

滑

| 滑 | 金文 |
| 滑 | 古鉨 |
| 滑 | 小篆 说文水部 |
| 滑 | 隶书 劉寬後碑 |
| 滑 | 行书 王羲之 |

猾

| 猾 | 小篆 篆典犬部 |
| 猾 | 隶书 校官碑 |
| 猾 | 草书 孙虔礼 |

295

是动物在被追捕时，跑动的方向来回交叉，变化方向，使捕猎者难以捕捉。"狡猾"就指当你快要抓住它了，它变个方向跑了，失之交臂。

今天人们打猎、捕猎的机会没有了，只能在动物世界中看到狮子捕猎羚羊时，羚羊的"狡猾"。但现实生活中，我们依旧能在足球比赛中看到"狡猾"的真实表演——假动作。

## 2. 骨→呙、剐（剮）、娲（媧）、过（過）、祸（禍）

"呙"字是半堆遗骨、骸骨的样子，读音有好几个，有"wō""wā""guō"等，读音有所近似，于是它所造的字读音也有好几种。

"咼"字简化成"呙"，字形上又恢复了骨肉相连的意思，不过是只剩半堆骨头一点肉的骸骨。随后其所造的字，也多与骸骨有关。

"剐"字的意思为用刀挖去大块的肉，只剩下骨头，千刀万剐。关于它的读音，由"gǔ"变成"guǎ"也并不陌生，在《文部》讲"瓜"的时候也遇到过一次这样的变音。"瓜"的古音就是"gū"，在"呱呱坠地"一词中还保留着。

"刮"字与它读音相同，意思接近，舌头有舔舐的意思，所以是用刀子表面刮，如刮胡子、刮骨、刮痧。

"娲"字仅用于"女娲"，是中华文明中一个举足轻重的人物，她的故事众所周知，"黄

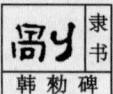

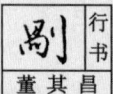

剐

呙　小篆
説文刀部

咼丨　隷书
韩勒碑

剐　行书
董其昌

296

土塑人"开创了世间与万物，被誉为大地之母；后挖山取五彩石，修补天空——"女娲补天"。

真的有这个神吗？上古时期，一定有这样一位伟大女子，掌管着部落生育与房屋搭建，也许她正是"母系氏族"时期，一个大部落的首领。但不管怎样，在先秦文献中就有关于"女娲"的记载。许慎《说文解字》中也强调："娲，古之神圣女，化育万物者也。"

当这位女神死后，人们保留了她的遗骨加以祭祀，奉其为神灵，因是位女性配"女"字旁，这就是"娲"字，后世称为"女娲"。

保留祖先的遗骨，进行祭祀的行为在古时并不罕见，今天一些尚且存在的原始丛林部落中，依旧还保留着这样的习惯。

"过"是个简化字，原本写作"過"，表过去。"咼"为遗骸之骨，遗骨自然都是以往的尸骨，所以加走之底"辶"表示时间的过往、过去，造"過"字简化为"过"。

"过"还指过错、过失，可错误、失误为什么也叫过呢？无论错误，还是失误，都是已经做过的、过去的事情，等到有结果了才会知道错与失，所以才有过错、过失之说。也因为正是你之前的过错、过失，才引来你现在或将来的灾祸。

"祸"就是灾祸，人们祭祀神灵祈求幸福，就是为了避免灾祸。灾难必然面临死亡，必然

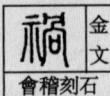

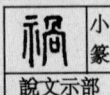

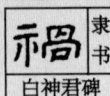

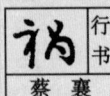

尸骨难存。

常言道"天灾人祸"，"天灾"就是大自然自身的变化给人类带来的灾难，如强降雨导致的山洪、地震导致的塌陷、雷鸣导致的山林大火等，是人力不能预测和抵抗的。"人祸"就是人们自己的过错、过失所带来的惩罚。

所以《易经》坤文言曰"积善之家，必有余庆，积不善之家，必有余殃"，用当下最流行的话讲，就是"正能量与负能量"。

"祸"字简单地讲，就是"多行不义必自毙"。

### 3. 骨→锅（鍋）、埚（堝）、窝（窩）、蜗（蝸）、涡（渦）、莴（萵）

"锅"这个字很晚才有，是唐宋以后才有这个字，读音为"guō"。

古时，最早的锅就是鼎或鬲，由泥土烧制而来，随着文明的发展，又铸以青铜的鼎或鬲。

鼎和鬲，这两种器物都有腿，鼎方口四条腿多为大器，鬲圆口三条腿多为小器，最初有腿是为了方便在下面生火，那时还没有炉灶的产生。随着炉灶的产生，这种有腿的器物因笨重而逐渐淘汰，由圆底、平底的炊具取代，那就要给它新造个字。

这就有了"锅"字的产生，因为由金属制造，所以金字旁（钅），取"呙"表示用来烹骨煮肉。后来，凡是用来做饭的器物，都统称为锅。

附图中，"锅"的隶书是宋朝蛰道人朱长

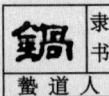

文所书。朱长文，字伯原，自号灊溪隐夫，宋代书法家，以隶书见长，汇编历代书法论文，成书《墨池编》。

"埚"其实也是锅，但不是用金属制造的，而是用土石所做，指坩埚，最初也写作"甘埚"。它不是做饭烹饪食物用的，而是烹炼金银所用。

坩埚是化学仪器的重要组成部分，它是熔化和精炼金属液体以及固液加热、反应的容器，以保证化学反应的顺利进行。它的生产原料可概括为三大类型，一是结晶质的天然石墨，二是可塑性的耐火黏土，三是经过煅烧的硬质高岭土熟料。

此外，在熔融强碱性物质时会用到铁坩埚，但因易生锈和氧化等问题，使用并不广泛，所以仍旧以不活泼金属坩埚为主。

"坩"也是古时一种土制的器皿，是一种盛放美食的小容器，可保温保鲜。

"窝"字泛指鸟兽的巢穴，但巢与穴又有所不同。

"窝"字是洞穴的"穴"，下面是"呙"，即"锅"的省略。鸟兽的巢穴不管是在树上，还是地上，其修建的地方都有一个圆形的大草团铺垫着，像一个大锅的样子。如鸟窝、鸡窝、狗窝、狼窝等。

我国自古就有一种价格昂贵的营养品，它取自燕巢，名为"燕窝"。

窝

窝 隶书 蝥道人

窝 行书 赵孟頫

蜗

蜗 小篆
說文虫部

蜗 隶书
鰲道人

蜗 草书
米芾

涡

涡 小篆
说文水部

涡 隶书
張遷碑

蒿

蒿 隶书
鰲道人

苣

苣 隶书
鰲道人

蜗牛的"蜗"就简单了，它天生把自己的窝背在身上，又因它的头部有两个触角好似牛角，所以称为蜗牛。

旋涡的"涡"与河水有关，是一种回旋的水流，在《文部》中的"回"字最能体现漩涡的样子。这种回旋的水流，与蜗牛、海螺贝壳的纹理走势相同，有很强的离心力。船只一旦卷入旋涡，很难摆脱。明代孙蕡的《次归舟》就写道："柁工鸣板避漩涡，橹声摇上黄牛峡。"

"涡"是水流遇低洼处，所顺势激成的螺旋形窝状水流。

莴苣的"莴"，这是我国一种常见的食用蔬菜，所以配有草字头。其实"莴"就是它的名字，但它土层下的根部十分巨大，所以初为"莴巨"，后写成"莴苣"。

它本身还有所分类，叶用类和茎用类，叶用莴苣就是我们十分熟悉的生菜，茎用莴苣又称莴笋、青笋。

生菜的样子就像一个动物的大草窝，这就是"莴"字的来由。

莴苣是一种很好的绿色蔬菜，它的营养成分很多，包括蛋白质、脂肪、糖类、灰分、维生素A原、维生素B1、维生素B2、维生素c，微量元素钙、磷、铁、钾、镁、硅等和食物纤维，故可增进骨骼、毛发、皮肤的发育，有助于人体的生长。同时，其茎叶中含有特有的莴苣素，略带苦味，能增强胃液、刺激消化、增进食欲，并具有镇痛和催眠的作用。

## 4. 骨→肯、啃

"肯"今天主要用于"肯定"一词，上半部分是"齿"省略为"止"，下面部分是"骨"省略为"月"，所以它的本意就是用牙齿啃骨头。当然是啃骨头上的肉，因为骨头本身太硬，也确实啃不动，这就是"肯"的本意，啃食骨头上的肉，于是保留了"骨"字的肉月底。

"肯"的读音"kěn"就是人们"啃哧啃哧"，啃骨头发出的声音。

人们吃骨头就吃呗，怎么就成了"肯定、中肯"，表示确定的意思了呢？啃过骨头的人都知道，这骨头油腻滑手，拿不稳就啃不住，所以要想啃到肉，就要先把骨头拿稳了，这时候一啃一个准，这就是肯定，就有了"确定"的意思。一个人说话，一下就说到了事情的重点，一下就抓住了要点，"正中要点、重点"就是"中肯"。

当"肯"字逐渐表示肯定、中肯之后，就又加了"口"字专表与吃有关，另造了"啃"字。骨头上的肉没多少，一使劲就咬到骨头了，这就是啃咬。

"肯"字在今天的文字学研究中，它的古文字最初并非如此，而是写作"冃"，许慎《说

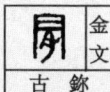

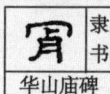

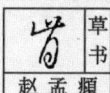

肯
金文

古 鈢

小篆
說文肉部

隶书
华山庙碑

草书
赵孟頫

文解字》里道"冎，骨间肉，冎冎着也"，就是骨与骨之间的连接——骨筋，我理解的就是今天的韧带和软骨。在《庄子集释》中有"肯綮"一词，出自我们十分熟悉的一篇《庖丁解牛》，"技经肯綮之未尝"，意思是我的刀法所到之处，从没因在切骨与骨之间的连接和剥离骨头上缠绕的肉筋时，而碰到过骨头的。可见"肯"很早就是表示骨与骨之间的连接物。

随后又曰"动刀甚微，謋然已解，如土委地"，意思是我的刀子轻轻一动，噗一声骨肉就已经分离，牛身如一堆泥土般散落在地上。从而体现了"肯綮"在骨骼建立中的重要性，进而以此比喻"正中要害"，此为中肯。那么，这确定为中肯的一点，就是"肯定"。

这一解说，在古字形"冎"上与今天的"肯"字出处较大，隶书时方有"肯"形，后世规范为"肯"。所以很早就有古人认为，"冎"是"骨"的俗字，误作"肯"。

且以"冎"为"肯"的意义延伸过于曲折、烦琐，不为"双法字理"所采纳，此处提及仅作了解。

关于"骨字家族"到这里就结束了，也希望人们能耐心啃下"汉字"这块肉骨头，用"双法字理"保护你们的牙齿，既能吃到骨头上的肉——汉字，也能啃到骨头里的髓——文化。

# 第四节　角爪采

## 一、角字家族

"角"字就是一个牛角或羊角的样子，一头尖一头大，尖角。后来这个字泛指各种角，如桌子角、墙角、拐角。在基础几何学中，把角分为锐角、直角、钝角三种，是为了方便对角大小范围的称量。

此外，角还是我国人民币的一个基本单位，"圆角分"中的一员。

"号角"也是人们非常熟悉的一个器物，最早的号就是用兽角做的。古代军旅中使用的号角，是东汉时由边地少数民族传入中原，由于其发声高亢凌厉，在战场上用于发号施令或振气壮威。

"角"字有两个读音，除了本来的"jiǎo"音之外，还有一个"jué"音，即角斗、角斗士，以及表示演员的角色、主角等。其实在北方方言中，"jiǎo"音常为"jué"音。

关于"角"字的具体解说和意思的延伸，详见《文部》。

"角字家族"的字主要有两个小家族，一个是"角"字本身，一个是"夬"字。此外，角做类别标识，指用角制作的酒具和容器，如觚、觓、觔、觯、觛、斛等字，归于各自的读音符号中。

### 1. 角➔解、懈、邂、蟹、确（確）

解放一词很好地表达了"解"字的由来，《庄子·庖丁解牛》篇中，"动刀甚微，謋然已解，如土委地"，就是提到"解"字。这个字有刀、有牛肉、有牛角，很好地阐释了"解"字表达解剖、解放的意思。

"解"字读音为"jiě"，在"jiǎo"与"jué"之间。

"解"字还有一个特有的读音"hài"，山西运城解州，这里最著名的就是"解州关帝庙"。这个字的读音可是很有来历，与蚩尤有关。山西运城市一个盆地，这里有一个天然的盐池，是我国第一大内陆盐湖，世界第三大。炎、黄二帝大战蚩尤，最后就是在盐池附近击败了蚩尤的本部，解州就是蚩尤被杀、大卸八块的地方。后人为了纪念这位伟大的领袖，取其被杀为被

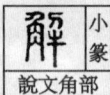

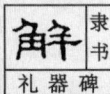

害（hài），更名为"解 hài 州"。

千年之后，运城在三国时期又出现了一个伟大人物——关羽关云长，但历史总是相似的。造化弄人，关羽一生如当年的蚩尤一般勇战天下、义薄云天，无往而不利，但终因傲慢在魏吴联合进攻之下而身首异处，头颅葬于河南洛阳，身躯葬于湖北当阳。

民间盛传，关羽"头枕洛阳，身卧当阳，魂归山西"，他遂被后世帝王奉为"武神"。

"解州关帝庙"便是为了纪念关羽被害而建，始建于隋，宋、明时曾扩建和重修，康熙年间毁于大火，后经十余年修复，是现存规模最大的宫殿式道教建筑群。

"懈"字加了竖心旁（忄），表示心理上的放松，卸下心理上的包袱时好似如释重负。所以读音受"卸"字的影响，改"jiè"为"xiè"。

螃蟹的"蟹"，很好理解，虫字旁归类，"解"表示它的特点，两个分解食物的大钳子。它还可以写成左右结构的"蠏"，但上下结构更能体现蟹的形态。

螃蟹的"螃"就更不用细说了，看一看螃蟹如何行走就都明白了，因为它不能往前面走，而是往两旁走，后加虫字旁归类。

"邂逅"指不期而遇，或者偶然相遇，但在邂逅一词中，"邂"是邂，"逅"是逅。

懈
懈 小篆
说文心部

憨 隶书
纳功德叙

懈 行书
王羲之

蟹
蠏 小篆
說文虫部

蟹 隶书
螫道人

蠏 草书
苏轼

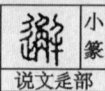

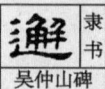

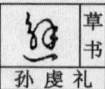

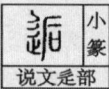

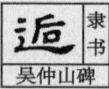

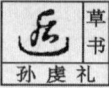

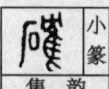

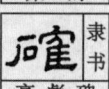

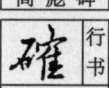

"邂"指二人原本就认识，相互了解，在路上行走时不期而遇，于是"解"字加"辶"；"逅"指两人原本不认识，在行走的路上相遇之后而认识，彼此投缘似早已相互了解，于是"后"字加"辶"。二字连用，表示各种偶然的相遇与相知。

"邂逅"一词很早就有，出自《诗经·国风》。

《国风·唐风·绸缪》

今夕何夕，见此良人。

子兮子兮，如此良人何！

今夕何夕，见此邂逅。

子兮子兮，如此邂逅何！

今夕何夕，见此粲者。

子兮子兮，如此粲者何！

"确"字原本写作"確"，后规范汉字时写成今天的样子，字形中"角"的部分应是"雀"字，就是最初仙鹤的"鹤"。

"確"的本意是石桥，石字旁表示与石头有关，但它不是石拱桥，不像赵州桥、卢沟桥、洛阳桥那样，而是由一块一块比较细窄的长条石头搭接成的小石桥。这种桥的桥面略低，没有护栏，较为简单。

建桥时桥墩的位置预先要定好，入水要打实，以便于长条石的摊放与搭接，所以有确定、确实的意思。远处看去，桥墩如仙鹤的长腿站在水中，桥面如仙鹤细长的脖子，所以用"雀"表音表意。读音"què"取自表鸟类的"雀"字。

"榷"还有一个木字旁的"榷",表示木制的独木桥,今仅用于"商榷"一词。一个独木桥两边都来人了怎么办?过桥时,是你先过,还是我先过?相互礼让商量一下,这就是商榷。

汉字简化时,改"確"为"确",忘了改"榷"。

"角"除了字形上"隺"相似以外,书写上也简单一些,且它有"jué"音可作"確"的读音符号。汉字的简化是为拼音化,所以改写为"确"也是算合理的,但丢失了字理。于是,今天我们用"双法字理"重塑"造字之理"。

"确"为石桥,铺盖石桥时,条石的边角错接,以避免角与角的磕碰,同时增加了受力时条石间的保护。因条石实在沉重,固有"确实"之说,另有石桥十分稳定,固有"确定"之说。

## 2. 奂→奐(奐)、唤(喚)、换(換)、涣(渙)、焕(煥)、痪(瘓)

"奂"字繁体为"奐","角"字下面一个表人的"大"字,合在一起表示一个人伸开双臂手捧号角,正在吹号角。加上口字旁,表示大声呼唤。

人们吹号角发出巨大的声音,这个巨大声音是怎么发出来的呢?是气聚与散的过程,由角的小口进入,再由大口散发,于是"奂"有"聚而散"的意思。号角声音的不断发出,就是聚散的交替进行,也就是不断换气吹奏。

汉字中有很多字,本身就有正反、阴阳的

307

意思，如受与授、争与挣、鱼与渔等，后再加偏旁以示分别。

"奂"是吹号角之意，所以有召唤之意，一声集合为聚，两声修正为散，即使在早期的战场上，军队的整体行动都以军号为指导，有集结号、冲锋号、炊事号等。有一部比较著名的战争题材的电影就名为《集结号》。

吹号角的声音因气息的长短大小，号声可长可短、可大可小，进而演绎出高亢激昂，或婉转悲伤，乐章在高低间轮流变幻，给人一种变幻莫测的美妙感觉，即"美轮美奂"。

今天，人们依然有专门的小号独奏，如《思念曲》《献花曲》《马赛曲》等。

当"奂"逐渐表示聚散的变幻、交替时，于是另加表示声音的"口"造了"唤"，指号声的召唤，人们的呼唤。

人们最初召集在一起是为捕食和交换食物，于是加"手（扌）"造了"换"，表示交换、换取的意思，轮流替换、交换，就是轮换。

"涣"字加了三点水，表示与水有关，水由高往下流，不是聚成水池，就是散成水流。且一轮轮圆形的水波纹，不是水面的散开，就是水面聚合。于是，"水"与"奂"合成"涣"字，多指"涣散"，毕竟覆水难收。

唤
小篆 說文口部
隸書 孔宙碑
草書 董其昌

换
小篆 說文手部
隸書 孫根碑
草書 王羲之

涣
金文 夏銅鼓
小篆 說文水部
隸書 劉熊碑
草書 王羲之

"焕"字加了火字旁，表示与火焰有关，指火焰由里往外发出的光芒与热量，有"焕发"的意思，形容一个人满面春光就是"容光焕发"。

"瘓"字加了病字头"疒"，表示与病变有关。一个人本来内有精神外有容光，精神焕发，结果因生病而一蹶不振，神散光失，身体瘫软没有力气了，这就是"瘫瘓"。

中国文化讲究"中庸"，处处体现阴阳，最忌讳因极端而导致的"物极必反"或"过犹不及"，是以"用当为神"。一个人精神焕发自然是好，但亢奋过头之后，就会一蹶不振，便是因"焕发"消耗光了神而内心"瘫瘓"了。所以万事适可而止，人与人、人与自然、人与神之间的授受也应是如此。

关于"角字家族"，我们就讲到这里。

结尾处，再介绍一个"甪"字。

"甪"读音为"lù"，与"角"极为相似，今用于地名，如江苏苏州的甪直，浙江海盐的甪堰。

"甪"是什么意思呢？表示尖角不尖、两角不全，所以上面部分是个残角的样子——独角，读音"lù"与"独"相近。

古代便有独角神兽名为"甪端"，其头顶端立一只角，在苏州甪直就有关于祥瑞"甪端"的传说，因本地有一重要口岸为直港，故名"甪直"。今天，那里还立有一座"甪端"的石雕像，用以守护那片小镇。

# 二、爪字家族

　　"爪"字专指鸟兽的手脚，甲骨文、金文、小篆、隶书、楷书很完整，没有大的变化，古人就画了一个兽爪的样子。

　　"爪"字读音为"zhuǎ"，此外还读"zhǎo"，如鹰爪、爪牙。实际上二者在方言中混用，没有特别的区别。

| 爪字家族 | 甲骨 | 金文 | 小篆 | 隶书 | 楷书 |
|---|---|---|---|---|---|
| | 𤓯 | 𤓰 | 爪 | 爪 | 爪 |

| | | | |
|---|---|---|---|
| 抓 | 采 | 爬 | 爮 | |
| 笊篱 | 菜 | 孚 | 妥 | 舀 |
| | 彩 | 受 | 爰 | 爱 |
| | 踩 | 奚 | 觅 | 爵 |
| | 睬 | 舜 | 摇 | 淫 |

　　关于"爪"的造字，音意、形意两种，此外还表示与抓取有关的指示符号，如爬、爮、孚、妥、舀、受、爰、爱等，归其读音家族。

## 1. 爪→抓、笊

　　"抓"字加了提手，表示用手抓取东西，这个字隶书时才有，之前一直用"爪"表示抓取。后来爪专表爪子、爪牙，于是另造了"抓"。

抓

抓　隶书
白神君碑

抓　行书
赵孟頫

"笊篱"是一种北方常用的器物，煮面条、饺子后，捞取面条和饺子用的，为竹条编织的大勺，有缝隙可漏水。好似鹰的爪子从水里把鱼抓出来，水从爪间的缝隙流了出来，所以用鹰爪的"爪"表音表意，读音为"zhǎo"。

"笊"的作用就是从水中分离出食物，以便食用，所以也叫笊篱，因多为竹条编织，都加以竹字头归类。在今天除了竹子编制的，还有金属制的笊篱，因为主要用来漏水，故也称为漏勺。

## 2. 爪→采、菜、彩、踩、睬

"采"字很形象，一个爪子在一棵树上，表示人们用手采集树上的果实，树叶发出擦擦的摩擦声，拟声为"cǎi"。且古音中"z、c、s"读音相近，难分。

"采"字比较简单，它是人类最早获取食物的方法之一，采摘草叶和果实。后来，逐渐发展为种植，人们便把用于采摘的植物称为"菜"，野外采摘的植物就为"野菜"。

"菜"多指植物类，今天惯称为蔬菜，也泛指烹饪的各种菜肴。

"蔬"字也指菜，原本就用"疏"字。《论语·述而》子曰："饭疏食饮水，曲肱而枕之，乐亦在其中矣。不义而富且贵，于我如浮云"。

"疏"字的左边是个"疋"字，指腿脚，可表行走，读音为"shū"，右边部分是个"㐬"

311

字，表离开、散开之意，读音为"liú"，二者合并表向远处散开，如疏散。

古人食物的获取为打猎和采摘，打猎需专门组织，要好几天才能回来，而采集就相对简单一些，疏散在部落四周采集。人们采集附近高处的果实和低处的草叶为食，因是疏散在四周采集的食物所以称为"疏"，后加草字头为"蔬"，专指采集的草叶，与"菜"互通连用。

"彩"本指采集有颜色的菜叶，"彡"为光影投射的"七色光"，合在一起指的是各种颜色的菜，绿叶、黄花、红果实，这就构成了各种"彩色"。

"踩"指踩踏，便是人们攀爬在树上采摘树叶和果实，脚落在树干和高处的石头上以便摘取。

在我国民间传统表演中，有一个"踩高跷"，很好地体现了这个字。

"睬"字配了表示眼睛的"目"做旁，表示与眼睛的看有关。采摘时，你用眼睛看上哪个果实、哪朵花就采哪个，这就是它的本意。

今常用于"理睬"一词，表示对他人、他事的过问与青睐。

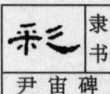

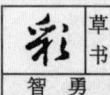

# 三、采字家族

"采"指鸟兽的脚印、足迹，与"爪"不同的是，它不表示人的脚印，人自己的脚印为"止"。"采"的读音为"biàn"，与分辨的"辨"同音，是古人用来辨别鸟兽大小和行踪去向，以便追捕、捕猎。

"采"的字形为一个横"丿"下面一个"米"，正是一个野兽的脚印，详见《文部》。用它再造的字多与辨别、辨识有关。

| 采字家族 | 甲骨 | 金文 | 小篆 | 隶书 | 楷书 |
|---|---|---|---|---|---|
| | 釆 | 釆 | 釆 | 米 | 采 |

番
蕃
翻 翻
播 墦
幡
潘
藩

奥 粤 粤
澳
懊
襖 袄

悉
釉
释

## 1. 采➝番、蕃、播、翻（飜）、幡、潘、藩

三番五次的"番"，上面部分是"采"表音表意，下面一个"田"字，指上古时期"田猎"之地，是一片鸟兽来回活动的地方，猎田中留下了很多鸟兽的足印。

"三番五次"就是鸟兽来回活动，兽印反

番

番 金文 番壶

番 小篆 說文田部

番 隶书 白神君碑

番 行书 蔡襄

复重叠的意思，后指来回反复的意思，其读音为"fān"，与采"biàn"音近，古音中"b、p、f"近似不分。

此外，"番"还是古代中原人士对四周少数民族的称呼，《周礼·秋官》云："九州之外谓之番国"。他们生活在山林中或草原上，因其没有农田，被认为依旧过着田猎的生活，于是称其邦为"番邦"，其民为"番民"。

在宋辽时期，"番邦"便是大宋对古辽国契丹的蔑称，辽兵就被称为"番兵"，小番则是级别或年龄较小的辽国士兵。在京剧《四郎探母》中就有一唱段为"叫小番"，当年宋兵杨家将之杨四郎，在与辽的战斗中被俘，后被招为辽国驸马。随后四郎之母，佘老太君再次挂帅征辽，两军对峙时，四郎想去探望母亲，但是大辽皇宫禁卫森严，没有辽王的令箭不得出宫，最终公主决定帮助丈夫出城探母，便偷出令箭给了夫君杨四郎。杨四郎十分感动，并高兴不已，激动地叫小兵准备马匹以便出城。

"一见公主盗令箭，不由得本宫喜心间，站立宫门叫小番，带爷的宝马扣连环"，此唱段唱腔高昂，以体现出当时杨四郎激动的心情。遂随之散场，并以"叫小番"命名唱段。

"蕃"字加上草字头（艹），依旧是一片草木茂盛的田地，有繁茂的意思。当"番"表示番邦、野外之后，便另加草字头。

今天，"蕃"字多用于专有名词"蕃茄"之上，

蕃

蕃 小篆
說文艸部

蕃 隶书
李夫人碑

蕃 行书
王羲之

314

也写作"番茄"，俗称西红柿、洋柿子等。古时由西域外邦、番邦而来，一种类似与柿子的颜色和形状的果实，与茄子一样搭架结果，也与传统的圆形茄子样子相似，故名蕃茄。

"播"加个提手旁（扌），读音为"bō"，指播种。人们在田地里来回走动，即三番五次的意思，用手把种子播撒在田地里，种出蔬菜和庄稼，这就是播种。同时，田地也是年年种植，三番五次的种植。

因其有广泛撒播的意思，进而为"广播"，当语言声音用来广泛传播消息时，就成了消息、新闻的广播，于是有了今天广播站、广播电台的称呼。

"翻"字表示鸟儿的翻飞，它还有一个异体字"飜"，右边就是一个飞（飛）字，因字形繁琐很早就被"翻"字取代，仅出现于小篆。

"翻"就表示飞鸟在空中来回飞行，也就是三番五次地飞行，最容易体现这个字的是燕子。燕子在空中转换方向来回飞行，便是为了捕捉飞虫，这就是"翻转"。

"幡"字指一种旗子，有"旗幡招展"一词。这种旗与我们平时使用的方旗稍有不同，方旗由方形的旗面和斿子（飘带），或三角形的旗面，一侧插入旗杆，迎风展开。而"幡"多为番邦常用一种旗子，为旗杆顶悬一短横木，

315

幡

幡
小篆
说文巾部

幡
隶书
季德碑

幡
草书
王铎

潘

潘
金文
古鉨

潘
小篆
說文水部

潘
隶书
孙叔敖碑

潘
草书
米芾

用来吊挂一面长条形如"巾"的旗面，迎风而翻转，故以"巾"为旁。番邦为什么不用中原那种大方面的旗呢？因为番邦草原辽阔，风无阻而大，旗面太大时因阻力太大而不便使用，于是采用这种较窄的旗子。

幡旗因为能翻转、旋转，似灵魂旋转升华，所以古人多用它来召唤魂魄，这就是"招魂幡"。

它还有两个异体字，一个是"旛"，另有一个"旛"，指长条形的旗子，今已被"幡"取代。

"潘"今天主要用作姓氏，按照《说文解字》中许慎的说法为"淘米汁"，就是淘米的水。

人们做米饭、米汤之前都要洗米，即用水来掏取米中的杂物，所以称为淘米。淘米之后的淘米水一般都被倒掉了，其实淘米水看似混浊，但营养价值极高，且古人很早就知道。所以古人淘米并不换水也不冲洗，而是用淘米水反复洗米，既是用这碗水三番五次地翻转洗米，淘汰掉里面的杂质即可，这就是"潘"。

"潘"作为姓氏，有诸多来源，有春秋时期楚国公族"潘崇家族"后裔之说；有以春秋时潘邑为姓氏之说；有古国名"潘子国"后人之说；有汉化姓氏之说，北魏孝文帝汉化改革，改番邦鲜卑"破多罗氏"为单姓"潘"；等等。

"藩"仍旧指的是草木茂盛，一般指的是古代国家边界的地方的护国林，人们在边境上

316

栽上的各种树，特别是荆条，以便形成天然的屏障。因此挂有荆棘的篱笆，便称为"藩篱"。

"藩"的作用是隔离外族入侵，就如淘米水"潘"是人们食用米粒时的一道屏障一般，使其没有杂质，因其以灌木荆棘植被为屏障，所以加草字头，造字为"藩"。

古代以"藩翰"比喻保卫国家的重臣，"翰"在《字部·天文》中讲过，由表示井垣的"韩"所造，即护井的栏杆，有保护的意思，如古诗句"瀚海阑干百丈冰"。

又因"藩"有保护国家的意思，于是各处的诸侯国也称为"藩国"，古代诸侯国的任务就是作为国家边界的守护国，即边防重镇。"藩国"的诸侯王便是"藩王"，有很大的军事权利，当中央政权觉得地方政权过于强大时，便会采用政治手段削弱藩国的实力和藩王的权利，以确保中央权力的安全与稳固，这就是"削藩"。

历史上第一次"削藩"始于西汉年间，汉高祖刘邦在逐步消灭了异姓藩王的同时，不断启用刘氏子弟为藩王，以天下同姓一家的理想来"屏藩朝野"。

汉文帝继位后，为加强自己的地位，采用贾谊"众建诸侯而少其力"的策略，把一些举足轻重的大诸侯国析为几个小国，以图削弱藩王的势力。这一中央集权的过程，看似削弱了藩王对中央的威胁，但并没有彻底解决这种威胁，也使藩王与中央帝王之间的矛盾日益激化。

藩

小篆
說文艸部

隶书
景君銘

行书
趙孟頫

于是，在明朝时就上演了"藩王"夺政的历史事件。藩王朱棣最终起兵进京，赶走了较为软弱的建文帝朱允炆，继承明朝江山，改国号为"永乐"，开创了明朝的"永乐盛世"，被后人称其为"永乐大帝"。

## 2. 采→奥（奥）、澳、懊、袄（襖）、粤

"奥"字省略了一笔，改"采"为"米"，原本写作"奧"。

"奥"字上面部分为表示房间的"宀"，中间一个鸟兽的足印"采"，下面的"大"是双手"廾"的变形，组合在一起表示一个人在房间里辨别鸟兽的留下足迹，以探寻其中的秘密，这就是奥秘。

此外，关于"奥"字人们还有一种解说，认为上面部分是表示方向的"向"字省略，其他依旧。"向"就是一个房子的样子，字形里的"小口"为房子朝南的窗户，中国古人建房子朝向十分重要，主要是为了通风与采光，一般都是南北通透有窗。于是，当太阳出来时，房间内取自然光，但唯独"西南角"光线照不到是暗的，人们在此处多摆放"财神"供奉，讲究"财不外漏"。人们在暗影凹陷处藏匿自己的小金库、小秘密，进而有"奥秘"之说，钱财、秘密藏得很深，就有了"深奥"之意。

"奥"的读音与凹陷的"凹 āo"同音，有可藏匿的意思。

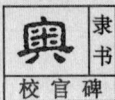

奥

奥
小篆
說文門部

奥
隶书
校官碑

奥
草书
王羲之

"奥"还有一个读音为"yù"，《诗经》中有一篇《国风·卫风·淇奥》，此处读古音为"yù"。"淇奥"表示淇水弯弯曲曲的样子，此处"奥"与"粤"同为一字。

《国风·卫风·淇奥》

瞻彼淇奥，绿竹猗猗。

有匪君子，如切如磋，如琢如磨。

瑟兮僴兮，赫兮咺兮。

有匪君子，终不可谖兮。

瞻彼淇奥，绿竹青青。

有匪君子，充耳琇莹，会弁如星。

瑟兮僴兮，赫兮咺兮。

有匪君子，终不可谖兮。

瞻彼淇奥，绿竹如箦。

有匪君子，如金如锡，如圭如璧。

宽兮绰兮，猗重较兮。

善戏谑兮，不为虐兮。

"澳"字加了三点水，专指水很深之处，似有奥秘隐藏其中。它多用作地名，表示此处有水且深，例如澳门、澳洲（澳大利亚）。

澳门早在五千年前就有人类活动的足迹，出土石斧等原始石器、陶器、玉器等。澳门从大秦帝国起就已经正式纳为中国领土，属南海郡为百越地，古称"濠镜澳"，因其地理位置如中国南海之门，后称为"澳门"。

自 1557 年起，葡萄牙人便从明朝求得了澳门的居住权，此时的澳门仍设有大明官府，属

澳

澳 小篆 说文水部

澳 隶书 張遷碑

澳 行书 王羲之

广东省直接管辖。直至 1887 年葡萄牙政府与清朝政府签订了一份有效期为 40 年的《中葡和好通商条约》，期满失效后，澳门沦为葡萄牙殖民地。百年之后的 1999 年，中国人民解放军驻澳部队进驻澳门，至此，中华人民共和国正式恢复对澳门的行使主权。

"燠"字加了火字旁，读音为"yù"，就是火焰高大雄厚，有深奥之意，古代尊奉火神的巫师往往能从火焰中预见未来。因火焰高大雄厚，固然很热，于是有"燠热"之意。

同时，"奥"有深奥之意，故"燠"也表示地下深处的火焰、火热，即地热温泉。地热、温泉总是热气渺渺，如地面开口呼气，颇为奇妙，甚是奥妙。

"懊"字加竖心旁（忄），表示内心深处。人们内心深处的后悔，就是"懊悔"；内心深处的烦恼，就是"懊恼"。

"懊"为竖心旁与"燠"字省略的组合，说明是内心深处的无名之火，烧得人很不舒服，于是需要找个借口出出气。

"袄"是个简化字，原本写作"襖"，专指棉袄，配了布衣旁"衤"，是一种用棉花做的厚厚的衣服，为什么用奥秘的"奥"表音呢？

俗话说"穿棉袄看不出胖瘦"，穿上棉袄隐藏了人身形的胖瘦，"奥"便表示隐藏了的

320

一些秘密。

冬天人们穿上羽绒服，基本都是臃肿的样子，看不出里面身材的好坏。

汉字简化时候，因其书写繁琐，遂用肥沃的"沃"省略替代，书写为"袄"。土地肥沃自然产量丰厚，丰衣足食温饱无忧，这样厚实的衣服就是"袄"，字理依然清晰完整，且"夭"以"ao"韵可表读音。

"粤"字与"奥"的古音相近，即使在现代语音的原因中，"o、u"依旧同为元音。二字在古文字中，因读音与字形相似，常被混淆。但无论怎样，今天它们依然有了严格的使用划分，"奥"指奥秘，"粤"指南粤语系，粤语。

《双法字理》以中国文化为根基，以生活实际为理据，以字形、字音为基础，重塑"汉字字理文化"以发扬我中华文化与文明，于是对于"粤"字，我们为其重建字理如下：

"粤"与"越"自古通用，秦代南海郡曾建"南越国"，割据自立为"南越武王"，汉初为南粤之地，故简称"粤"。

"粤"在今天泛指我国南方珠江三角洲一带，今广东地区。其实早在古代，历史上对两广就另有别称为"两粤"，广东为"粤东"，广西为"粤西"。直到民国时期，"粤"才逐渐收窄范围被用作广东省的简称。

广东地区地属沿海三角洲，四面水气很大，海面上海雾弥漫凝重，不容易辨别方向，于是

袄
小篆 说文衣部
隶书 蝥道人
草书 刘岑

粤
甲骨 鲁10·1
金文 孟鼎
小篆 説文亏部
隶书 度尚碑
行书 孙虔禮

古人取"雾气深奥"造了"粤"字。字形下面部分的"丂"便是表示呼气的"于yú"字的变形，表意表音，示意此处海气、海雾漫凝深奥，行船曲折难辨方向。

"粤语"便是此处人们世代所说的方言，其根源于古代中原雅言，是秦汉时期中原语与当地古越言相融合的一种语言，具有九声六调，较完美地保留了古汉语特征，同时也是保留中古汉语"语音"最为完整的语言，是研究中国语言音韵的活化石。

因其主要保留和使用在两广、两粤之地，且"粤"是今天广东省的简称，所以"粤语"也俗称"广东话"。

"采字家族"我们就介绍到这里，作为对"动物部分"的最后一个汉字探秘的结束，本书《字部·动物》也就此告一段落。

# 《双法字理》丛书简介

《双法字理》丛书，一部讲述汉字文化根源的科普图书，是汉字专家白双法老师多年来汉字文化研究的精髓。全套共九辑，分三大部分——"理部"一辑，"文部"一辑，"字部"七辑。

**第一辑 理部 "理通则法随"。** 开篇即提出不能用"文字是记录语言（语音）的符号"这一理论来衡量汉字。汉字是能直接表达语意的，所以我们要"说理的识字法"，讲清楚为什么这么造，识字同时明理。随后作者阐述了不同于前人"六书说"的"双法造字法"——形意造字法和音意造字法；把握汉字本质并方便教学的"汉字家族"概念；不同于"字本位"、"词本位"的"文中心"观点；可帮助建立空间感（空灵感）的"七字根"理论。

**第二辑 文部 "独体为文"。** 本辑介绍"文中心"与"七字根"。我们说汉语有文、字、词三层次，词是不计其数的，字的总数其中一说也有八万多，然而文是有数的。据"双法字理"研究，文有九十九对（组），又可归为七大类。它们以七字根——人、日、山、木、龙、工、一为代表，以人为中心，在其上、下、左、右、前、后形成人体、天文、地理、植物、动物、器物、符号七大类，总数不超过三百。它们能造出成千上万的字，组成不计其数的词，绘就丰富多彩的大千世界。

**第三~九辑 字部 "群字分族"。** 汉字王国虽庞大，但它们是以七字根为族长相聚成族的，在这七大家族之下还会根据家族成员的不同以及形意、音意双法造字的形式再分成一个个小家族，这就是庞大的汉字王国所蕴藏的文化奥秘。如学习"土"字家族的"杜"、"牡"、"吐"、"肚"等字，作者先让我们知道它们属于"地理→平地→土"这一家族，然后寻根溯源，让我们明白字理："杜"原指杜树，像土地一样，可嫁接、培植其他植物；"牡"原指公牛，像种子一样，用来繁衍后代。今日看来毫无关联的两个字最初竟都有土地滋生万物的性质。那么，"杜鹃鸟"、"杜鹃花"跟"杜"又有何关联？"牡丹花"难道是专指雄性的花吗？"吐""肚"为什么又都是多音字，有何区别呢？它们背后都有着丰富的中国文化内涵，等着我们去阅读、去探寻。这样分类又串联，讲理又讲故事的识字方式，不但能让孩子在短时间内系统地识记更多汉字，而且能有效辨析相似汉字的音、形、意，可少写、不写错字、别字；也可让成人乐在其中，与孩子一起认识这个有日月星辰、花草树木、鸟兽虫鱼的美妙世界，唤醒大脑中的古老记忆，开启智慧。

　　丛书如一位智慧的长者讲述着一个又一个"汉字家族"的故事。《双法字理》能解决"汉字难"的问题，这不仅是国人的福祉，也能让世界华裔、各国友人快乐学汉语、轻松识汉字。我们甚或可期待基于此理论提出的"世界文"、"世界语"的产生！

| | | |
|---|---|---|
| **第一辑 理部**<br>定价：35 元 | **第二辑 文部**<br>定价：35 元 | **第三辑 字部·天文**<br>定价：40 元 |
| **第四辑 字部·地理**<br>定价：40 元 | **第五辑 字部·植物**<br>定价：50 元 | **第六辑 字部·动物**<br>定价：50 元 |

## 《双法字理》系列丛书

作　　　者：白双法
出　　　版：光明日报出版社
前六辑总价：250 元 /6 本

注：《双法字理》
　　第七辑·字部·人体
　　第八辑·字部·工具
　　第九辑·字部·符号
　　将陆续出版，敬请期待。